지은이 옥한흠

제자훈련에 인생을 건 광인(狂人) 옥한흠. 그는 선교 단체의 전유물이던 제자훈련을 개혁주의 교회론에 입각하여 창의적으로 재해석하고 지역 교회에 적용한 교회 중심 제자훈련의 선구자다.

1978년 사랑의교회를 개척한 후, 줄곧 '한 사람' 목회철학으로 예수 그리스도를 닮은 평신도 지도자를 양성하는 데 사력을 다했다. 사랑의교회는 지역 교회에 제자훈련을 접목해 풍성한 열매를 거둔 첫 사례가 되었으며, 국내외 수많은 교회가 본받는 모델 교회로 자리매김했다. 1986년에 시작한 《평신도를 깨운다 제자훈련 지도자 세미나》(Called to Awaken the Laity, CAL세미나)는 제자훈련을 목회의 본질로 끌어안고 씨름하는 수많은 목회자에게 이론과 현장을 동시에 제공하는 탁월한 세미나로 인정받고 있다.

철저한 자기 절제가 빚어낸 그의 설교는 듣는 이의 영혼에 강한 울림을 주는 육화된 하나님의 말씀으로 나타났다. 50대 초반에 발병하여 72세의 일기로 생을 마감할 때까지 그를 괴롭힌 육체의 질병은 그로 하여금 더욱 더 하나님 말씀에 천착하도록 이끌었다. 삶의 현장을 파고드는 다양한 이슈의 주제 설교와 더불어 성경 말씀을 심도 있게 다룬 강해 설교 시리즈를 통해 성도들에게 하나님 말씀을 이해하는 지평을 넓혀준 그는, 실로 우리 시대의 탁월한 성경 해석자요 강해 설교가였다.

설교 강단에서뿐만 아니라 삶의 자리에서도 신실하고자 애썼던 그는 한목협(한국기독교목회자협의회)과 교갱협(교회갱신을위한목회자협의회)을 통해 한국교회의 일치와 갱신에도 앞장섰다. 그리하여 보수 복음주의 진영은 물론 진보 진영으로부터도 존경받는, 보기 드문 목회자였다.

1938년 경남 거제에서 태어났으며 성균관대학교와 총신대학원을 졸업했다. 미국의 캘빈신학교(Th. M.)와 웨스트민스터신학교에서 공부했으며, 동(同) 신학교에서 평신도 지도자 훈련에 관한 논문으로 학위(D. Min.)를 취득했다. 제자훈련 사역으로 한국교회에 끼친 공로를 인정받아 웨스트민스터신학교에서 수여하는 명예신학박사 학위(D. D.)를 받았다. 2010년 9월 2일, 주님과 동행한 72년간의 은혜의 발걸음을 뒤로하고 하나님의 너른 품에 안겼다.

교회 중심의 제자훈련 교과서인 《평신도를 깨운다》를 비롯해 《길》, 《안아주심》, 《고통에는 뜻이 있다》, 성경 강해 시리즈인 《로마서 1, 2, 3》, 《요한이 전한 복음 1, 2, 3》 등 수많은 스테디셀러를 남겼으며, 그의 인생을 다룬 책으로는 《열정 40년》, 《광인》 등이 있다.

옥한흠 전집 강해 07
사도행전 1 교회는 이긴다

Romans   John   Acts   Sermon on the Mount

사도행전 1

교회는 이긴다

옥한흠 지음

국제제자훈련원

사도행전은 끝나지 않았습니다

사도행전은 끝나지 않았습니다. 우리는 사도행전의 주인공이 되어 주님의 영광을 위해, 복음을 위해 뛰어야 합니다. 누가는 사도행전을 마무리하면서 이렇게 말했습니다. "금하는 사람이 없었더라"(행 28:31, 개역한글). 우리도 금하는 사람이 없을 것입니다. 성도 여러분, 꿈을 가집시다. 사도행전의 꿈을 가지고 함께 기도합시다.

아버지 하나님, 로마의 감옥에서 그리스도의 복음을 위해 뜨거운 열정을 가지고 아침부터 저녁까지 땀을 흘리며 일하는 바울의 모습을 조용히 마음에 새겨봅니다.
주님, 우리는 바울의 후예들입니다. 바울로부터 복음을 받은 사람들입니다.
주여, 사도행전은 끝나지 않았습니다. 놀라운 복음의 나팔을 금할 자가 아직 없습니다. 주님이 오시는 그날까지 아무도 금할 수 없을 것입니다.
주여, 우리는 바울의 놀라운 사역을 계승하길 원합니다. 주여, 우리도 전하길 원합니다. 주여, 우리도 나팔을 불길 원합니다. 주여, 우리도 바울이 가졌던 그 꿈을 갖길 원합니다.
하나님이여, 몸에 가시가 있어도 그 가시에 정복되지 아니한 뜨거운 불이 우리에게 있기를 원합니다. 바울처럼 몸이 매여도 가만히 앉아 있을 수 없는 뜨거운 꿈이 있기를 원합니다.

거룩하신 하나님. 보통 사람이 할 수 없는 일을 거뜬히 해내는 능력의 사람이 되기를 원하오니, 사도행전의 그 놀라운 꿈을 우리에게 다시 심어주옵소서. 땅 끝까지 복음이 전파되어 예수 그리스도의 이름이 온 천하에 바닷물처럼 넘치는 그날이 올 때까지, 조금도 쉬지 않고 아침부터 저녁까지 최선을 다하는 하나님의 자녀가 되게 해주시길 원합니다. 사도행전의 주인공이 되기를 원합니다. 사도행전을 계속 써 내려가는 사람이 되기를 원합니다.

하나님이여, 주의 영광을 위해 우리의 젊음, 우리가 가진 세상의 모든 것을 바치길 원하오니, 이 시간 모든 성도들에게 놀라운 은혜를 다시 한번 허락해주옵소서.

예수님의 이름으로 간절히 기도 올리옵나이다. 아멘.

1986년 7월 2일
사도행전 강해를
마무리하는 설교 중에서

차례

사도행전은 끝나지 않았습니다   4

사도행전 1장

01   부활하신 예수님이 찾아오시다   13
02   하나님 나라의 일을 말씀하시다   19
03   한마음으로 성령을 기다리다   29
04   오로지 기도에 힘쓰다   38
05   미리 말씀하신 성경이 이루어지다   43
06   성령의 인도로 맛디아를 세우다   51

사도행전 2장

07   오순절, 성령이 임하시다   59
08   신약교회가 탄생하다   66
09   말세가 시작되다   74
10   교회의 입이 열리다   84
11   삼천 명이 회개하다   91
12   천국 문을 박차고 들어가다   96

사도행전 3장

13   구약교회에서 신약교회로 Ⅰ   107
14   구약교회에서 신약교회로 Ⅱ   114

사도행전 4장

| 15 | 성령을 따라 담대히 전하다 | 125 |
| 16 | 사도들, 공회 앞에 서다 | 131 |

사도행전 5장

17	교회의 불순물을 제거하다	141
18	교회가 크게 두려워하다	150
19	교회에 대부흥이 일어나다	159
20	부흥을 주시는 특별한 때	167
21	교회의 면모를 갖추다	172

사도행전 6장

22	교회의 문제에 성령으로 대처하다	179
23	성령 충만한 집사 스데반	189
24	목숨 걸고 말하다	200
25	율법과 성전을 재해석하다	206

사도행전 7장

26	'사실이냐'는 질문을 받을 때	217
27	영광의 하나님을 만나다	224
28	다 버리고 떠나다	230
29	빈손으로 하나님만 붙들다	236
30	광야 교회의 온유한 지도자	241
31	광야 교회의 완악한 회중	248
32	순교의 피가 흐르다	253
33	사울의 가슴에 스데반의 피가 번지다	260

사도행전 8장

34	교회를 위해 교회를 흩으시다	269
35	흩어진 자와 남은 자	277
36	성령세례에 관한 몇 가지 오해	282
37	사마리아에 성령이 임하시다	289
38	거짓 믿음이 드러나다	295

사도행전 9장

39	회심과 변화	307
40	전적인 은혜를 부어주시다	316
41	복음의 그릇으로 택하시다	323
42	스데반의 뒤를 잇다	329
43	하나님과 깊이 만나는 시간	337
44	핍박 후에 든든히 서다	342

사도행전 10장

45	땅 끝을 향한 문이 활짝 열리다	353
46	경건한 자 고넬료, 구원받다	362

성경구절 색인	373

사도행전 1장

사도행전은 마지막 장이 없습니다. 주님 오시는 그날이 마지막 장이 될 것입니다. 몇천 장이 될지 몇만 장이 될지 우리는 모르지만, 11장 19절부터 주님 오시는 그날까지 사도행전은 계속 이어질 것입니다.

01

부활하신 예수님이 찾아오시다

그가 고난 받으신 후에 또한 그들에게 확실한 많은 증거로 친히 살아 계심을 나타내사 사십 일 동안 그들에게 보이시며 하나님 나라의 일을 말씀하시니라(행 1:3)

사도행전 1장 1절부터 11절까지는 서론에 해당하는 부분으로 사도행전의 대주제를 담고 있습니다. 나머지 부분은 서론에 나오는 내용을 하나하나 설명하고 그와 관련된 사건들을 전개한 것이라고 해도 과언이 아닙니다. 그러므로 서론 부분, 특히 3절부터 11절까지를 충분히 살펴보아야 합니다. 부활하신 예수님은 40일 동안 제자들을 특별 방문하셨습니다. 부활하셔서 하나님 우편에 앉아 계시면 그만일 텐데도 그렇게 하신 이유는, 승천하시기 전에 반드시 할 일이 있었기 때문입니다.

> 그가 고난 받으신 후에 또한 그들에게 확실한 많은 증거로 친히 살아 계심을 나타내사 사십 일 동안 그들에게 보이시며 하나님 나라의 일을 말씀하시니라(1:3).

첫째는 자신이 부활했다는 확실한 증거를 제자들에게 남겨놓는 일이었습니다. 그들이 3년 동안 따라다니던 예수 그리스도, 십자가에 달려 죽으신 그분이 말씀대로 다시 살아나셨다는 사실을 의심하지 않도록 그들 앞에 나타나신 것입니다. 즉, "내가 바로 십자가에 달려 죽은 예수 그리스도다"라고 알리기 위함이었습니다. 둘째는 제자들이 예수님의 사역, 곧 '하나님 나라'의 일을 계승하게 하는 것이었습니다. 그래서 주님은 40일 동안 제자들에게 하나님 나라의 일을 말씀하셨습니다.

어떤 모습이었나

우리가 어린아이 같은 호기심으로 부활하신 예수님을 상상하면 막연히 신비로운 모습을 떠올리기 쉽습니다. 그러나 제자들 앞에 나타나신 예수님의 몸은 평범한 인간의 모습 그대로였습니다. 변화산에서처럼 휘황찬란한 광채가 나거나 사람들이 감히 쳐다볼 수 없을 만큼 영광스러운 모습이 아니었습니다. 오히려 지극히 평범해서 엠마오로 가던 두 제자는 부활하신 예수님을 만나고도 그분이 누구인지 전혀 눈치채지 못할 정도였습니다.

예수님은 심지어 못 박힌 자국과 창에 찔린 상처를 그대로 안고 나타나셨습니다. 흔히들 부활하신 예수님의 몸은 살과 뼈가 없는 영이 아닐까 생각하지만, 주님은 "나는 살과 뼈가 있으니 만져보라"고 친히 말씀하셨습니다. 부활하신 몸이니 음식을 드실 필요도 없을 것 같은데, 요한복음 21장에는 제자들과 함께 잡수시는 장면이 나옵니다. 이런 상황들을 종합해보면 예수님은 지극히 평범한 인간의 모습으로 부활하신 듯합니다.

그러나 다른 한편으로 보면 꼭 그렇지만은 않습니다. 부활하신 예수님은 시간과 공간에 전혀 구애를 받지 않으셨기 때문입니다. 문도 열어드리지 않았는데 제자들이 모여 있는 방에 갑자기 나타나시고, 또 어느 순간 사라지셨습니다. 갈릴리에서 예루살렘으로, 예루살렘에서 베다니로 자유로이 다니시며 제자들과 교제하셨습니다.

이처럼 우리는 부활하신 예수님이 어떤 몸을 입으셨는지 종잡을 수 없습니다. 그럼에도 이렇게 관심을 갖는 이유는, 세상 끝 날 주님이 오셔서 새 하늘과 새 땅이 열릴 때 우리도 예수님과 같은 몸을 입게 될 것이기 때문입니다.

부활하신 예수님을 생각하면 마치 꿈을 꾸는 것 같습니다. 하지만 이런 신비로운 상황에 대해 지나치게 사색에 잠긴다든지, 사람의 말을 갖다 붙이기 시작하면 자칫 이단에 빠지게 됩니다. 그러므로 하나님께서 더 이상 설명해주시지 않는 영역에서는 우리의 생각도 멈추어야 합니다. 성경에 기록된 만큼만 아는 것으로 만족해야 합니다.

어떤 설교자들은 지금도 예수님이 엠마오로 가던 나그네처럼 허름한 옷을 입고, 못 자국이 그대로 남아 피가 뚝뚝 떨어지는 두 손을 들고 하나님 앞에 기도하고 계신다고 말합니다. 이러한 묘사는 주님의 십자가 은혜를 묵상하기에는 좋은 장면입니다. 그러나 과연 지금도 예수님이 그런 모습으로 계실까요?

저는 예수님이 매 맞은 상처투성이 몸으로, 가시관에 찢겨 상처 난 몸으로, 못 자국이 남은 험한 손 그대로 지금 하나님 우편에 계신다고 보지 않습니다. 부활 승천하셔서 하늘 보좌에 계신 예수 그리스도의 영광이 얼마나 큽니까? 천군 천사가 무릎 꿇고 경배하며 면류관을 올려 드리는 그 광경을 어떻게 사람의 말로 이루 다 표현할 수 있겠습니까?

어디에 머무르셨나

　　　　　　　부활하신 예수님의 몸과 더불어 한 가지 더 생각해볼 것이 있습니다. 부활하신 예수님의 거처는 어디였을까요? 승천하시기 전까지 어디에 머무르셨을까요? 공중을 배회하고 다니셨을까요? 아니면 지구 어느 모퉁이에 혼자 계시다가 꼭 필요한 순간마다 제자들 앞에 모습을 드러내셨을까요? 이것도 자칫 엉뚱한 방향으로 흐르기 쉬운 이야기지만, 승천 사건의 의미를 알기 위해 짚어보아야 할 문제입니다.

　예수님은 부활하심으로 이미 영광을 받으셨습니다. 부활을 통해 영광을 받으신 것이지, 승천을 통해 영광을 받으신 것이 아닙니다. 즉, '십자가 - 부활 - 하나님 우편의 영광'으로 연결되지, 승천의 과정을 거친 후에 하나님 우편에 앉으셨다고 보는 것은 자연스럽지 않습니다. 그렇다면 승천 사건은 무슨 의미가 있을까요?

　하나님은 윤곽조차 잡을 수 없는 이 사건을 우리가 이해할 수 있는 말로 표현해주셨습니다. 제자들 앞에서 예수님이 승천하실 때 어떤 일이 있었습니까? 휙 들려 올라가셨습니다. 두 천사가 양쪽에서 예수님을 호위했고, 조금 후 구름에 가려서 보이지 않다가 마침내 사라지셨습니다.

　이 장면은 예수님의 지상 사역이 완전히 종결되었음을 제자들에게 알려줍니다. 예수님이 육신의 모습으로 제자들 앞에 나타나는 일은 이것으로 끝이라는 뜻입니다. 지상 사역을 끝내고 하나님 우편에 계신다는 것을 제자들에게 시각적으로 분명히 각인시켜준 것입니다. 이것이 승천 사건의 본질입니다.

　예수님이 이때 하늘로 처음 올라가신 것처럼 보이지만, 실은 승천하시기 전 40일 동안 제자들에게 나타나지 않으실 때 계셨던 곳

역시 하나님의 우편이었습니다. 그리고 승천 사건을 마지막으로 사람들의 눈에서 완전히 떠나 원래 계시던 곳으로 돌아가신 것입니다.

영광의 그날을 기다리다

이제 예수님이 승천하실 때의 영광스러운 모습을 한번 생각해보겠습니다. 구름이 주님을 가렸다고 기록되어 있는데, 이 구름에 대해서도 이해하고 넘어가는 것이 좋습니다.

출애굽기 40장 34절을 보면 하나님의 영광이 우리가 이해할 수 있는 언어로 표현되어 있습니다. 광야에서 하나님의 회막에 무엇이 덮였다고 합니까? 바로 구름입니다. 솔로몬이 예루살렘 성전을 짓고 낙성식을 할 때도 성전 안에 구름이 가득하여 도무지 접근할 수 없을 정도였다고 성경은 이야기합니다. 이 구름은 하나님의 임재로 나타나는 '영광'입니다. 마가복음을 보면 변화산에서 찬란하게 빛나는 예수님의 모습이 나옵니다. 그때 구름이 와서 그곳에 함께 있던 제자들을 덮었습니다. 그리고 구름 속에서 하나님의 음성이 들렸습니다(막 9:7). 이 구름도 영광스러운 하나님의 임재를 보여줍니다.

또 주님이 재판을 받으실 때 대제사장들에게 공언하셨습니다. "인자가 권능자의 우편에 앉은 것과 하늘 구름을 타고 오는 것을 너희가 보리라"(막 14:62). 이 구름은 평범한 자연현상이 아닙니다. 바로 하나님 임재의 영광을 말하는 것입니다. 이와 마찬가지로 예수님이 승천하실 때 구름에 가려서 더 이상 보이지 않았다는 것은 하나님의 영광이 그분을 완전히 가렸다는 뜻입니다.

여기서 우리는 스스로 한 가지 질문을 해야 합니다. 장차 오실 영광의 주님을 얼마나 기대하며 사모하고 있느냐는 것입니다. 예수 믿는 사람으로서 재림에 대한 부푼 꿈을 갖고 있습니까? 주님을 만나 영광스럽게 될 자신의 모습을 그려보았습니까? 어떠한 어려움과 고통 가운데 있을지라도 영원한 나라에서 주님과 함께할 소망으로 찬송할 수 있습니까?

우리 이렇게 기도합시다. "주님, 사람의 말로 표현할 수 없는 주님의 그 영광스러운 몸이 장차 내가 입을 몸이니 참 감사합니다!" 겉사람은 후패하지만 속사람은 날로 새로워지는 이유가 이런 소망이 있기 때문 아닙니까?

목사는 겉늙어 보일 때가 종종 있습니다. 나이는 아직 새파랗게 젊은데 속을 들여다보면 도대체 좋은 것도 없고 싫은 것도 없습니다. 성경 말씀으로 인생의 밑바닥을 샅샅이 뒤지다 보니 세상의 허구성과 허무함을 누구보다 잘 알게 되기 때문입니다. 사실 인간이 성공했다, 아름답다, 건강하다는 것을 말씀에 비추어 따져보면 하루 아침의 꽃과 같습니다. 그래서 목사에게 세상을 사는 맛이란 '기다림의 맛'이 아닐까 합니다. 영광스런 주님을 만나는 순간, 영광의 구름을 타고 주님 앞으로 나아가는 그날을 우리가 어떻게 기다리지 않겠습니까? 그 기다림이 있기 때문에 더 열심히 일하고, 최선을 다해 살 수 있습니다. 우리 모두 하나님 앞에서 어린아이처럼 즐거워하고 영광의 그날을 꿈꾸며 살아갑시다.

02

하나님 나라의 일을 말씀하시다

오직 성령이 너희에게 임하시면 너희가 권능을 받고 예루살렘과 온 유대와 사마리아와 땅 끝까지 이르러 내 증인이 되리라 하시니라(행 1:8)

부활하신 예수님이 이 땅에서 40일 동안 제자들과 나눈 이야기의 중요한 주제는 '하나님 나라'입니다. 제자들이 계승해야 할 일이 바로 하나님 나라의 일이었기 때문입니다.

로마 가톨릭교회는 예수님이 40일 동안 제자들에게 가르치신 내용 중에 교황 제도와 성직자 제도 그리고 일곱 가지 성례에 관한 것이 있다고 주장합니다. 그러나 성경 어디에도 그런 주장을 뒷받침할 만한 근거는 없습니다. 하나님의 나라의 일을 말씀하셨다고 기록되어 있을 뿐입니다.

예수님의 지상 사역은 처음부터 하나님 나라에 관한 것이었습니다. 예수님이 세례를 받으시고 공생애 첫발을 내디디시면서 처음으로 선포하신 말씀도 그러합니다.

> 때가 찼고 하나님의 나라가 가까이 왔으니 회개하고 복음을 믿으

라 하시더라(막 1:15).

지상 사역뿐만 아니라 부활하신 후 제자들과 만난 자리에서도 주제는 역시 하나님 나라였습니다. 예수님의 관심사는 십자가를 지시기 전이나 지신 후나, 부활하시기 전이나 부활하신 후나 한결같았습니다. 사도행전은 하나님 나라에 관한 대화로 시작해 하나님 나라에 대한 언급으로 끝이 납니다.

… 하나님 나라의 일을 말씀하시니라(1:3).

하나님의 나라를 전파하며 주 예수 그리스도에 관한 모든 것을 담대하게 거침없이 가르치더라(28:31).

하나님 나라와 이스라엘 나라

그렇다면 '하나님 나라'란 무엇입니까? '주 예수 그리스도에 관한 모든 것'과 '하나님 나라'는 같은 말입니다. 하나님 나라에 관한 내용이 주 예수 그리스도에 관한 것입니다. 제자들은 부활하신 예수 그리스도께 40일 동안 하나님 나라에 관해 특별 교육을 받았습니다. 그런데도 제자들에게는 끝까지 풀리지 않는 문제가 있었습니다.

그들이 모였을 때에 예수께 여쭈어 이르되 주께서 이스라엘 나라를 회복하심이 이때니이까(1:6).

제자들은 예수님께 하나님 나라가 임할 시기를 물었습니다. 그런데 여기서 그들은 왜 '하나님 나라'라고 하지 않고 '이스라엘 나라'라고 했을까요? 유대인들은 선민사상을 바탕으로 하나님 나라를 생각했습니다. 선민사상이란 '이스라엘 백성만 선택받았다. 하나님께서 이스라엘이라는 선민을 중심으로 세계를 통일하여 국가를 이룩하신다. 그리고 그들에게 세계를 지배할 영광과 특권과 권력을 주신다'는 생각입니다.

이는 이스라엘 사람들의 골수에 깊이 박혀 있는 하나의 신앙입니다. 그래서 선민사상과 배치되는 말씀을 들으면 제자들은 당황하거나 그 뜻을 이해하지 못했습니다. 그리고 주님이 하시는 말씀을 전부 선민사상으로 해석했습니다. 그들은 '예수님이 왕으로 등극하시면 이스라엘 나라가 온 세계를 지배하게 되겠구나'라는 착각에 빠져 있었습니다.

부활하신 예수님께 하나님 나라에 관한 특별 교육을 받았음에도 이 문제는 여전히 풀리지 않는 숙제였습니다. "이스라엘 나라를 회복하심이 이때니이까?" 하고 끝까지 자기 민족을 중심으로 한 세계 통일을 고집했던 것입니다.

그리고 여기서 '회복'이라는 말이 참 재미있습니다. 당시 이스라엘은 로마제국의 속국 아닙니까? 지도에서 이스라엘을 찾아보면 길이가 약 193킬로미터, 폭이 약 64킬로미터로 우리나라의 경기도, 충청도, 강원도를 합한 정도입니다. 조그마합니다. 별것 아닙니다. 이런 나라가 수백 년에 걸쳐서 바벨론, 앗수르, 그리스, 로마 등의 강대국에 점령되어 지배를 받았습니다. 현실적으로 볼 때 이스라엘 나라가 세계를 지배하는 이상적인 국가를 건설한다는 것은 실현 가능성이 희박한 희망 사항일 뿐이었습니다. 오히려 강대국의 지배를 벗어나기 어려운 절망적인 상황이었습니다.

그런데도 이스라엘 백성은 반드시 그런 세상이 온다며 끝까지 고집을 부렸습니다. 그래서 제자들은 '하나님 나라'라고 말하지 않고 "이스라엘 나라가 언제 회복되겠습니까? 언제 해방되어 세계를 지배하는 일등 강국이 됩니까?"라고 질문했던 것입니다.

때와 시기는 알 바 아니요

예수님은 이처럼 어처구니없는 질문을 받으셨지만 제자들을 나무라지도, 그들의 말을 부정하지도 않으셨습니다. 왜 그러셨을까요?

예수님은 이와 같은 모습을 자주 보이셨습니다. 제자들이 잘못 말해도 그냥 넘어가셨습니다. 당장은 아니어도 때가 되면 반드시 깨닫게 될 것임을 아셨기 때문입니다. 그때가 언제일까요? 오순절 성령이 임하실 때입니다. 그들이 진리의 영으로 충만하게 되면, 완전히 깨닫게 될 것을 주님은 아셨습니다.

예수님은 제자들의 질문에 답하지 않고 확실한 한 가지만 말씀하셨습니다. 당장 이스라엘 나라가 회복되고 하나님 나라가 건설되리라 기대하는 제자들에게 주님은 한 가지 단서를 붙여서, 다시는 정치적인 망상을 하지 못하도록 아예 불씨를 꺼버리셨습니다.

> 이르시되 때와 시기는 아버지께서 자기의 권한에 두셨으니 너희가 알 바 아니요 오직 성령이 너희에게 임하시면 너희가 권능을 받고 예루살렘과 온 유대와 사마리아와 땅 끝까지 이르러 내 증인이 되리라 하시니라(1:7-8).

그렇다면 예수님께서 말씀하신 '때와 시기'란 무엇을 의미합니까? '때와 시기'는 원어로 '크로노스와 카이로스'이며 '기간과 일시'를 뜻합니다. '기간'은 예수님이 재림하실 때까지의 시간을 말하는 것으로, 주님은 이것이 제자들의 알 바가 아니라고 못 박아 말씀하셨습니다.

'일시'라는 말은 결정적인 때, 즉 예수님이 오시는 바로 그때를 말합니다. 그러니 주님이 언제 오실지, 언제 하나님 나라가 완성될지, 시간이 앞으로 얼마나 남았는지에 대해서는 사람들이 그렇게 관심을 갖지 않아도 된다는 말씀입니다.

미국의 오클라호마시티 제일침례교회에서 어떤 유명한 부흥사가 재림론을 강해한 일이 있습니다. 그 부흥사는 초조한 마음으로 예수님의 재림이 임박했다고 강조하며 당장 준비하자고 역설했습니다.

어느 날 한 성도가 자기 집 정원에 나무를 심고 있었습니다. 그 모습을 본 부흥사가 그에게 말했습니다.

"제 설교를 못 들으셨나요? 당신은 말씀을 거부하는 겁니까?"

그러자 나무를 심던 성도가 깜짝 놀라서 말했습니다.

"목사님, 무슨 말씀을 하시는 건가요?"

"예수님의 재림이 가까웠는데 왜 나무를 심고 있습니까?"

"아니, 저는 그저 우리 정원에 나무가 좀 필요해서…."

"이 나무가 자라서 열매를 딸 때까지 주님이 안 오실 것 같아요? 그런 어리석은 짓 하지 말고 주의 일이나 열심히 하십시오."

아마 이렇게 가르친다면 대단한 혼란이 일어날 것입니다. 내일 당장 주님이 오신다고 할지라도 우리는 오늘 저녁밥을 먹어야 합니다. 내일 당장 주님이 오신다고 해도 오늘 결혼할 사람은 결혼해야 합니다. 왜냐하면 세상살이니까요. 내일 당장 주님이 오신다고 해도 사업 계획을 세워야 합니다. 맡은 일이니까요.

주님 오실 날이 가깝다고 해서 다른 일은 다 집어치우고 복음 전하는 일만 강조한다면 현실과 동떨어진 신앙이 되고 맙니다. 현실을 무시하는 처사는 주님을 기다리는 자세가 아닙니다. 우리는 성경적으로 건전하게 분별해야 합니다. 성경은 우리가 이 땅에서 행한 모든 일에 주님의 심판이 있다고 경고합니다.

> 일의 결국을 다 들었으니 하나님을 경외하고 그의 명령들을 지킬지어다 이것이 모든 사람의 본분이니라 하나님은 모든 행위와 모든 은밀한 일을 선악 간에 심판하시리라(전 12:13-14).

성령의 능력으로
이루어지는 나라

예수님이 제자들과 사람들에게 말씀하신 하나님 나라는 이 세상에 속한 나라가 아닙니다.

> [주의] 나라가 임하시오며 뜻이 하늘에서 이루어진 것같이 땅에서도 이루어지이다(마 6:10).

하나님의 뜻이 하늘에서 이루어진 것처럼 땅에서도 이루어지는 것, 이것이 하나님 나라입니다. 얼마나 영광스러운 이야기인지 모릅니다. 하나님 나라는 하나님이 은혜 주시는 자들의 마음속에 세워집니다. 하나님이 택하신 자들의 세계에 이루어지는 나라, 예수 그리스도를 구주로 고백하고 죄 씻음 받고 하나님의 자녀로 새 생명을 얻은 사람들의 세계에 이루어지는 나라입니다.

이 나라를 세상 나라가 아닌 '하나님 나라'라고 부르는 것은 하나님께서 그분의 능력으로 세우시기 때문이요, 하나님께서 지배하시기 때문이요, 그 나라의 성격이 영적이기 때문입니다. 이는 인간의 힘과 제도로 완성되는 나라가 아닙니다. 다니엘이 환상 중에 본 것처럼 사람이 "손대지 아니한 돌"(단 2:45)입니다. 사람이 던지는 돌멩이가 아니라 하나님의 능력으로 날아든 돌입니다. 그 돌이 세상 국가를 파괴하고 그 자리에 하나님의 나라가 건설될 것입니다.

하나님은 이 나라를 건설하기 위해 성령의 능력으로 교회를 무장시키셨습니다.

> 오직 성령이 너희에게 임하시면 너희가 권능을 받고 예루살렘과 온 유대와 사마리아와 땅 끝까지 이르러 내 증인이 되리라 하시니라(1:8).

'오직 성령이 너희에게 임하시면' 교회가 다이너마이트처럼 폭발적인 '권능을 받고', 성도가 성령의 충만함을 입게 됩니다. 하나님 나라는 하나님의 능력으로 이루어지기 때문입니다. 그래서 사도행전 1장 1절부터 11절까지 볼 때 '하나님의 나라'라는 말이 나오고, 그다음에 '성령'과 '증인' 그리고 마지막으로 '재림'에 대한 이야기가 나오며, 이 네 가지 개념은 연결되어 있습니다.

'하나님 나라'가 어떻게 완성됩니까? '성령의 능력'으로 완성됩니다. 누구를 통해서입니까? '증인'들을 통해서입니다. 완성되는 때는 언제입니까? '예수님의 재림' 때입니다.

보고 들은 것을 말하라

성령이 교회에 오신 목적은, 교회를 '하나님 나라'가 되게 하는 것보다 '하나님 나라의 증인'이 되게 하는 데 있습니다. 증인은 누구입니까? 하나님 나라의 역군들입니다. 보고 들은 것을 말하는 사람입니다. 제자들이 바로 증인입니다.

> 이에 그들의 마음을 열어 성경을 깨닫게 하시고 또 이르시되 이같이 그리스도가 고난을 받고 제 삼일에 죽은 자 가운데서 살아날 것과 또 그의 이름으로 죄 사함을 받게 하는 회개가 예루살렘에서 시작하여 모든 족속에게 전파될 것이 기록되었으니 너희는 이 모든 일의 증인이라(눅 24:45-48).

부활하신 예수님이 찾아오셔서 제자들에게 하신 말씀입니다. 여기에 중요한 핵심이 있습니다. 우리는 눈으로 똑똑히 보고 귀로 들어야만 증인 노릇을 할 수 있다고 생각합니다. 체험을 좋아하고 환상을 바라는 사람은 꿈으로라도 예수님을 봐야만 신이 나서 이야기합니다. 그러나 예수님은 분명히 "성경에 기록된 것을 증언하라"고 말씀하셨습니다. 성경 안에 주님의 십자가와 부활, 전 세계에 미칠 회개와 복음이 다 기록되어 있으니 이것을 가지고 나가서 전하라는 말씀입니다. 다시 말해 성경에 기록된 부활 사건을 그대로 전하라는 것입니다.

비록 육신의 눈으로 목격하지는 못했다 하더라도 우리는 하나님의 말씀을 가지고 증언해야 합니다. 이 증언을 통해 하나님 나라가 건설됩니다. 그 나라는 반드시 완성됩니다. 세상은 그 나라를 막지 못합니다. 성령의 능력으로 완성되는 하나님 나라를 누구도 방해하거나 파괴하지 못할 것입니다. 예수님은 승리자이십니다. 승리자가 다시 패배자가 되는 법은 없습니다. 초대교회 때 예수님을 전하던 사람들을 '마르투스'라고 불렀습니다. '마르투스'는 순교자를 뜻합니다. 성도들은 모두 순교를 각오한 '마르투스'입니다.

교회는 강합니다. 왜 강합니까? 모든 성도가 다 증인이기 때문입니다. 이 증인들이 온 사방에 흩어져서 하나님 나라를 세워갑니다. 저 어두운 세상에 그리스도가 다스리시는 하나님 나라를 건설합니다. 이들은 나약하고 비겁한 사람들이 아닙니다. 생명을 내놓고 증언하기를 조금도 주저하지 아니하는 자가 바로 교회요 증인입니다. 그들을 통해 세상은 반드시 단계적으로 정복될 것입니다.

> 오직 성령이 너희에게 임하시면 너희가 권능을 받고 예루살렘과 온 유대와 사마리아와 땅 끝까지 이르러 내 증인이 되리라 하시니라(1:8).

그렇습니다. 먼저 예루살렘부터 복음화됩니다. 사도행전 1장부터 7장까지는 그 과정을 보여줍니다. 예루살렘의 복음화 뒤에는 2단계로 '온 유대와 사마리아'가 복음화됩니다. 8장 1절부터 11장 18절까지가 그 내용입니다. 그다음에는 '땅 끝까지' 복음이 전파된다고 했습니다. 이 내용은 11장 19절부터 몇 장 몇 절까지입니까? 시작은 있지만 끝은 아직 없습니다.

사도행전은 마지막 장이 없습니다. 주님 오시는 그날이 마지막 장이 될 것입니다. 몇천 장이 될지 몇만 장이 될지 우리는 모르지만, 11장 19절부터 주님 오시는 그날까지 사도행전은 계속 이어질 것입니다. 땅 끝에 복음이 전파되는 그날까지 하나님 나라의 일은 결코 중단되지 않습니다.

그러므로 우리는 다시 한번 자신을 무장해야 합니다. 생명을 내걸고 예수 그리스도를 전하는 증인의 삶을 살아야 합니다. 우리는 성령의 능력을 입었습니다. 성령은 오늘도 우리에게 나가서 전하라고 하십니다. 말씀대로 살라고 하십니다. 그래서 하나님 나라를 더욱더 확장시키라고 명령합니다. 주님은 이 명령을 순종하는 자에게 조금도 아끼지 않고 성령의 권능을 부어주실 것입니다.

03

한마음으로
성령을 기다리다

들어가 그들이 유하는 다락방으로 올라가니 베드로, 요한, 야고보, 안드레와 빌립, 도마와 바돌로매, 마태와 및 알패오의 아들 야고보, 셀롯인 시몬, 야고보의 아들 유다가 다 거기 있어 여자들과 예수의 어머니 마리아와 예수의 아우들과 더불어 마음을 같이하여 오로지 기도에 힘쓰더라(행 1:13-14)

예수님이 승천하셨습니다. 이 세상에서 육신의 눈으로는 더 이상 볼 수 없는 존재가 되셨습니다. 제자들은 예수님과 마지막 작별을 하고 감람산에서 예루살렘으로 돌아왔습니다.

40일 동안 특별 교육을 받은 그들의 모습은 이전과 달랐습니다. 부활하신 예수 그리스도를 직접 만나 영적으로 무장하고 새로워졌습니다. 또 예수님이 가시면 반드시 성령이 오신다는 것도 믿었습니다. 그럼에도 예수님을 떠나보내고 돌아오는 제자들의 심정은 어땠을까요?

120여 명의 제자가 조용히, 아무런 말도 없이 예루살렘으로 돌아왔습니다. 아마 서로 대화도 거의 나누지 않았을 것입니다. 승천하시는 모습이 굉장히 황홀했기 때문에 어쩌면 얼이 빠져 있었을지도 모릅니다. 이제 이 땅에서 다시는 뵙지 못할 예수님을 그리워하며 과거에 주님이 하신 말씀들을 되새기고, 주님의 온화하신 모습을 마음속에 그리면서 조용히 예루살렘으로 돌아왔을 것입니다.

그들은 헤어지기 싫었습니다. 예수님이 떠나신 마당에 사랑하는 형제자매가 흩어져버리면 그야말로 모든 것을 잃어버릴 것처럼 불안했을지도 모릅니다. 그래서 그들은 "갑시다" 하는 말도 없이 똑같은 방향으로 걸었고, "들어갑시다" 하는 말도 없이 늘 모이던 다락방으로 올라갔습니다.

다락방에 모인 제자들을 떠올리며 말씀을 생각해봅시다. 우리가 그들의 마음을 다 읽을 수 없고 그들의 느낌을 다 헤아릴 수는 없지만, 한번 잘 생각해보기 바랍니다. 신앙생활을 하다 보면 아름다운 일이 많은데 그 가운데 하나가 말없는 침묵 가운데서 서로 하나 됨을 느끼는 순간입니다.

믿음의 형제자매들이 한자리에 앉았을 때, 굳이 누가 말하지 않아도 하나 된 것을 느끼면서 서로를 바라보는 순간은 참 행복합니다. 마치 다락방에 모인 120명처럼 개성이 다르고 환경이 다르고, 처한 형편이 다르지만 말씀을 앞에 놓고 둘러앉아 예수님 한 분 때문에 마음이 하나 되어 명령하지 않아도 기도하고, 권면하지 않아도 사랑하고, 설명하지 않아도 형제의 마음을 느끼는 것은 정말 아름다운 모습이 아닐 수 없습니다.

예수님을 따른 여인들

초대교회의 첫 모임이라고 할 수 있는 이 다락방 모임은 그야말로 마음이 하나 된 시간이었습니다.

> … 더불어 마음을 같이하여 오로지 기도에 힘쓰더라(1:14).

'마음을 같이한다'는 것은 단순한 말이 아닙니다. 예수님은 떠나셨지만 그들은 하나 됨을 느꼈습니다. 그래서 남자 여자 구별 없이 그곳에 모였습니다.

남녀의 비율이 어느 정도였는지는 알 수 없지만 여자의 수가 많지 않았을까 짐작해봅니다. 사도행전을 쓴 누가가 기록한 복음서에 보면 예수님이 십자가를 지고 골고다로 힘겨운 발걸음을 옮기실 때 그 길을 따르며 가슴 치고 통곡하는 여자들이 모여 큰 무리를 이루었다고 합니다.

상당수의 여자들이 예수님을 끝까지 따랐습니다. 누가복음 23장 55절을 보면 예수님이 무덤에 장사될 때 갈릴리에서 온 여자들이 그 자리에 있었다고 합니다. 그들이 전부 몇 명이었는지는 잘 모르겠지만 그들은 한마디로 집안 살림까지 내버려두고 주님을 따라온 사람들이었습니다.

그들은 왜 예수님을 따라왔을까요? 두 가지 이유가 있습니다. 하나는 예수님을 경제적으로 돕기 위해서였습니다. 사실 예수님께는 아무것도 없었습니다. 그러니까 부인들이 이리저리 거두어서, 혹은 여러 가지 묘안을 짜서 열두 제자와 예수님을 부양한 것입니다. 이렇듯 여자들은 항상 뒤에서 봉사하기 위해 주님을 따라다녔습니다. 또 하나는 예루살렘을 향한 예수님의 걸음이 마지막이라는 것을 느꼈기 때문입니다. 예수님을 조금이라도 가까이 따라다니며 말씀을 들은 사람들은 예외 없이 동일한 느낌을 받았습니다.

그러니 다락방에 모인 120명 가운데에도 상당수의 여자가 있었을 것입니다. 교회가 시작되고 정식으로 모임을 갖기 시작할 때부터 이미 남녀라는 구분은 없었던 것입니다. 지금부터 약 2,000년 전 일입니다. 그때 남녀의 관계가 어떠했겠습니까? 당시의 문화적 상황에서 남녀가 한자리에 모인다는 것은 쉬운 일이 아니었습니다. 120명이나 되는 사람들이 남녀 구별 없이 한 다락방에서 같이 기도하고, 같이 대화하고, 같이 먹고 교제하며 영적으로 하나 됨을 깊이 느꼈다는 것은 정말 놀라운 일입니다. 이처럼 교회의 하나 됨에는 남녀 구별이 없습니다. 하나님 나라에서는 다 같은 하나님의 자녀요, 그리스도의 제자입니다.

한국교회사를 살펴보면 참 재미있는 일들이 많습니다. 처음에 선교사들이 와서 교회를 세웠을 때 예배당 가운데 커튼을 치고 한쪽은 여자석, 다른 한쪽은 남자석으로 정했습니다. 이는 '남녀칠세부동석'(男女七歲不同席)이라는 유교적 전통에서 보면 바람직하다고 여겨집니다. 그러나 성경의 원리, 하나 되게 하시는 성령의 입장에서 본다면 아무래도 어색했습니다. 자연히 좀 꺼림칙한 마음이 들었을 것입니다. 그래서 얼마 지나지 않아 커튼이 없어졌습니다. 그러나 그 후로도 상당 기간 남녀가 섞여 앉는다는 것은 생각도 못했습니다. 남자석, 여자석으로 구분 지어 따로 앉았습니다.

눈을 감고 120명이 모인 다락방의 모습을 가만히 상상해보면 대단히 흥미로운 점이 있습니다. 이 다락방의 주인은 누구였을까요? 사도행전 12장 12절에 나오는, 마가라는 별명을 가진 요한의 어머니 집이라고 흔히 이야기합니다.

학자들은 이곳이 유월절에 예수님이 마지막으로 떡과 잔을 나눈 다락방이라고 추측합니다. 또 예수님이 부활하신 후 제자들을 찾아오신 곳도 같은 장소였을 것이요, 40일 동안 주일 아침마다 예수님과 제자들이 교제하며 음식을 나눈 곳도 이 다락방이었을 것으로 추측합니다.

초대교회가 한창 어려움을 당할 때 베드로가 감옥에 들어가 석방이 될지 죽어서 나올지 모르는 상황에서 예루살렘교회가 다락방에 모여 밤새 기도한 적이 있습니다. 그곳이 마가라는 별명을 가진 요한의 어머니 집이었습니다.

그러면 예루살렘에 이 정도 크기의 다락방이 몇 개나 있었을까요? 120명이 들어갈 만한 방이 있는 개인 주택은 예나 지금이나 흔하지 않습니다. 그러니 그런 곳이 많지 않았을 것입니다. 그래서 이 다락방은 이곳저곳이 아니라 한곳이었을 가능성이 높고, 그렇다면 분명 마가 요한의 다락방이라고 짐작하는 것입니다.

초대교회가 시작된 곳이 마가 요한의 다락방이라고 한다면 이곳에 모인 120명을 위해 뒤에서 봉사한 사람은 누구였을까요? 마가 요한의 어머니를 위시하여 예수님을 따르던 여인들임이 틀림없습니다. 성경에는 베드로와 예수님의 어머니 그리고 굵직굵직한 몇 사람의 이름만 나오고 뒤에서 수고한 사람들의 이름은 생략되어 있지만, 그들은 장차 주님 앞에 가면 "잘하였도다 착하고 충성된 종아, 네가 작은 일에 충성하였구나"라고 칭찬을 들을 것입니다(마 25:21).

오늘날에도 여성도들은 교회 안에서 이름 없이 빛도 없이 일할 때가 참 많습니다. 눈앞에 드러나지는 않지만 뒤에서 소리 없이 주님만 바라보며 봉사하는 분들이 많지요. 이처럼 초대교회 때부터 여성도의 역할은 참으로 중요했습니다. 하나님 나라를 섬기는 데에는 남녀 구별이 없었습니다.

기적의 씨앗 120명

120이라는 숫자를 어떻게 생각합니까? 많은 건가요, 적은 건가요?

당시 팔레스타인 인구는 약 400만 명이었습니다. 400만 명 가운데 120명이 주님의 일을 계승하기 위해, 주님이 약속하신 성령을 기다리기 위해, 주님이 명령하신 대로 땅 끝까지 모든 민족을 제자로 삼기 위해 모였습니다.

400만 인구에서 120명은 굉장히 적은 수입니다. 사람들이 보기에는 미미한 겨자씨 같은, 아무것도 아닌 존재들이었습니다. 그러나 주님은 이들에게 모든 기대를 걸고 가셨습니다.

하나님은 항상 이렇게 작은 것으로 큰 기적을 이루십니다. 세상이 보기에는 보잘것없는 120명이지만 이들에게 전 세계의 운명이 걸려 있었습니다. 하나님 나라의 성패를 좌우하는 열쇠가 이들의 손에 쥐어져 있었던 것입니다. 오늘날 교회의 문제는 적은 수에 있지 않습니다. 도리어 너무 많아서 문제될 때가 있습니다. 하나님 앞에 다음과 같이 기도하기 바랍니다.

> 적은 수를 통해서 기적을 일으키시는 아버지, 한 사람이라도 주를 위해 100퍼센트 헌신하기를 원하는 사람이 있다면, 그 한 사람을 통해 하나님의 큰 뜻을 이루시는 주님이시여! 제가 비록 평신도이지만, 세상에서 직업을 가지고 뛰는 사람이지만 제 모든 것은 다 주님의 것입니다. 주님이 받으시면 저를 통해 역사하실 수 있습니다. 주님의 뜻을 이루실 줄 믿습니다.

예수님의 동생들처럼 한때는 예수님을 이해하지도 못하던 사람들이, 이제는 변화를 받아 120명 무리에 끼어 있었습니다. 주님은 우리가 과거에 어떻게 했든지, 예를 들어 주님의 마음을 아프게 하거나 하나님의 말씀에 순종하지 못한 적이 많았는지를 상관하지 않으시고 지금 이 순간 주님의 손에 쓰임받기 원하는 사람을 사용하십니다. 한국교회에는 지금 이런 사람이 절실합니다. 대한민국에 필요한 120명, 누가 이 120명이 되겠습니까?

삭제된 이름, 가룟 유다

본문을 보면 열두 제자의 이름이 나옵니다. 제자들의 이름을 보면서 참 서글픈 마음이 듭니다. 성경에는 네 곳에 열두 제자의 이름이 나열되어 있습니다. 마태복음 10장 2절 이하, 마가복음 3장 16절 이하, 누가복음 6장 14절 이하 그리고 사도행전 1장 13절입니다. 이름이 나열된 순서는 제각각이지만 공통점은 베드로로 시작해 가룟 유다로 끝난다는 것입니다.

그런데 사도행전 1장 13절은 조금 다릅니다. 한 사람이 빠져 있습니다. 열두 제자의 이름이 기록될 때마다 꼬리가 되어서 붙어 다니던 가룟 유다의 이름이 삭제된 것입니다. 완전히 지워졌습니다. 이제는 영원히 돌아오지 못할 이름이 되어버렸습니다. 완전히 영역을 달리한 사람, 영계(靈界)에 가서도 만날 수 없는 사람, 다시는 그 자리에 이름을 쓸 수도 없는 불쌍한 존재로 탈락됐습니다.

이런 사건을 볼 때 어떤 느낌이 듭니까? 교회에서도 항상 자리를 지키던 사람이 사라졌을 때 호젓함을 느끼곤 합니다. 마지막 열두 번째 자리가 뻥 뚫려버린 것을 보고, 그 자리를 지켰던 사람의 운명을 생각하면 이는 우리를 위한 경고라는 생각이 듭니다.

우리는 마지막까지 자리를 지켜야 합니다. 생명책에 이름이 올라가 있어야 합니다. 사랑하는 남편의 이름, 아내의 이름이 꼭 있어야 합니다. 부모님과 자녀의 이름이 꼭 있어야 합니다. 만약 그들의 이름이 생명책에 없다고 하면, 그때는 어떻게 할 도리가 없습니다. 우리가 생명책을 수정할 수도 없고, 명단에서 탈락된 사람을 다시 만날 수도 없습니다.

언젠가는 영원히 잊힌 이름을 보고 가슴 아파할 순간이 우리에게 다가올 것입니다. 이를 위해 지금부터라도 깨어 있어야 합니다. 우리 이렇게 기도합시다.

> 주여, 내 이름이 생명책에서 도말되지 않도록 마지막까지 지켜주옵소서. 사랑하는 아내, 사랑하는 남편, 사랑하는 자식, 사랑하는 부모님 모두 마지막까지 꼭 있어야 할 자리에 이름이 빠지지 않도록 주여 인도해주옵소서. 가룟 유다처럼 불행하게 이름이 삭제되고 영원히 멸망한 존재가 되지 않도록 인도해주옵소서.

베드로가 일어나서 가룟 유다에 대해 설명합니다. 그에게는 가룟 유다를 동정하는 빛이 전혀 없습니다. 몹시 냉정합니다. 아예 갈 길을 갔다는 식입니다. 예언대로 성취되어 완전히 자기 길을 갔고 사도의 직분은 박탈되었다고 생각합니다.

영적 세계에는 이처럼 냉정한 면이 있습니다. 신앙 세계는 사랑으로 이끌어주고, 기도해주고 눈물 흘리는 등 그야말로 형제를 내 몸과 같이 사랑하는 일들이 있지만 동시에 냉정함도 있습니다. 일단 기회를 놓치고 버림을 받으면 아무도 동정하는 사람이 없습니다. 제 갈 길을 갔다고 인정해버립니다. 하나님도 동정하지 않으십니다. 예수님도 동정하지 않으십니다. 아무도 동정하지 않습니다. 이것이 구원의 세계, 영적 세계가 갖는 냉정함입니다.

그래서 기독교는 어떤 면에서 철저한 개인주의입니다. 그 철저한 개인주의는 철저한 이타주의로 발전합니다. 하나님이 우리에게 기회를 주시고 시간을 주셨을 때 형제를 아낌없이 사랑하고 그를 위해 기도합시다. 동정할 수 있을 때 동정합시다. 위할 수 있을 때 위해줍시다. 요한일서 3장 16절 말씀대로 생명이라도 아끼지 않고 바칠 정도로 형제의 영혼을 위합시다. 기회가 끝나면 영영 돌이킬 수 없기 때문입니다.

04

오로지 기도에 힘쓰다

더불어 마음을 같이하여 오로지 기도에 힘쓰더라(행 1:3 하)

예수님이 승천하신 뒤 다락방에 모인 사람들이 무엇을 했을까요? 그들은 마음을 같이하여 계속 기도에 힘썼습니다. 이들처럼 어떤 문제를 놓고 끊임없이 기도할 수 있는 비결은 무엇일까요?

약속을 붙든 기도

하나는 하나님의 약속과 관계된 기도였기 때문입니다. 하나님이 말씀으로 약속하신 것을 붙잡고 기도해야 합니다. 다락방에 모인 120명은 계속해서 기도하고 있었습니다. 왜 그랬을까요?

… 아버지께서 약속하신 것을 기다리라(1:4).

예수님은 아버지께서 약속하신 성령을 보내주실 것이라고 말씀하셨습니다. 제자들은 이 약속을 붙들었기 때문에 계속 기도할 수 있었습니다. 구체적인 약속을 붙들지 못하면 우리는 얼마 못 가 주저앉기 쉽습니다. 기도가 끊겨버립니다.

우리는 개인의 필요를 위해 기도할 때가 많습니다. 물론 그렇게 기도하는 것도 좋습니다. 그러나 기도가 중단되지 않으려면, 응답받을 때까지 포기하지 않고 기도하려면 자신의 필요와 성경에 기록된 약속의 말씀을 일치시키는 작업을 먼저 해야 합니다.

예를 들어 남편이 실직했다고 가정해봅시다. 한 달 놀 때는 괜찮았는데 두 달, 석 달 시간이 흐를수록 은근히 불안해집니다. 자꾸 신경이 쓰이니까 몸이 약해지고 잠도 잘 오지 않습니다. 이럴 때 자기도 모르게 기도하게 됩니다. 아내는 남편의 직장을 위해 기도하고 일용할 양식을 위해 기도합니다. 우리 가정을 도와달라고 하나님께 매달립니다.

그런데 이 기도가 더 힘 있고, 분명한 응답을 얻기까지 지속되려면 자신의 필요에 대해 하나님이 어떻게 약속하셨는지를 성경에서 찾아내야 합니다. 이 경우 마태복음 6장에서 약속의 말씀을 찾을 수 있습니다.

> 그러므로 염려하여 이르기를 무엇을 먹을까 무엇을 마실까 무엇을 입을까 하지 말라 이는 다 이방인들이 구하는 것이라 너희 하늘 아버지께서 이 모든 것이 너희에게 있어야 할 줄을 아시느니라 그런즉 너희는 먼저 그의 나라와 그의 의를 구하라 그리하면 이 모든 것을 너희에게 더하시리라 그러므로 내일 일을 위하여 염려하지 말라 내일 일은 내일이 염려할 것이요 한날의 괴로움은 그날로 족하니라(마 6:31-34).

이 약속을 발견했다면 "하나님 옳습니다. 하나님께서 분명히 약속하셨으니 저는 말씀을 붙잡고 남편의 문제를 기도하겠습니다. 우리 가정의 문제를 기도하겠습니다"라고 하면서 하나님의 약속과 내 필요가 일치하는 기도를 드려야 합니다. 그런 기도라야 응답을 받을 때까지 지속될 수 있고 흔들리지 않습니다.

그러므로 지속적인 기도를 할 때는 하나님의 말씀을 부지런히 살펴야 합니다. 성경에 어떤 약속이 있는지 계속 찾아야 합니다. 약속을 붙잡아야 합니다. 약속에 근거하여 전력투구하는 기도를 해야 합니다. 이럴 때 기도가 응답됩니다.

다락방에 모인 제자들은 막연히 기도하지 않았습니다. 무작정 기다린 것도 아닙니다. 주님의 약속, 성령을 보내주신다는 약속을 붙잡고 기도했습니다. 자신의 기도를 점검해보기 바랍니다. 하나님이 무엇을 어떻게 약속하셨는지 분명히 찾아야 합니다. 성경을 보지 않고 기도하는 사람은 병자입니다. 성경 읽기 싫어하고, 성경을 공부하기 싫어하고, 날마다 엎드려서 눈을 감고 기도만 하려는 사람, 안수 받으러 기도원이나 찾아다니는 사람의 신앙은 무언가 잘못되어도 한참 잘못되었습니다.

기도원에서 기도하는 많은 사람이 샤머니즘에 빠지는 이유가 바로 여기에 있습니다. 성경은 등한시하고 날마다 자기 필요만 구하니까 결국은 시험에 빠지거나 영적으로 병들어버리는 것입니다.

합심 기도의 힘

기도를 지속적으로 하려면 혼자 하는 것보다 합심 기도가 좋습니다. 앞서 예로 든 실직 문제를 다시 이야기합니다. 이러한 문제를 놓고 기도할 때 혹 남편이 불신자라 할지라도 부인은 꼭 남편과 함께 기도하기 바랍니다.

　남편이 의기소침해 있고, 한마디로 맥이 없을 것입니다. 가정에서도 예전처럼 큰소리 쾅쾅 치지 못할 만큼 기가 죽어 있습니다. 그럴 때 남편에게 "이 문제는 하나님이 해결해주셔야 해요. 그러니까 자기 전에 30분만 같이 기도합시다"라고 말해보세요. 그리고 합심 기도를 하십시오. 합심 기도의 능력은 대단합니다.

> 너희 중에 병든 자가 있느냐 그는 교회의 장로들을 청할 것이요 그들은 주의 이름으로 기름을 바르며 그를 위하여 기도할지니라 믿음의 기도는 병든 자를 구원하리니 주께서 그를 일으키시리라 혹시 죄를 범하였을지라도 사하심을 받으리라 그러므로 너희 죄를 서로 고백하며 병이 낫기를 위하여 서로 기도하라 의인의 간구는 역사하는 힘이 큼이니라(약 5:14-16).

　교회의 장로들, 신앙의 선배들에게 기도를 부탁하라고 합니다. 서로 병 낫기를 위해 기도하고, 죄를 고백하며 기도하라고 합니다. 이처럼 성경은 합심 기도를 강조합니다. 남편과 함께 기도하십시오. 남편에게 신앙이 없어도 괜찮습니다.

　"여보, 나하고 손을 잡고 함께 기도해봐요. 내가 기도할 테니까 당신은 가만히 눈 감고 마음으로 내 기도를 들어보세요. 그리고 마음이 움직이면 하나님께 마음 문을 여세요. 우리 저녁마다 기도해봐요. 하나님이 언제 응답하시는지, 정확하게 체크해봐요. 그럴 때 하나님이 살아 계시나 안 계시나 확인해보세요."

　부인에게 이 정도 믿음이 있으면 하나님이 남편을 그대로 내버려두시지 않을 것입니다. 자녀 문제가 있습니까? 혼자 기도하지 말고 자녀와 같이 하기 바랍니다.

"얘, 내가 보니 네게 조금 걱정되는 것이 있는데 어떻게 할까? 하나님이 너를 도와주셔야 할 것 같아. 우리 같이 기도해보자." 엄마 아빠가 진심으로 이야기하는데 뿌리칠 자녀가 있겠습니까? 그렇게 가정에서부터 합심 기도를 해봅시다. 하나님이 어떻게 응답하실지 기대되지 않습니까?

합심 기도는 놀라운 역사를 일으킵니다. 제자들은 지속적으로, 중단하지 않고, 응답받을 때까지, 성경의 약속과 일치시켜 합심하여 기도했습니다. 우리도 이와 같이 기도하면 승리할 수 있습니다.

05

미리 말씀하신
성경이 이루어지다

형제들아 성령이 다윗의 입을 통하여 예수 잡는 자들의 길잡이가 된 유다를 가리켜 미리 말씀하신 성경이 응하였으니 마땅하도다 … 시편에 기록하였으되 그의 거처를 황폐하게 하시며 거기 거하는 자가 없게 하소서 하였고 또 일렀으되 그의 직분을 타인이 취하게 하소서 하였도다(행 1:16, 20)

예수님의 제자 120명이 모인 다락방에서 베드로가 첫 발언을 합니다. 가룟 유다의 배신과 죽음으로 결원이 생긴 열두 번째 사도를 뽑기 위해서입니다. "형제들아" 하고 운을 뗀 베드로는 성경을 인용하여 말을 이어갑니다. 무식한 어부의 모습은 더 이상 그에게서 찾아볼 수 없습니다.

> … 성령이 다윗의 입을 통하여 예수 잡는 자들의 길잡이가 된 유다를 가리켜 미리 말씀하신 성경이 응하였으니 마땅하도다(1:16).

베드로는 성령이 다윗의 입을 통해서 유다에 관해 예언하신 것을 전합니다. 그리고 유다가 자기 직분을 버리고 떠난 것은 성경 말씀이 이루어진 것이라고 결론을 내립니다.

시편에 나타난 예언

시편에는 하나님이 장차 보내주시겠다고 하신 메시아에 대한 예언이 가득 담겨 있습니다. 어떤 구절은 직접적으로, 어떤 구절은 간접적으로 예수 그리스도 안에서 성취될 일들을 기록하고 있습니다.

특히 다윗의 시편에 등장하는 '나'는 메시아와 연결되는 부분이 많고, 다윗을 대적하는 원수는 예수님께 저항하던 이들을 상징할 때가 많습니다. 궁극적으로 이 원수는 절대로 용서받지 못하고, 하나님께 완전히 멸망당할 마귀 바로 그 자체입니다.

> … 다윗의 입을 통하여 예수 잡는 자들의 길잡이가 된 유다를 가리켜 미리 말씀하신 성경이 응하였으니 마땅하도다(1:16).

> 시편에 기록하였으되 그의 거처를 황폐하게 하시며 … 그의 직분을 타인이 취하게 하소서(1:20).

사도행전 기자는 1장 20절에서 시편 69편 25절과 109편 8절을 인용했습니다. 이 예언이 유다에게 적용된 것을 볼 때, 그는 용서받지 못할 원수의 표본임을 알 수 있습니다. 그런데 여기서 한 가지 주의할 점이 있습니다. 비록 베드로가 예수님의 원수에 대한 예언을 유다에게 적용했지만, 하나님이 꼭 가룟 유다를 염두에 두고 이 예언을 하셨다고 생각해서는 안 됩니다. 하나님이 가룟 유다를 아예 날 때부터 배반자로 결정하신 것이 아니기 때문입니다.

세상 사람들은 흔히 하나님이 모든 것을 이미 다 작정해놓으시고는 왜 유다에게 책임을 묻느냐고 따집니다. 물론 하나님은 이미 가

롯 유다가 어떻게 행동할 것인지 알고 계셨습니다. 그러나 알고 계셨다는 것이 가룟 유다의 자유의지를 완전히 제거한 채, 그를 그런 운명에 몰아넣었다는 뜻은 아닙니다. 하나님은 가룟 유다를 알고 계셨지만, 그런 행동을 처음부터 마지막까지 생각하고 계획하고 실행한 주체는 어디까지나 유다 자신입니다.

베드로가 시편의 예언을 유다에 대한 기록이라고 결론지은 것은 이미 모든 사건이 백일하에 드러났기 때문입니다. 하나님은 숙명적으로 유다를 지목하지 않으셨습니다. 단지 예수 그리스도를 대적할 수 있는 모든 원수를 염두에 두고 예언하신 것입니다.

불행한 사람 가룟 유다

사도들은 가룟 유다에게 적용된 시편 구절을 이야기하면서, 예수님을 팔아먹은 죄악과 그로 인해 사도의 직분을 빼앗긴 책임이 유다 자신에게 있다고 결론지었습니다. 하나님이 유다로 하여금 사도의 직분을 버리게 하셨습니까? 아니면 유다 자신이 그것을 버렸습니까?

… 유다는 이 직무를 버리고 제 곳으로 갔나이다(1:25).

사도의 직분을 버리고 자기 갈 길로 가버린 것은 하나님의 뜻이 아니라 유다 스스로 결정한 일이었습니다.

베드로와 사도들은 이 문제를 절대 혼동하지 않았습니다. 자신의 결정에서 비롯된 결과에 대한 책임을 소위 하나님의 예정과 섭리와 혼동하지 않았다는 말입니다. 물론 이것은 우리의 머리로 전부 이해할 수 있는 문제가 아닙니다. 그러므로 우리는 하나님을 경외하고 그분 앞에서 겸손해야 합니다.

가룟 유다는 참 불행한 사람입니다. 마태복음 27장 5절을 보면 그는 목을 매어 자살했습니다. 그리고 사도행전 1장 18절에는 곤두박질해서 창자가 터졌다고 기록되어 있습니다. 종합해보면 가룟 유다는 목을 맸고, 그 줄이 끊어지면서 곤두박질해 내장이 파열되는 끔찍한 죽음을 맞았습니다.

가룟 유다와 관련해 한 가지 이해하기 어려운 부분이 있습니다. 유다가 죽기 전에 불의의 삯으로 받은 은 30으로 밭을 샀다는 내용입니다. 마태복음을 보면 가룟 유다는 밭을 사지 않았습니다. 돈을 받고는 성전에 가서 던져 넣은 다음에 자살했습니다. 그럼 도대체 누가 밭을 샀을까요?

짐작하건대 대제사장들이 이것은 더러운 돈이요 피의 돈이니까 금고에 넣지 말고 따로 쓰자 해서 소위 나그네를 위한 묘지를 산 것으로 보입니다. 그런데 그 주체가 대제사장이 아닌 유다로 기록된 이유는 무엇일까요? 유다의 이야기는 25~30년이 흐른 뒤 누가가 자료를 수집해 기록했습니다. 불과 30년도 지나지 않았는데 왜 이렇게 기록되었을까요?

제일 건전한 해석은 이것이라고 봅니다. "대제사장들이 밭을 산 것은 사실이지만, 가룟 유다의 이름으로 샀다. 그러므로 후세에 전할 때 가룟 유다가 그 밭을 산 것으로 몇십 년 동안 전해 내려온 것을 누가가 그대로 쓴 것이다."

가룟 유다에게서 얻는 교훈

유다가 왜 예수님을 팔아넘겼느냐에 대해서는 학설이 분분하지만 아무튼 유다는 예수님을 팔았습니다. 은을 받고 팔아넘길 때만 해도 그 죄가 얼마나 무거운 것인지 미처 알지 못했습니다. 그러나 그는 범죄 후 자살했습니다. 막상 저질러놓고 보니 자신이 얼마나 큰 죄를 저질렀는지 비로소 실감한 것입니다.

이 일은 우리에게 깊은 깨달음을 줍니다. 우리는 다 죄를 범한 경험이 있습니다. 죄를 범하기 전에는 죄의 심각성을 전혀 모릅니다. 그러다가 죄를 범한 다음에야 비로소 '아차!' 하고 양심의 가책과 두려움을 절절히 느끼게 됩니다.

그런데 우리는 왜 죄를 짓기 전과 죄를 짓는 순간에는 죄의 심각성을 보지 못할까요? 우리가 올바로 보지 못하도록 마음을 혼미하게 만드는 자가 있기 때문입니다. 바로 사탄입니다. 우리 조상 하와가 사탄의 유혹에 빠졌을 때에도 하와의 눈에는 선악과가 탐스럽고 먹음직스럽게 보였습니다. 그래서 얼마나 무서운 죄인지 미처 깨닫지 못했습니다. 가룟 유다도 예수님을 팔 때는 완전히 눈이 가려져 있었습니다.

유다는 예수님을 팔아넘긴 다음 은 30을 얻었는데, 나중에는 그 돈이 미웠습니다. 쳐다보기도 싫었습니다. 그래서 내동댕이쳤습니다. 나중에는 자기 몸뚱이도 싫었습니다. 자기 생명조차도 싫어서 자살해버렸습니다. 죄의 말로가 흔히 그렇지 않습니까? 돈이든 쾌락이든, 아니면 어떤 사람이든 간에 죄를 범하여 부당한 방법으로 얻은 것은 결국 사랑이 아닌 미움의 대상이 됩니다. 적절한 예가 다윗의 아들 암논이 배다른 누이 다말을 강간한 일입니다. 자기 누이를 얼마나 연모하고 사랑했던지 상사병에 걸려 드러눕게 되었습니다. 그러다가 악한 친구에게 계략을 얻고 누이를 꾀어 죄를 범했습니다. 성경은 그 이후를 어떻게 기록하고 있습니까?

그리하고 암논이 그를 심히 미워하니 이제 미워하는 미움이 전에
사랑하던 사랑보다 더한지라…(삼하 13:15).

그렇습니다. 죄를 범해 얻은 것은 결국 미워하게 됩니다. 죄를 범할 때는 이것만 소유하면, 내 욕심대로 할 수만 있다면 더 이상 소원이 없을 것 같습니다. 그러나 일단 범죄를 저지른 후에는 그것을 미워하게 됩니다.

지금 죄의 허망한 결과를 알지 못한 채, 죄를 사랑하며 욕심을 부리고 있지는 않은지, 성경을 보면 죄의 결과가 너무나 자명한데도 그것을 무시하고 죄에 빠져 있지는 않은지 자신을 돌아보고 하나님 앞에 기도해야 합니다. 우리가 아무리 눈을 크게 뜨고 들여다본다고 해도 마귀가 쳐놓은 덫에 걸릴 수 있기 때문입니다.

가룟 유다에게서 얻을 수 있는 교훈이 한 가지 더 있습니다. 용서받지 못할 죄의 무서움입니다. 유다의 죄는 용서받지 못했습니다. 흔히 우리는 "아, 유다가 왜 예수님께 가서 잘못했다고 빌지 않았을까? 회개하면 주님께서 다 용서해주셨을 텐데" 하고 생각합니다. 그러나 유다의 죄는 용서받지 못할 죄였습니다. 성령을 거역한 죄이기 때문입니다.

당시 대제사장이 회개하고 예수님을 믿었다는 기록이 있습니까? 예루살렘에 그처럼 부흥의 불길이 활활 타올랐으며 많은 제사장의 무리가 예수님께 복종하고 회개하여 돌아왔지만, 가야바나 안나스 같은 대제사장이 회개하고 돌아왔다는 기록은 없습니다. 그들은 성령을 거역한 죄인이었던 것입니다.

그렇다면 무엇이 성령을 거역한 죄일까요? 유다는 분명 3년 동안 예수님을 따라다니며 성령의 감동을 받은 사람입니다. 사도들과 함

께 전도 여행을 떠날 때 누구와 짝이 되어 갔는지는 모르지만, 그 과정을 거치면서 예수님이 주신 성령의 능력을 입었습니다. 그는 이적을 행하고, 귀신을 쫓아내며, 병 고치는 능력을 가졌습니다. "예수 그리스도를 믿으라, 회개하라, 천국이 가까이 왔다"라고 선포할 때 많은 사람이 그의 메시지를 듣고 회개하여 주께로 돌아오는 역사도 있었습니다.

분명히 유다는 성령의 은혜를 체험한 사람이었습니다. 예수님은 절대로 평범한 인간이 아니요, 하나님이 보내신 메시아라는 것을 그가 몰랐을 리 없습니다. 예수님의 행하심과 말씀이 비밀의 장막에 싸여 있지 않았기에, 유다도 그분이 누구신지 분명히 알고 있었습니다. 성령께서 분명히 그에게 깨닫는 은혜를 주셨습니다.

그러나 그는 자기 욕심 때문에 끝까지 성령을 거역했습니다. 더욱이 마지막 성만찬에서 예수님이 얼마나 지긋하고 진실하게 깨우칠 기회를 주셨습니까? 예수님의 입에서 나오는 한마디 한마디는 유다가 100번 회개하고도 남을 만한 영향력이 있었습니다.

> … 랍비여 나는 아니지요 대답하시되 네가 말하였도다(마 26:25).

예수님이 그의 마음속을 꿰뚫어 보시고 분명하고도 의미 있게 말씀하셨지만 그는 끝까지 거부했습니다. 그렇게 해서 가룟 유다는 용서받지 못할 죄를 짓고 만 것입니다.

오늘날 가룟 유다처럼 끝까지 거역하다가 결국 자기 스스로 목숨을 끊을 만큼 완악한 인간이 교회 안에 과연 있을지 잘 모르겠습니다. 하나님이 진실로 사랑하고 진실로 은혜를 주시는 자는 그렇게 하려고 해도 할 수 없습니다.

가룟 유다를 통해 놓쳐서는 안 될 중요한 사실들을 깨닫습니다. 죄를 범하기 전에는 죄가 얼마나 무서운 것인지 알지 못하고, 죄를 지어서 얻은 것은 결국 미워하게 되며, 성령을 거역하는 일은 용서받지 못할 죄라는 것을 말입니다. 그렇기에 우리는 하나님 앞에 이렇게 기도해야겠습니다.

"주여, 제가 가룟 유다처럼 어리석은 사람이 되지 않도록 도와주옵소서. 성령께서 날마다 제 눈을 열어주시고, 주님의 말씀이 항상 제 발의 등불이 되어서 제가 바로 보지 못하거나 잘못된 길로 들어서지 않도록 인도하시고 지켜주옵소서. 제 힘으로는 안 됩니다. 절대 안 됩니다. 주여, 도와주옵소서."

06

성령의 인도로
맛디아를 세우다

그들이 기도하여 이르되 뭇사람의 마음을 아시는 주여 이 두 사람 중에 누가 주님께 택하신 바 되어 봉사와 및 사도의 직무를 대신할 자인지를 보이시옵소서(행 1:24-25 상)

사도란 무엇이고, 그 자격은 무엇입니까? 다음 구절은 '사도가 무엇이냐?'에 대한 성경의 유일한 질문이자 정의입니다.

> 이러하므로 요한의 세례로부터 우리 가운데서 올려져 가신 날까지 주 예수께서 우리 가운데 출입하실 때에 항상 우리와 함께 다니던 사람 중에 하나를 세워 우리와 더불어 예수께서 부활하심을 증언할 사람이 되게 하여야 하리라 하거늘(1:21-22).

사도는 예수의 부활을 증언하는 사람입니다. 세례 요한이 예수께 세례를 베풀 때부터 예수님이 승천하실 때까지 그분 곁에서 모든 것을 목격한 증인이어야 비로소 사도의 자격이 있었습니다. 베드로는 이 조건에 부합하는 한 사람을 뽑아 유다를 대신해야 한다고 주장했습니다.

이 부분에 대해서는 학자들 간에 이견이 있습니다. 어느 쪽을 선택하느냐는 각자 자유지만, 한쪽은 아무래도 지나친 감이 있습니다. 그들은 다음과 같이 주장합니다.

"베드로는 지금 이 자리에서 실수하고 있다. 그의 성급한 태도가 또 표출되어 과오를 범하고 있다. 예수님의 열두 제자 중 빈자리는 예수님이 지명하셔야 했고, 그것은 결국 사도 바울이었을 것이다. 바울이 유다를 대신해 열두 번째 사도가 될 사람인데, 성급한 베드로가 맛디아를 뽑아놓은 것이다. 나중에 바울이 진짜 사도가 되지 않았느냐! 그렇다면 바울은 무엇이냐? 열세 번째 사도냐? 그러므로 베드로가 실수한 것이다."

이 주장처럼 사도 바울이 정말 열두 번째, 혹은 열세 번째 사도입니까? 바울은 열두 사도와 달랐습니다. 그는 특별한 경우였습니다. 우선, 예수님이 지상에서 육신의 몸을 입고 계실 때 선택받은 사도가 아니라 부활해서 승천하신 뒤 하늘로부터 선택받은, 어떤 면에서 계열이 다르다고 할 만큼 독특한 사람이었습니다. 또 하나, 열두 사도는 원칙상 이스라엘 열두 지파를 향해 예수 그리스도의 부활을 증언하도록 선택받은 사람들이었습니다. 그러나 사도 바울은 이방을 위한 사도로 부름받았습니다. 역할이 달랐습니다.

성령의 인도로 세운 맛디아

사도를 뽑는 문제가 얼마나 중요한 일입니까? 그런데 베드로가 실수하도록 하나님이 내버려두셨다면 그것은 도무지 앞뒤가 맞지 않습니다. 두 가지 면에서 베드로의 행동은 옳았습니다.

첫째, 베드로는 정확한 방법으로 이 문제를 다루었습니다.

"분명히 가룟 유다는 성경이 예언한 대로 직분을 버리고 갔으며, 이 직분은 다른 사람이 취하게 되어 있다. 그렇다면 가룟 유다가 이미 제 갈 길로 간 지금, 그를 대신할 사람이 누구인지 우리가 찾아야 한다. 이 시간 사도의 직분에 합당한 사람을 세우자. 기도하고 성령의 인도하심을 따라 선택하자."

베드로는 성경을 근거로 성경적인 방법을 따라 이와 같이 주장했습니다. 예수님을 붙잡고 십자가를 지면 안 된다고 간하다가 책망을 듣던 때에 비하면 얼마나 많이 성숙했습니까? 그는 부활하신 주님으로부터 특별한 은혜를 받은 것이 틀림없습니다. 다른 사도들도 마찬가지입니다.

이에 그들의 마음을 열어 성경을 깨닫게 하시고(눅 24:45).

제자들은 예수님이 부활하신 후 180도 달라졌습니다. 모든 것을 성경에 비추어 보기 시작했습니다. 더 이상 개인의 감정이나 기분으로 말을 내뱉지 않았습니다. 베드로도 성경을 통해 하나하나 검토하는 사람이 되었으며 그가 주장하는 바도 아주 성경적이었습니다.

둘째, 베드로는 성령의 인도를 분명히 받았습니다. 말씀을 바로 깨닫고 말씀 속에서 확신을 얻는 것이 바로 성령의 인도를 받는 것입니다. 따라서 베드로가 성경을 근거로 이 모든 것을 검토하고 결론을 내려서 행동에 옮겼다면 그것은 성령의 인도에 따른 것입니다. 교회 안에서 아무리 좋은 의견과 방법을 제시한다 할지라도 말씀에 근거한 확신이 없다면 그리고 말씀에 근거한 방향 설정이 없다면 그것은 성령의 인도가 아닙니다.

개인의 일도 마찬가지입니다. 하나님의 말씀을 통해 분명한 확신을 얻었습니까? 하나님의 뜻이라고 판단됩니까? 이것은 꼭 해야겠다고 결심했습니까? 그렇다면 그것은 분명 성령의 인도입니다. 그러나 하나님의 말씀과는 전혀 거리가 먼 곳에서 생각이 그렇게 움직였습니까? 그렇다면 내 뜻인지, 하나님의 뜻인지 검토해봐야 합니다. 성경을 멀리하는 사람은 성령의 인도를 받기가 어렵습니다. 성경을 알지 못하는 사람은 성령의 인도를 받는다고 말하기가 어렵습니다. 그러나 한 가지 분명한 사실은 내가 만족할 만큼 완벽하게 성경을 보았기 때문에, 완벽하게 기도했기 때문에 성령께서 인도하시지는 않는다는 것입니다.

대부분의 경우 성령께서는 내가 무엇을 잘했느냐보다 내 중심이 과연 주님의 말씀대로 살기를 원하느냐를 보시고 인도하십니다.

간혹 성경을 읽지 못할 때가 있습니다. 기도가 부족하기도 합니다. 너무 바빠 동분서주하다 보면 일주일 내내 하나님과 제대로 영적 교제를 나누지 못하고 지낼 때가 있습니다. 성령이 인도하시지 않는다면 우리는 비참한 상황에 떨어지고 말 것입니다.

스스로 만족할 만한 수준에 이르지 못한 연약함이 있다 할지라도 하나님의 말씀을 사랑하고 알기 원하는 자라면 성령께서 그 삶을 인도해주신다고 저는 분명히 믿습니다.

**성경에 나오는
마지막 제비뽑기**

공석이 된 열두 번째 사도를 세우기 위해 사도들은 맛디아와 요셉 두 사람을 놓고 제비를 뽑았습니다. 제비뽑기는 구약시대의 선택 방법입니다. 아직 성령이 임하시기 전이기 때문에 구약의 방법인 제비뽑기로 하나님의 뜻을 구한 것입니다.

> 제비는 사람이 뽑으나 모든 일을 작정하기는 여호와께 있느니라
> (잠 16:33).

오순절 성령강림 이후로는 성경을 아무리 뒤져보아도 제비뽑기 하는 장면이 나오지 않습니다. 맛디아를 뽑을 때가 마지막입니다. 오늘날에도 구약시대처럼 하나님이 제비뽑기에 특별히 역사하신다면 얼마나 간단하게 결정될 일이 많겠습니까? 쫙 펴놓고 뽑으면 되니 말입니다. 그런데 이상하게도 신약시대가 되자 제비뽑기가 싹 사라졌습니다. 왜 그랬을까요?

신약시대에는 성령께서 인도하시는 소명이 개개인과 교회에 뚜렷이 나타나기 때문입니다. 구약시대처럼 희미하지 않습니다. 하나님께서 세우시는 자가 누구인지를 아는 것이 어렵지 않게 되었습니다. 신약성경을 보면 누가 하나님이 택하신 자인가를 알기 위해 천거를 합니다. 천거를 받은 자들 중 두세 사람을 세워 그들에게 안수하고 직분을 줍니다. 성령께서 이미 강하게 개인과 교회에 역사하시기 때문에, 제비뽑기가 아니어도 하나님이 원하시는 자가 누구인지 충분히 알 수 있고 교회가 공인할 수 있다고 믿었던 것입니다.

그런데 천거 방식의 한 가지 단점은 사탄이 끼어들 여지가 있다는 것입니다. 특히 교회에서 투표할 때는 인간적인 방법을 경계해야 합니다. 하나님 앞에 기도하고, 성령이 모든 성도의 마음을 움직여서 택하신 자가 누구인지 분명하게 가르쳐주실 것이라는 확신을 가지고 움직여야 합니다. 인간의 수단으로 자기 야망을 채우려고 들면, 결국에는 그것 때문에 무서운 시험에 빠지게 될 것입니다.

우리는 사도행전 1장 15-26절에서 또 하나의 진리를 발견할 수 있습니다. 베드로가 성령의 인도하심을 언제 깨달았습니까? 기도할

때였습니다. 베드로가 성경에서 하나님의 뜻을 발견한 것이 언제입니까? 기도할 때였습니다. 맛디아라고 하는 하나님이 택하신 자를 찾기 위해 한 것이 무엇입니까? 역시 기도였습니다.

다락방에 모인 120명은 오로지 기도에 힘쓴 자들입니다. 그런 분위기 속에서 베드로는 성령의 인도함을 받아 무엇을 해야 할지 알았습니다. 기도를 통해 베드로는 하나님의 말씀을 깊이 깨닫는 눈을 갖게 되었고, 기도를 통해 맛디아를 선택하신 하나님의 뜻을 발견했습니다. 기도 가운데, 그것도 합심해서 기도하는 가운데 이 모든 것이 이루어졌습니다.

우리도 마찬가지입니다. 교회가 중요한 결정을 해야 할 때에는 함께 모여서 기도해야 합니다. 물론 개인 기도도 해야 합니다. 하나님께서 인도하시는 길을 걷기 위해 기도해야 합니다. 피로 값 주고 사신 하나님의 교회를 바로 섬기고, 시대적 사명을 감당하는 교회가 되려면 기도하는 가운데 말씀을 깨닫고 성령의 인도함을 받아야 합니다. 기도하는 가운데 하나님이 세우시는 자들을 발견해야 합니다. 예루살렘의 다락방과 같은 기도 모임이 우리 가운데 항상 끊이지 않기를 바랍니다.

사도행전 2장

"내가 교회에 임하여 지금 너희와 함께 있는 것은 예수 그리스도가 문 앞에 이르렀다는 징조다. 정신 차리라, 깨어 있으라, 기도하라, 말씀대로 살라." 오늘도 성령께서는 우리 안에서 탄식합니다.

07

오순절, 성령이 임하시다

홀연히 하늘로부터 급하고 강한 바람 같은 소리가 있어 그들이 앉은 온 집에 가득하며 마치 불의 혀처럼 갈라지는 것들이 그들에게 보여 각 사람 위에 하나씩 임하여 있더니(행 2:2–3)

성경에서 사도행전 2장 1절부터 4절까지의 구절처럼 논쟁과 이견, 갈등이 많은 부분도 드물 것입니다. 이 부분에서만큼은 각자가 고집을 세우고 의견이 분분하며 논쟁이 벌어지기도 합니다. 또 이 말씀을 어떻게 해석하느냐에 따라 이런 성격의 교회, 저런 성격의 교회가 되어 나뉘기도 합니다.

따라서 우리는 성령이 우리 마음속에 역사하시고, 깨닫게 하시며, 말씀을 보는 눈을 열어주신다는 것을 잊지 말고 성령을 바라보는 마음으로 이 말씀을 읽어야겠습니다.

우선 신학적인 문제부터 정리해봅시다. 성경을 읽을 때 어느 한 부분만 뚝 떼어서 보면 안 된다는 것은 잘 아는 사실입니다. 이런 중요한 사건인 경우에는 더더욱 그렇습니다. 이 말씀의 배후에는 엄연히 구약성경이 있고 신약의 복음서가 있습니다. 또 이 사건을 해석해주는 서신서가 있습니다. 따라서 우리는 전체적인 배경과 근거를 놓고 이 부분을 검토해야만 잘못된 판단을 피할 수 있습니다.

이 말씀을 대하면서 이렇게 생각하는 사람도 있습니다. '나에게도 이러한 사건이 한번 일어났으면, 우리 교회에도 그대로 한번 일어났으면 좋겠다. 예배 중에 갑자기 하늘에서부터 바람 같은 소리가 나고, 눈을 떠보니 불의 혀 같은 형체가 성도들의 머리 위에 임하고, 갑자기 다른 방언이 여기저기서 터지고, 그로 인해 교회 주변에 있는 사람들이 이 요란한 소리를 듣고 뛰어오는 사건이 일어난다면 얼마나 좋을까. 그렇다면 이런 일을 통해 믿음이 강해지고, 마음도 뜨거워지고, 무언가 변화가 일어날 텐데.' 이렇게 은근한 욕심을 가지고 있는 사람이 여러분 중에도 있을지 모르겠습니다.

이와 같이 오순절 성령강림이 지금 나와 우리 교회에도 일어날 수 있는 사건이라고 해석해버린다면, 다들 이런 경험을 하게 해달라며 만사를 제쳐두고 날마다 기도할 것입니다. 날마다 소리치며 기다릴 것입니다. 그러나 지난 2,000년 동안 오순절 성령강림과 같은 사건은 단 한 번도 반복된 일이 없습니다. 그리고 앞으로도 일어나지 않을 것입니다.

약속대로 오신 성령

성령강림은 하나님께서 우리에게 주신 약속이 성취된 사건입니다. 갑자기 일어난 일이 아닙니다. 그렇다면 하나님께서 언제 이 약속을 주셨을까요? 구약의 요엘서까지 거슬러 올라가볼 수 있습니다. 사도행전 2장에서 베드로가 요엘서를 인용합니다.

> 하나님이 말씀하시기를 말세에 내가 내 영을 모든 육체에 부어주

리니 너희의 자녀들은 예언할 것이요 너희의 젊은이들은 환상을 보고 너희의 늙은이들은 꿈을 꾸리라 그때에 내가 내 영을 내 남종과 여종들에게 부어주리니 그들이 예언할 것이요(2:17-18).

> 그때에 내가 또 내 영을 남종과 여종에게 부어줄 것이며(욜 2:29).

또 마태복음 3장을 보면 세례 요한의 입을 통해 하나님이 약속하셨습니다.

> 나는 너희로 회개하게 하기 위하여 물로 세례를 베풀거니와 내 뒤에 오시는 이는 나보다 능력이 많으시니 나는 그의 신을 들기도 감당하지 못하겠노라 그는 성령과 불로 너희에게 세례를 베푸실 것이요(마 3:11).

무엇보다도 예수 그리스도께서 직접 성령이 강림하실 것이라고 약속하셨습니다.

> 볼지어다 내가 내 아버지께서 약속하신 것을 너희에게 보내리니 너희는 위로부터 능력으로 입혀질 때까지 이 성에 머물라 하시니라(눅 24:49).

예수님은 제자들에게, 하나님께서 약속하신 것을 받기까지 너희는 예루살렘을 떠나지 말고 기다리라고 말씀하셨습니다. 예수님은 또 요한복음에서도 약속하셨습니다.

> 그러나 내가 너희에게 실상을 말하노니 내가 떠나가는 것이 너희에게 유익이라 내가 떠나가지 아니하면 보혜사가 너희에게로 오시지 아니할 것이요 가면 내가 그를 너희에게로 보내리니(요 16:7).

> 그러나 진리의 성령이 오시면 그가 너희를 모든 진리 가운데로 인도하시리니 그가 스스로 말하지 않고 오직 들은 것을 말하며 장래 일을 너희에게 알리시리라(요 16:13).

예수님은 진리의 영이 오시면 우리를 진리로 인도하실 것이요, 우리 속에 거하실 것이요, 우리와 함께 영원히 거하실 것이라고 여러 번 반복해서 가르쳐주셨습니다. 또한 자신이 이 세상을 떠나는 것이 우리에게 더 유익하다고 하시면서 "내가 가야만 보혜사 성령이 오신다"라고 말씀하셨습니다.

> 지금은 너희가 근심하나 내가 다시 너희를 보리니 너희 마음이 기쁠 것이요 너희 기쁨을 빼앗을 자가 없으리라(요 16:22).

덧붙여 보혜사 성령이 오시면 우리에게 훨씬 좋고, 우리가 말로 다 할 수 없이 기뻐할 것이며, 우리 기쁨을 빼앗아 갈 자가 없으리라고 말씀하셨습니다.

부활하신 후 40일 동안 제자들과 만난 예수님은 그때도 하나님 나라와 성령을 동시에 언급하셨습니다. 떠나시기 직전에도 '반드시 몇 날이 못 되어 성령으로 세례를 받으리라' 말씀하셨고, '성령이 너희에게 임하시면 너희가 권능을 받고 내 증인이 되리라' 약속하신 뒤에 떠나셨습니다.

모든 것이 하나님께서 약속하신 내용입니다. 그러므로 사도행전 2장에 기록된 일들은 기도를 열심히 해서 성령을 받은 사건이 아닙니다. 하나님이 성령강림을 약속하셨기 때문에, 이 땅에서 예수 그리스도의 사역이 끝났기 때문에 약속된 성령이 임하신 것입니다. 아무도 정해진 순서를 바꿀 수 없습니다. 모든 것이 하나님의 계획이기 때문입니다.

한 번 오신 성령, 떠나지 않는 성령

오순절 성령강림 사건은 어디까지나 주님이 십자가에 달려 죽으시고 사흘 만에 부활하셔서 전 인류에게 영생을 주실 수 있는 문을 활짝 열어놓으셨기 때문에 일어난 역사입니다. 만약 예수 그리스도가 십자가와 부활을 통해 구원 사역을 성취하시지 않았다면 성령은 절대로 우리에게 오실 수 없습니다. 또한 오실 이유도 없습니다.

따라서 성령강림은 반복되어 여러 번 일어날 수 있는 일이 아닙니다. 예수님이 인간의 몸으로 오신 일이 반복될 수 없는 유일한 사건인 것처럼 말입니다.

예수님이 이 세상에 오실 때 목자들이 천사가 전한 소식을 듣고 환호하며 구유에 누워 계신 아기 예수님을 찾아와서 기뻐했고, 저 유대 산촌에 있던 소수의 의로운 사람들이 성령 충만으로 예언하고 감사하는 역사가 일어났지만, 그 일은 후에 또 반복되지 않았습니다. 마리아가 성령이 충만해서 예수님을 잉태하고 찬양했지만 그 찬양 또한 반복되지 않았습니다. 왜냐하면 그 사건은 단 한 번으로 끝나는 것이었기 때문입니다.

성자가 십자가를 지시기 위해 이 땅에 오신 것도 성령이 예수님을 대신하여 교회에 임하신 역사도 한 번의 사건으로 시작되는 것이지 오셨다 가셨다 반복하는 사건이 아닙니다.

이런 의미에서 성령에 관한 찬송가 중에 가장 적절한 것은 〈성령이여 우리 찬송 부를 때〉(195장)라고 생각합니다. 〈불길 같은 주 성령〉(184장), 〈빈 들에 마른 풀같이〉(183장)와 같은 찬송은 신학적으로 볼 때 조금씩 약점을 갖고 있습니다. 마치 성령이 임하셨다가 올라가시고, 또 기도하고 찬송하면 다시 임하셨다가 우리가 성령을 근심케 하면 떠나신다는 식으로 오해하기 쉬운 가사입니다. 성령을 이런 분으로 생각하면 참 난처한 문제가 따릅니다.

열두 제자는 예수님을 3년간 따라다니며 예수님의 속을 무척이나 썩였습니다. 그런 일이 어디 한두 번이었겠습니까? 그럴 때마다 예수님이 제자들을 버리고 도망가셨나요? 도망가셨다가 제자들이 회개하고 "오, 주여 오시옵소서" 할 때 또 나타나셨습니까? 아닙니다. 함께 사역하는 동안 제자들이 속도 썩이고 어려운 일도 많이 겪었지만 성자 예수님은 그때마다 떠나지 않으시고 제자들과 함께하셨습니다. 성령도 이와 같습니다. 교회에 임하신 성령은 주님이 말씀하신 대로 세상 끝 날까지 떠나지 않고 우리와 함께하실 것입니다. 우리와 함께 거하시는 성령은 우리가 성령의 마음을 괴롭히고 성령의 뜻에 순종하지 못할 때 애통하며 슬퍼하시지만 우리를 떠나지는 않으십니다.

우리가 죄를 범하고 하나님 앞에 순종하지 않아서 성령의 역사가 많이 위축되었습니다. 성령이 강하게 역사하시면 좋겠는데, 우리 마음은 어딘지 모르게 자꾸 불순종하는 면이 있고, 게으른 면이 있습니다. 이처럼 우리 마음속에서는 육신의 소욕이 계속 발동하기 마련입니다. 따라서 성령이 우리를 강하게 사로잡고 인도하시려 해도 어느 순간 제약을 받게 됩니다. 이럴 때 내 영혼은 "빈 들에 마른 풀같이" 시들어버립니다. 그렇습니다. 이 찬양은 이런 의미에서 부르는 것입니다.

 성령이 우리에게 임하셨음을 감사합시다. 교회와 함께하심을 감사합시다. 성령이 오순절 다락방에 임하지 아니하셨다면 우리는 절대로 예수님을 믿을 수 없습니다. 어림도 없습니다. 무슨 수로 예수님이 나를 위해 십자가에 못 박혀 돌아가셨다고 믿을 수 있겠습니까? 예수님이 부활하셨다는 것을 무슨 통찰력으로 확인하고 믿겠습니까? 성령강림은 단 한 번의 사건입니다. 약속된 사건이요, 예수님의 구속 사역이 완성되었기 때문에 뒤따라온 역사일 뿐, 갑자기 일어난 사건이 아닙니다. 사람들이 기도하고 간절히 사모했기 때문에 일어난 사건은 더더욱 아닙니다.

08

신약교회가 탄생하다

오순절 날이 이미 이르매 그들이 다 같이 한곳에 모였더니 … 그들이 다 성령의 충만함을 받고 성령이 말하게 하심을 따라 다른 언어들로 말하기를 시작하니라(행 2:1, 4)

드디어 '앙' 하는 울음소리가 들렸습니다. 성령이 임하셔서 신약교회가 탄생한 것입니다. 오순절 성령강림은 '신약교회의 탄생'이라는 점에서 중요한 의미를 갖습니다.

신약교회가 출생하자 예루살렘이 요란해졌습니다. 이제 앞으로 유대와 사마리아와 땅 끝까지 온 세계가 요란해질 것입니다. 그렇다면 신약교회가 탄생하기까지, 표현이 좀 낯설기는 하지만, 태중에 있던 기간은 얼마 동안이었을까요?

신약교회 탄생 이전의 성도에 관해 잠시 생각해보겠습니다. 성도는 교회의 잉태 기간에 이미 존재했습니다. 대표적으로는 사도들이요, 또 믿음 좋은 여인들이요, 예수님을 따르며 헌신했던 하나님의 자녀들입니다. 그들의 수는 얼마 되지 않습니다. 그렇다면 성령은 과연 이들 가운데 계셨을까요? 그들에게 성령이 거하셨을까요? 그들에게 역사하신 일이 있었나요?

있었습니다. 그것도 자주자주 있었습니다. 그러나 성도들은 어딘지 모르게 불완전했습니다. 제자들을 보면 우리보다 못한 면이 얼마나 많습니까? 복음서를 읽다 보면 '이것도 깨닫지 못해? 바보 같은 사람들' 하는 생각이 절로 들 정도로 멍하니 있는 제자들의 모습을 발견하게 됩니다. 잘 모르고 턱없이 부족한 모습이 보입니다. 왜 그랬을까요? 바로 교회를 잉태하는 중이었기 때문입니다.

출생의 울음소리

해산할 준비를 하고 있던 신약교회는 드디어 성령이 임하신 날 출생의 울음을 터뜨렸습니다.

엄밀히 말하면 부활하신 예수님과 애찬을 나누며 하나님 나라에 관한 이야기를 주고받던 성도들, 또 마가 요한의 다락방에 모여 기도하던 120명이 최초의 신약교회라고 말할 수 있지만, 세상을 향해서는 베일에 가려진 상태였습니다. 아직 형체가 드러나지 않은, 숨어 있는 교회였습니다. 마치 만삭이 된 엄마 배 속의 아이와 같았습니다. 그러나 성령이 임하자 드디어 세상 앞에 온전히 모습을 드러냈습니다. 이런 의미에서 오순절 성령강림은 교회의 탄생을 알린 날, 즉 '교회의 생일'이라 할 수 있습니다.

성자 예수님은 인간의 몸을 입고 세상에 태어나실 때 성령으로 잉태되셨습니다. 세례를 받으실 때에도 성령이 임하셔서 하나님의 독생자 예수 그리스도로 인정되셨습니다. '그리스도'란 '기름 부음을 받았다'는 뜻입니다. 그렇다면 예수님이 꼭 세례를 받고, 성령을 받았기 때문에 그리스도가 되신 것일까요? 성령이 임하시기 전에는 메시아가 아니었을까요? 물론 그렇지 않습니다. 예수님은 원래 기름 부음 받은 존재입니다. 그러나 예수께서 사람들 눈에 기름 부음

받은 자로서 그 모습을 드러낸 시점은 세례 받으실 때였습니다. 성령이 비둘기같이 그분의 머리에 임하고, 하늘에서 그분께 기름을 붓듯이 성령을 부어주셨습니다. 드디어 명실공히 '기름 부음을 받은' 그리스도가 되어 세상 앞에 나타나신 것입니다. 성령은 교회에도 이와 같은 원리로 역사하셨습니다.

한 성령을 마신 자들

성령의 역사는 생명의 역사입니다. 이 우주 만물, 피조물의 생명과 예수님의 부활 생명 그리고 교회의 생명은 성령의 역사가 없으면 태동할 수 없었습니다.

성령은 예수님의 잉태와 공생애 출발점에 함께하셨습니다. 부활하신 예수님의 몸인 교회도 그 출발은 성령강림과 함께 시작되었습니다. 성령의 인도함을 받은 성도들은 예수 그리스도를 구주로 고백하고 구원받은 하나님의 자녀가 되었음을 확신했을 때, 자신도 모르는 사이에 성령의 사람이 되고 동시에 성령을 통해서 예수님의 몸된 교회에 접붙은 것입니다.

우리가 언제 세례를 받습니까? 예수 믿을 때입니다. 그리고 언제 예수님의 몸인 교회에 한 몸으로 연합되었습니까? 예수 믿고 성령의 세례를 받았을 때입니다.

> 우리가 유대인이나 헬라인이나 종이나 자유인이나 다 한 성령으로 세례를 받아 한 몸이 되었고 또 다 한 성령을 마시게 하셨느니라(고전 12:13).

'한 성령으로 세례를 받았다'와 '한 성령을 마셨다'는 것은 의식적인 것일 수도 있고 무의식적인 것일 수도 있습니다. 예수 믿을 때 굉장히 극적인 체험을 한 사람들이 간혹 있습니다. 예수 믿고 하나님의 자녀가 되는 순간 삶에 대격변이 일어나고, 또 남들도 분명히 알아챌 수 있는 증거가 나타나는 사람이 있습니다. 성령세례가 체험적으로 일어난 경우입니다. 그러나 어릴 때부터 예수 믿고, 교회 안에서 자라난 사람은 언제 성령세례를 받았는지, 언제 예수님의 몸에 연합하게 되었는지 그 시점을 잘 모릅니다. 그렇다고 이런 사람에게 "너는 눈에 띄는 체험이 없기 때문에 성령세례를 받지 않았다"라고 말할 수는 없습니다. 또 "성령세례 받을 때 별다른 체험도 없고 겉으로 보이는 표적도 없으니 너는 그리스도의 몸이 아니다"라고도 절대 말할 수 없습니다.

체험 이전에 중요한 것은 하나님의 '말씀'입니다. 또 느낌 이전에 더 중요한 것은 '믿음'입니다. 믿는 것입니다. 이 믿음이 말씀 위에 굳게 서기 전에 갑자기 어떤 체험이 임한다면 큰 혼란을 겪을 수 있습니다. 그야말로 닻 없는 배처럼 물 흐르는 대로 떠돌게 됩니다. 저는 체험이나 뜨거움이 곧 영적 성숙을 의미한다는 주장에는 아연실색합니다.

"예수 믿을 때, 중생을 경험할 때 성령을 받지만 그것은 어린아이와 같은 수준에 해당하는 것이다. 그러니 나중에 다시 성령세례를 받아야 한다. 그래야만 성숙한 그리스도인이 될 수 있고, 또 영적으로 어른이 된다"라고 주장하는 사람들도 있습니다. 이 견해에 대해 "체험이 없는 사람은 영적으로 미성숙한 사람인가?"라는 질문을 하고 싶습니다. 그리고 "체험이 있어서 영적으로나 인격적으로 성숙했다고 자신 있게 말할 수 있는가?"라고 되묻지 않을 수 없습니다.

역사를 보면 실패한 부흥사들 대부분은 특별한 은사를 받은 사람들이었습니다. 오히려 은사 없이 예수 그리스도만 전하고, 하나님의 말씀으로 가르치고, 영혼을 보살펴준 부흥사들은 사역자로 장수했습니다. 그들은 끝까지 주님 손에 붙들린 삶을 살았습니다. 반면에 은사를 받은 사람들은 쓰러졌습니다. 인격적으로 성숙하지 못했기 때문입니다. 은사와 영적인 성숙 사이에는 아무런 관계가 없습니다.

누구든지 예수를 믿고 말씀대로 고백하면 그 사람은 이미 성령세례를 받은 사람입니다. 성령이 이미 교회에 임하셨고, 우리는 성령세례를 통해 예수님의 몸 된 교회에 연합되었기 때문입니다.

주일 오전 9시

성령이 임하신 오순절은 유대의 3대 절기 중 하나입니다. 이 절기는 유월절 후 7주가 지난 50일 만에 지키는 절기여서 칠칠절(출 34:22), 오순절이라고 합니다. "처음 익은 열매를 드리는 날"(민 28:26)이라는 의미로 초실절이라고도 합니다.

> 오순절 날이 이미 이르매 그들이 다 같이 한곳에 모였더니(2:1).

사람들이 한곳에 모였습니다. 그들은 어떤 사람들이었을까요? 1장 15절에 나오는 120명을 가리킨다고 할 수 있을까요? 이에 대해 학자들의 견해는 두 가지로 갈립니다.

예수님이 승천하시고 성령이 임하신 오순절까지 약 열흘의 여유가 있었습니다. 이 열흘 동안 120여 명이 다락방을 떠나지 않고 늘 기도만 했을까요? 아마 그들은 흩어졌다 모였다 하면서 주님이 보내주시겠다고 약속하신 성령을 기다렸을 것입니다.

그런데 지금 시간이 몇 시입니까? 2장 15절에 보면 베드로의 설교 부분에서 '제 3시'라는 시간이 나옵니다. 제 3시면 우리나라 시간으로 오전 9시입니다. 이 시간을 두고 신학자들은 "어떻게 오전 9시란 이른 시간에 그렇게 많은 사람들이 모일 수 있었을까? 그것은 분명 예수님이 부활하시던 날부터 시작해서 주일마다 함께 모이던 습관이 있었기 때문일 것이다"라고 설명합니다.

사실 그렇습니다. 부활하신 예수님이 제자들에게 나타나신 때가 주일 아침입니다. 주님이 승천하시기 전까지 제자들과 만나 애찬을 나누며 하나님 나라에 대해 말씀해주시던 예배일이었기 때문에 그들은 이른 아침부터 한자리에 모일 수 있었을 것입니다. 이런 일들로 미루어 볼 때 주일에 성도가 모이는 것은 매우 중요하다는 것을 알 수 있습니다.

은혜를
사모하여 모인 자들

다락방에 모인 사람들은 무엇을 하고 있었습니까? 그들은 손을 들고 서 있거나 엎드려 있지 않았습니다. 앉아 있었습니다.

> 홀연히 하늘로부터 급하고 강한 바람 같은 소리가 있어 그들이 앉은 온 집에 가득하며(2:2).

그들의 모습을 볼 때 기도하고 있었던 것은 아닌 듯합니다. 유대 사람들은 기도할 때 보통 손을 들고 기도합니다. 그런데 본문에서 앉아 있었다고 하니 아마도 하나님의 말씀을 강론하는 시간이었을 것입니다.

성경은 약속의 말씀입니다. 하나님의 약속을 기다리며 은혜를 사모하는 사람은 아침이든 저녁이든 모이기를 힘씁니다. 최소한 교회가 시간을 정해놓고 공식적으로 모이는 집회만은 꼭 참여해야 합니다. 로이드 존스의 말처럼 우리가 어느 집회를 한 번 빠졌다고 가정해봅시다. 하나님께서 그 집회에 전무후무한 은혜를 내려주실지 누가 압니까?

그렇습니다. 주일 다락방에 모인 120명의 성도는 성령의 임재를 맛보았고, 성령 충만을 받았습니다. 그러나 밖에 있던 사람들은 어느 누구도 성령 충만을 받지 못했습니다.

구약의 모세 시대에, 하나님의 임재하심으로 그 자리에 성령이 충만하게 부어져 유대 장로들이 예언을 하는데, 그 장로회에 참석하지 않은 두 사람이 자기 집에서 동일하게 성령의 은혜를 받아 예언한 일이 있습니다. 그때는 장소가 달라도 별문제가 없었는지 모르지만, 신약시대에 임하신 성령의 역사는 그 자리에 모인 사람들에게만 국한되었습니다.

그러니 성도들이 한자리에 모인다는 것이 얼마나 중요한 의미를 가집니까? 열심을 내야 합니다. 예배 시간 한 시간 한 시간을 소중하게 여겨야 합니다. 그리고 사모해야 합니다. 그러면 성령께서 언젠가 우리 각자에게 있는 영혼의 병을 치료해주실 뿐만 아니라, 내 힘으로는 도무지 어찌할 수 없는 문제를 해결해주실 것입니다. 같이 모여서 기도하고 찬양하는 시간에 그 문제를 해결해주실 것임을 분명히 믿습니다.

오순절 성령이 임하실 때, 주님의 은혜를 사모하여 모인 제자들은 홀연히, 예기치 못한 시간에 하나님께서 부어주시는 엄청난 은혜를 맛보았습니다. 우리도 마찬가지입니다. 우리가 모일 때마다 주님

손에는 우리에게 부어주려고 예비하신 은혜가 있습니다. 성령께서 우리 각자에게 때마다 허락하시는 은총이 있습니다. 그 은총이 어느 때에 강하게 임할지 우리는 알 수 없습니다.

우리가 순종하지 않기 때문에, 우리의 게으름 때문에, 우리의 마음이 아직도 세상에 미련을 두고 있기 때문에 성령이 우리 안에서 충만하게 역사하지 못합니다. 마음을 강하게 사로잡는 찬송, 말씀에 대한 갈급함, 하나님의 복음을 기쁨으로 전하기, 사랑으로 즐거이 봉사하기, 주님을 위해 무엇이든지 헌신하겠다는 열정… 이와 같은 것들이 우리에게 충만하도록 기도해야 합니다. 주님의 몸 된 교회에 거하시는 성령께서 반드시 우리에게 새 힘을 주실 것입니다.

09

말세가 시작되다

하나님이 말씀하시기를 말세에 내가 내 영을 모든 육체에 부어 주리니 너희의 자녀들은 예언할 것이요 너희의 젊은이들은 환상을 보고 너희의 늙은이들은 꿈을 꾸리라 그때에 내가 내 영을 내 남종과 여종들에게 부어주리니 그들이 예언할 것이요 또 내가 위로 하늘에서는 기사를 아래로 땅에서는 징조를 베풀리니 곧 피와 불과 연기로다(행 2:17-19)

사도행전 2장에는 사람들의 관심을 끄는 부분이 또 있습니다. 성령이 임하실 때 나타난 표적입니다. 급하고 강한 바람 같은 소리와 불의 혀처럼 갈라지는 것이 각 사람 위에 임하는 모습입니다. 불과 같이, 바람같이 임한 표적에 많은 관심을 갖고 오늘도 이와 같은 표적이 임할 수 있다고 기대하며 기도하는 사람들이 상당히 많습니다. 그러나 저는 이런 허황한 기대로 시간 낭비하지 말고, 또 반복되지 않는 이 일을 가지고 하나님 앞에 자꾸 조르지 말고 성경을 바로 이해하라는 말씀을 드리고 싶습니다.

성경은 하나님이 임재하실 때에는 항상 표적이 따랐다고 말합니다. 삼위이신 성부, 성자, 성령 하나님이 임재하실 때에는 항상 표적이 따랐습니다.

너희는 만질 수 있고 불이 붙는 산과 침침함과 흑암과 폭풍과 나팔 소리와 말하는 소리가 있는 곳에 이른 것이 아니라…(히 12:18-19).

하나님이 호렙산에 임하셨을 때 불붙는 산과 흑암, 곧 컴컴한 구름과 폭풍이 일어나며 나팔 소리와 말하는 소리가 들렸습니다. 임재의 표적입니다.

> … 여호와께서 지나가시는데 여호와 앞에 크고 강한 바람이 산을 가르고 바위를 부수나 바람 가운데에 여호와께서 계시지 아니하며 바람 후에 지진이 있으나 지진 가운데에도 여호와께서 계시지 아니하며 또 지진 후에 불이 있으나 불 가운데에도 여호와께서 계시지 아니하더니 불 후에 세미한 소리가 있는지라(왕상 19:11-12).

엘리야가 호렙산에 가서 하나님 앞에 섰을 때 하나님의 존재가 그 자리에 임하셨고 표적이 나타났습니다. 크고 강한 바람이 산을 가르고 바위를 부서뜨렸습니다. 바람 후에 지진이 일어났습니다. 지진 후에 불이 지나갔고, 불 다음에는 세미한 소리가 들렸습니다. 또 성자 예수님이 이 세상에 처음 임하실 때는 하늘에 홀연히 큰 광채가 나고, 천군 천사들이 찬양하며 놀라운 일들이 일어났습니다. 왕의 별이 나타났습니다.

성부 하나님이 직접 임하실 때도 표적이 따랐고 성자 예수님이 세상에 임하실 때도 표적이 따랐다면, 성령 하나님이 세상에 임하실 때 표적 없이 조용히 임하실 수 있었을까요? 그럴 수 없습니다. 실제로 성령이 임하시는 순간, 큰 바람 소리가 들리고 불의 혀 같은 것이 사람들 눈에 보였습니다.

말세의 처음 표적

미국과 캐나다 국경에 걸쳐 있는 나이아가라폭포에 가보면 수백 미터 낭떠러지에서 폭포수가 떨어질 때 나타나는 자연현상을 경험할 수 있습니다. 큰 소리입니다. 그야말로 천지를 진동하는 소리가 납니다. 그리고 물보라와 아름답고 찬란한 무지개가 나타납니다. 엄청난 양의 물이 떨어지기 때문에 생기는 자연현상입니다.

자연도 이러한데 하물며 창조주이신 하나님이 특별히 임재하실 때 만물 가운데 아무런 반응이 나타나지 않는다면 오히려 이상한 일일 것입니다. 하나님이 임재하시면 만물은 떨게 되어 있습니다. 그래서 특별한 표적들이 나타납니다. 성경을 보면 성부와 성자와 성령 삼위가 각각 역사하실 때, 특히 맨 처음 역사하실 때 이 같은 표적들이 따랐습니다.

이것을 '처음 표적'이라 한다면 앞으로 나타날 표적이 한 번 더 있습니다. 베드로는 본문에서 요엘 선지자의 예언을 인용했습니다. 요엘의 예언은 오순절을 통해 반만 이루어졌습니다. 나머지는 아직 이루어지지 않았습니다.

> 또 내가 위로 하늘에서는 기사를 아래로 땅에서는 징조를 베풀리니 곧 피와 불과 연기로다 주의 크고 영화로운 날이 이르기 전에 해가 변하여 어두워지고 달이 변하여 피가 되리라(2:19-20).

주의 크고 영화로운 날이 언제입니까? 예수 그리스도가 재림하시는 날입니다. 예수님이 재림하실 때 어떤 표적이 우리 주변에서 일어날까요? 성경을 보면 우리의 상상을 초월하는 역사들이 일어난다고 기록되어 있습니다. 그때가 되면 하늘과 땅은 눈앞에서 사라지고, 하나님께서 이루실 제3의 창조라고 할 수 있는 새 하늘과 새 땅이 우리 앞에 나타날 것입니다. 전 우주의 지배자요 의로운 왕이신 예수 그리스도가 본격적으로 등극하시는 아주 중요한 순간이기 때문입니다. 그때는 성부 하나님, 성자 하나님, 성령 하나님이 임하시는 특별한 징조가 하늘과 땅에서 일어난다고 했습니다. 성령강림 때 나타났던 표적을 보며 "아, 나에게도 바람 같은 소리가 좀 들렸으면 좋겠다. 나에게도 성령 충만할 때 불의 혀와 같은 것이 좀 보였으면 좋겠다" 하는 것은 망상입니다. 성자의 초림 표적이 다시 반복되지 않는 것처럼 성령이 교회에 처음 임하실 때 나타났던 표적은 반복되지 않습니다. 성령이 이미 오셨기 때문입니다.

이 세상 마지막까지 성령은 교회와 함께하십니다. 이제 불의 혀와 같이 보일 필요도 없고, 또 강한 바람 같은 소리를 낼 필요도 없습니다. 이미 성령은 이 자리에 계시고 전 세계 교회를 주님의 몸으로 묶어 그 안에 거하시기 때문입니다. 그러니 무슨 표적이 또 필요합니까?

이것은 성경으로 증명할 수 있습니다. 고넬료 집안의 모든 사람이 베드로의 설교를 들을 때 성령이 강하게 임하셨는데, 강한 바람 같은 소리가 들렸나요? 들리지 않았습니다. 불의 혀처럼 갈라지는 것이 보였나요? 보이지 않았습니다. 또 에베소에서 바울이 기도할 때 성령이 임하셨고, 사마리아에서도 그와 같은 일이 일어났는데 그때마다 불의 혀가 보이는 이적이 따라왔습니까? 또 바람 같은 소리가 들렸습니까? 그렇지 않습니다.

지난 2,000여 년 기독교 역사상 이와 같은 사례는 더는 찾아볼 수 없습니다. 성령이 이미 교회에 임하셨기 때문입니다. 말구유의 기적이 다시 반복될 수 없는 것처럼 오순절 성령의 역사와 표적은 다시 반복되지 않습니다.

마지막 때를 산다는 것

베드로가 인용한 요엘 선지자의 예언은 아직 완결되지 않았습니다. 이 점에서 중요한 두 가지를 마음에 담아 두기 바랍니다.

첫째, 성령강림은 말세에 속한 사건이라는 것입니다. 베드로가 요엘 선지자의 말씀을 인용하면서 "말세에"라고 했습니다. 둘째, 성령이 임하신 사건과 예수님의 재림 사건이 나란히 붙어 나온다는 것입니다. 성령강림은 주님의 재림이 가까웠다는 것을 경고합니다. 이런 예는 예수님의 예언에서도 나타납니다. 예루살렘의 멸망과 세계 종말이 잇따라 예언됩니다.

오늘날 우리는 말세를 살고 있습니다. 지금은 2,000년 전 베드로가 성령을 받을 때 말세라고 했던 당시와 꼭 같은 마지막 때입니다. 우리가 볼 때는 엄청난 시간이 흐른 것 같지만 하나님이 보시기에는 한때입니다. 주님의 재림이 눈앞에 가까웠으며, 해가 변하여 어두워지고 달이 변하여 피가 되는 놀라운 표적이 나타날 그때가 머지않았습니다.

이런 때 우리가 신앙생활을 한다는 것은 무엇을 의미합니까? 성령을 받고 성령의 사람으로 말세를 산다는 것은 무엇을 의미합니까? 주님이 재림하실 마지막 때를 준비하는 것입니다. 개인이 준비해야 합니다. 교회가 준비해야 합니다. 그리고 세계가 준비해야 합니다. '모든 민족을 제자로 삼는' 마지막 때를 위해 준비해야 합니다.

오순절 성령강림을 통해 요엘 선지자의 놀라운 예언이 성취된 것을 보며, 아직 성취되지 않은 마지막 부분을 기다리게 됩니다. 이 말씀을 대하는 우리에게는 세상에 빠져서 흐려진 정신을 다시 말끔하게 정화시키고, 잠자던 자리에서 일어나고, 희미한 자리에서 분명한 자리로 발걸음을 옮기는 은혜가 필요합니다.

교회에 거하시는 성령은 분명 이것을 우리에게 요구하고 계십니다. "내가 교회에 임하여 지금 너희와 함께 있는 것은 예수 그리스도가 문 앞에 이르렀다는 징조다. 정신 차리라, 깨어 있으라, 기도하라, 말씀대로 살라." 오늘도 성령께서는 우리 안에서 탄식합니다.

하나님께 참으로 죄송한 마음이 듭니다. 성령이 우리 안에서 날마다 웃는다고 했습니까, 탄식한다고 했습니까? 탄식한다고 했습니다. 근심한다고 했습니다. 성령이 웃는다, 기뻐한다는 말씀은 별로 없습니다.

말세는 매우 시급한 때이기 때문에, 자칫 잘못하면 신앙을 저버리고 세상에 빠져 받은 은혜를 쏟아버리기 쉽습니다. 그래서 성령은 항상 경종을 울리고 계십니다. 자식을 걱정하는 부모가 날마다 잔소리를 하며 조심하라고 소리치는 것처럼, 성령은 날마다 우리를 향해 탄식하신다는 사실을 깊이 명심해야 하겠습니다.

내 영을 부어주리니

> … 말세에 내가 내 영을 모든 육체에 부어주리니 … 내 영을 내 남종과 여종들에게 부어주리니…(2:17-18).

'부어주신다'는 말은 참 묘한 표현입니다. '부어준다'는 '쏟는다'와 같은 뜻으로 하나님 편에서 성령을 주실 때 주로 쓰였습니다.

> 나의 책망을 듣고 돌이키라 보라 내가 나의 영을 너희에게 부어주
> 며 내 말을 너희에게 보이리라(잠 1:23).

> 그 후에 내가 내 영을 만민에게 부어주리니 너희 자녀들이 장래
> 일을 말할 것이며 너희 늙은이는 꿈을 꾸며 너희 젊은이는 이상을
> 볼 것이며(욜 2:28).

> 마침내 위에서부터 영을 우리에게 부어주시리니 광야가 아름다운
> 밭이 되며 아름다운 밭을 숲으로 여기게 되리라(사 32:15).

또 '부어준다'는 말은 '진노를 쏟는다'라는 표현에서 '쏟는다'와 같은 의미를 갖습니다.

> 이제 내가 속히 분을 네게 쏟고 내 진노를 네게 이루어서 네 행위
> 대로 너를 심판하여 네 모든 가증한 일을 네게 보응하되(겔 7:8).

> 유다 지도자들은 경계표를 옮기는 자 같으니 내가 나의 진노를 그
> 들에게 물같이 부으리라(호 5:10).

이와 같이 '부어준다' 혹은 '쏟는다'라는 말은 성경에서 '성령'과 '진노' 양쪽에 다 쓰이고 있습니다. 이 두 단어의 관계에서, 말세에 하나님께서는 양극단의 결단을 내리실 것이라는 사실을 깨달을 수 있습니다. 극단, 즉 이것 아니면 저것입니다. 둘 다 최대치입니다.
 '붓는다'는 말은 충만함을 이야기합니다. 적당히 따라주는 것이 아닙니다. 하늘에서 비가 쏟아져 도랑마다 물이 철철 넘치고, 강마

다 물이 가득 차올라 나중엔 둑이 넘치는 것과 같습니다. 말세에 하나님께서는 은혜를 강같이 쏟아부으시든지 아니면 진노를 강같이 쏟아부으실 것입니다.

그러므로 우리도 둘 중 하나를 선택할 도리밖에 없습니다. 은혜 받는 사람은 하나님께 넘치도록 은혜를 받게 되어 있고, 은혜 받지 못하는 사람은 하나님의 무서운 진노를 받게 되어 있습니다.

'부어준다'는 말은 가득히 넘치도록 최대치로 우리에게 주신다는 의미인 동시에 '끓어오르다, 솟아나다'라는 의미도 포함합니다. 하나님 편에서는 성령을 우리에게 주실 때 부어주시지만, 우리 입장에서는 어떻습니까? 공중에서 성령이 쏟아집니까? 아니면 내 안에서 샘처럼 솟아납니까? 성령의 역사, 예수 그리스도의 놀라운 은혜는 항상 우리 마음속에서 하나하나 깨달아지면서 마음 전체를 적시고 채우고 넘칩니다.

> 명절 끝 날 곧 큰 날에 예수께서 서서 외쳐 이르시되 누구든지 목마르거든 내게로 와서 마시라 나를 믿는 자는 성경에 이름과 같이 그 배에서 생수의 강이 흘러나오리라 하시니(요 7:37-38).

하나님 편에서는 부어주시는 것이고, 우리 편에서는 속에서 강수처럼 솟아납니다. 샘처럼 넘칩니다. 따라서 외적인 성령의 은혜를 지나치게 추구하지 않는 것이 좋습니다. 은혜를 받으려고 노력해본 적이 있는 사람은 무슨 의미인지 잘 알 것입니다. 하늘에서 부어주신다고 하니까 무언가 눈에 보이는 것, 내가 입고 있는 육체로 무엇인가 느껴지는 것을 자꾸만 추구합니다.

그러나 하나님께서 교회와 개인에게 성령을 부어주시면 오히려 내면에서 역사가 일어나는 것을 볼 수 있습니다. 나도 모르게 내면에서 은혜의 샘이 터집니다. 깨달아집니다. 내 속에서 기쁨이 솟습니다. 힘이 솟습니다. 내 안에 있던 불안과 공포가 사라집니다. 내 마음속에 그리스도가 충만한 것을 느끼게 됩니다. 이것이 내적인 역사입니다. 외적인 역사를 추구하다가 이상한 것을 잡는 사람보다 은혜의 깊은 체험을 가지고 내면에서부터 성령의 역사를 강하게 확신하는 사람이 훨씬 더 건전합니다.

내면의 은혜는 마귀가 속이지 못합니다. 증오나 불평, 고통이나 갈등 같은 것은 마귀가 줄지 모르지만 성령 안에서 강수와 같이 솟는 은혜를 깨달을 때 얻는 기쁨 그리고 그 기쁨 속에서 맛보게 되는 능력과 내 속에 충만한 그리스도에 대한 확신은 마귀가 감히 주지 못합니다. 절대 못합니다. 오직 성령만이 할 수 있습니다.

이와 같은 은혜를 날마다 체험하는 것이 좋습니다. 신앙생활을 하면서 영적으로 빈곤한 상태에 머물러 있다면 풍성하게 부어주시는 하나님께 죄를 범하는 것입니다. 이미 성령은 교회에 임하셨습니다. 누구든지 간절히 사모하고 마음 문을 활짝 열기만 하면 성령께서 강수와 같이 풍성하게 역사하기를 기다리고 계시는데, 왜 오늘 우리에게는 영적 빈곤이 계속되고 있을까요? 이것은 우리 자신의 책임입니다.

우리는 어쩌면 풍성하게 주시는 하나님을 외면하고 있는지도 모릅니다. 아직도 영적으로 빈곤한 것 같고, 도무지 갈증이 나서 못 견디겠고, 믿음이 약해서 자꾸만 넘어지고, 성경도 보기 싫고 기도하기도 싫고 교회도 억지로 끌려 나가고 설교를 들어도 마음에 감동이 없고 엉뚱한 생각만 자꾸 떠오른다고 한다면, 당신은 영적으로 병이 든 상태입니다.

이럴 때는 지체 말고 회개해야 합니다. 하나님 앞에 고백해야 합니다. 진정한 회개가 없는 곳에는 성령의 역사가 따르지 않습니다. 진정한 눈물이 있는 곳, 진정한 마음으로 사모하는 그곳에 성령은 역사합니다.

성령은 절대 우리를 메마른 상태로 내버려두지 않습니다. 은혜를 사모하고 하나님 뜻대로 살려고 애쓰는 이들에게 반드시 은혜를 주십니다. 성령께서 개개인에게 풍성한 은혜를 허락하실 것입니다. 마음에 막혀 있던 담을 허시고 강물이 홍수가 되어 쏟아져 들어오듯이 주의 은혜로 채워주실 것입니다. 잃어버린 찬송, 잃어버린 기도, 잃어버린 전도 모두 회복할 수 있습니다. 이미 교회 위에 충만히 임하신 성령만이 해주실 수 있습니다.

10

교회의 입이 열리다

이 소리가 나매 큰 무리가 모여 각각 자기의 방언으로 제자들이 말하는 것을 듣고 소동하여 다 놀라 신기하게 여겨 이르되 보라 이 말하는 사람들이 다 갈릴리 사람이 아니냐 … 우리가 다 우리의 각 언어로 하나님의 큰일을 말함을 듣는도다 하고(행 2:6-7, 11 하)

성령이 오심으로 말미암아 신약교회는 구약교회와 다른 성격을 갖게 되었습니다. 구약시대에는 제사가 가장 중요했습니다. 사람들은 죄를 씻기 위해 양과 소를 끌고 와 제사를 드렸습니다. 제사 후에도 반복되는 죄 때문에 가책을 받아 다시 제사를 드려야만 했습니다. 쉴 날이 없었습니다. 예루살렘 성전은 제사를 드리러 온 사람들로 가득 찼고 그 절차는 번거롭기가 이루 말할 수 없었습니다.

그러나 오순절 성령강림으로 신약교회가 탄생한 뒤에는 구약의 제사가 없어졌습니다. 성경을 아무리 뒤적여봐도 구약시대처럼 제사를 지냈다는 이야기는 없습니다. 왜 제사가 없어졌을까요?

> 오직 그리스도는 죄를 위하여 한 영원한 제사를 드리시고 하나님 우편에 앉으사 그 후에 자기 원수들을 자기 발등상이 되게 하실 때까지 기다리시나니 그가 거룩하게 된 자들을 한 번의 제사로 영

원히 온전하게 하셨느니라 … 또 그들의 죄와 그들의 불법을 내가
다시 기억하지 아니하리라 하셨으니 이것들을 사하셨은즉 다시
죄를 위하여 제사 드릴 것이 없느니라(히 10:12-18).

예수 그리스도가 단 한 번 영원한 제사를 드리셨으므로 이제는 제사를 지낼 필요가 없게 되었습니다. 구약시대와는 성격이 완전히 바뀐 것입니다. 그렇다면 신약교회는 성령을 중심으로 어떻게 변모되었을까요?

하나님의 큰일을 말하다

다락방에 모인 각 사람이 다 성령의 충만함을 받고 성령을 따라 말하게 되었습니다.

그들이 다 성령의 충만함을 받고 성령이 말하게 하심을 따라 다른
언어들로 말하기를 시작하니라(2:4).

모든 사람의 입이 열렸습니다. 온 예루살렘이 소란할 정도였습니다. 예수님이 십자가에서 처형당하자 겁을 먹고 부들부들 떨던 사람들, 사람들 앞에 말 한마디 제대로 못하던 갈릴리의 무식한 어부들, 그들에게 그야말로 기적이 일어난 것입니다.

입이 열렸습니다. 말을 하기 시작했습니다. 소곤소곤 하는 말이 아니었습니다. 부끄러움 없이 크게 외쳤습니다.

… 우리가 다 우리의 각 언어로 하나님의 큰일을 말함을 듣는도다
하고(2:11).

제자들은 하나님의 큰일을 말했습니다. 다른 말은 하지 않았습니다. 신약시대에 임하신 성령은 교회에 속한 사람들의 입을 여셨는데, 입을 열어 허튼 말을 하도록 한 것이 아니라 하나님의 큰일을 말하게 했습니다.

하나님의 큰일이란 무엇일까요? 아직은 추상적이고 막연합니다. 드디어 베드로가 일어나서 설교합니다. 우리는 베드로의 설교를 통해 하나님의 큰일이 무엇인지 알 수 있습니다.

> 이 예수를 하나님이 살리신지라 우리가 다 이 일에 증인이로다 (2:32).

베드로가 설교한 내용의 핵심은 '예수님의 부활'이었습니다.

> 그런즉 이스라엘 온 집은 확실히 알지니 너희가 십자가에 못 박은 이 예수를 하나님이 주와 그리스도가 되게 하셨느니라 하니라 (2:36).

베드로는 예수님이 우리의 주요, 우리의 구원자가 되셨다고 선포합니다. 이 사실은 대단히 중요합니다. 하나님께서 하신 가장 큰 일이 무엇입니까? 아들 예수를 세상에 보내시어 십자가에서 죽었다가 사흘 만에 살아나게 하시고, 그분을 통해 온 인류의 죄를 용서하고 구원하신 일입니다. 하나님이 하신 일 중에 이것만큼 큰 일은 없습니다. 그래서 성령을 받은 성도들은 지체없이 입을 열고 마음을 열어 예수 그리스도가 우리를 위해 죽으셨고, 사흘 만에 살아나셔서 전 인류의 구원자요, 하나님이 되셨다는 것을 큰 소리로 외쳤습니다. 참 놀라운 일입니다. 구약시대의 교회는 거룩하게 제사 지내는 교회였지만 신약시대의 교회는 입을 열고 큰 소리로 외치는 교회가 된 것입니다. 누가 그렇게 성격을 바꾸어주셨나요? 성령이 그렇게 하셨습니다.

그러므로 입이 잘 열리지 않는 사람은 아직 성령 충만을 모르는 사람입니다. 교회 와서 찬송을 부를 때도 입이 잘 안 열리는 사람은 아직도 성령 충만을 모르는 사람입니다. 또 기도를 하라고 해도 몇 마디 못 하고 입이 열리지 않는다면 문제가 있습니다. 예수님 이야기를 하라고 해도 얼굴이 빨개져 한마디도 못 한다면 아직 성령 충만을 모르는 사람입니다. 성령 충만은 그렇게 시시하지 않습니다.

찬송과 기도, 복음 전파 모두 하나님의 큰일을 말하는 것입니다. 세상 앞에 복음을 선포하는 것입니다. 날마다 내 욕심을 채워달라고 하는 기도는 옳지 않습니다. 하나님의 큰일을 찬양하며 감사하고 영광 돌리는 기도가 하나님이 기뻐하시는 기도입니다.

전도도 마찬가지입니다. 하나님의 큰일을 이야기하는 것입니다. 그래서 믿지 않는 사람들이 예수 믿는 사람을 보고 무엇이라고 합니까? '말쟁이'라고 합니다. 당연합니다. 믿는 사람들은 말쟁이입니다. 주변 사람들로부터 말쟁이라는 말을 아직 못 들었습니까? 한 번쯤은 들어야 합니다. 그러나 말만 잘하고 실천은 안 한다면 가책을 받아야 합니다.

말수가 별로 없던 사람이 예수 믿고 나더니 어찌나 말이 많아졌는지, 만나면 그저 쉴 틈 없이 말의 생수가 솟아오릅니다. 그래서 "야, 저 사람 어디서 저렇게 배웠나?" 하는 탄성까지 듣게 됩니다. 솟아나는 것이지 배워서 하는 게 아닙니다. 산헤드린 공회 앞에 섰던 베드로와 요한도 그러했습니다. 사람들이 볼 때 배운 것이 없고 신분도 낮은 그들이 하는 말은 그저 놀라울 따름이었습니다.

　전도를 할 때도 같은 경험을 합니다. 예수님에 대해 이야기합니다. 그저 몇 가지 성경 구절과 어떻게 전해야겠다는 것만 준비했을 뿐인데 나중에는 생각지도 않았던 말이 한 시간이고 두 시간이고 샘처럼 솟습니다. 참 이상합니다. 설교도 마찬가지입니다. 전부 적어 와서 읽는 것이 아닙니다. 같은 설교 원고라도 강단에 설 때마다 성령께서 특별히 말하게 하시는 부분이 있습니다.

　예수님은 마가복음 13장에서 말세의 징조가 있기 전에 먼저 복음이 만국에 전파되어야 한다고 말씀하시며 제자들에게 이렇게 격려하십니다.

> 사람들이 너희를 끌어다가 넘겨줄 때에 무슨 말을 할까 미리 염려하지 말고 무엇이든지 그때에 너희에게 주시는 그 말을 하라 말하는 이는 너희가 아니요 성령이시니라(막 13:11).

성령 충만한 교회는 소란스럽다

예수 믿는 사람은 자신의 말이 아닌 하나님의 큰일, 예수 그리스도를 이야기합니다. 개인뿐만 아니라 교회도 마찬가지입니다. 조금 소란해야 합니다. 교회 인근이 조금 골치를 앓을 정도여야 합니다. 교회 주변이 너무 조용하면 교회는 벌써 '짖지 못하는 개'가 된 것입니다. 성령의 역사가 이미 제한받고 있는 것입니다. 교회는 떠들썩해야 합니다. 말해야 합니다. 세상을 향해 외쳐야 합니다. 죄를 죄라고 말해야 합니다. 마지막 심판이 있음을 경고해야 합니다.

예수님이 공생애 사역을 처음 시작하실 때 성령이 임하셨습니다. 비둘기같이 내려온 성령은 예수님이 메시아라는 것을 확인시켜 주시고, 복음을 전하며 표적과 기사를 행할 능력을 주셨습니다. 진리의 영이신 성령은 이제 사도들에게 임하여 예수님이 메시아인 것과 부활하신 분임을 확신시키셨습니다. 또한 그들에게 권능을 주시고, 예루살렘과 온 유대와 사마리아와 땅 끝까지 이르러 증인이 되게 하셨습니다.

증인이 무엇입니까? 말하는 사람입니다. 사도들을 주축으로 세워진 교회도 마찬가지입니다. 성령이 임하자마자 교회에 속한 모든 하나님의 자녀가 예수 그리스도를 믿음과 동시에 확신을 갖게 되었습니다. 그리고 세상으로 나가서 하나님의 선한 일과 예수 그리스도의 사랑을 사람들에게 증언하는 공동체가 되었습니다.

성령이 거하시는 교회는 하나님이 그리스도를 통해 구원받을 수 있는 놀라운 길을 열어주셨다는 사실을 전 세계 앞에, 사탄 앞에, 권세 앞에, 정사 앞에 마음대로 선포할 수 있어야 합니다. 너무 얌전하고, 힘이 없고, 점잔만 빼는 교회는 성령께서 별로 좋아하지 않습니다. 특히 교회에서 중요한 책임을 맡고 있는 사람들, 수고해야 하는 사람들의 입이 막히면, 마음에서 그리스도의 성령이 주시는 생수가 말라버리면, 자신도 힘들고 교회도 힘들게 됩니다.

교회에 임하신 성령께 감사합시다. 성령이 우리와 함께하심을 감사합시다. 이 성령은 항상 우리에게 은혜를 주시되, 한 방울 두 방울 물방울처럼 떨어뜨리시는 것이 아니라 풍성하게 부어주길 원하십니다. 말세이기 때문입니다. 마지막 때를 준비시키기 위해서입니다.

만약 마음속에 거리낌이 있다면 회개합시다. 신약시대에 오신 성령은 말하는 교회, 증언하는 교회, 하나님을 자랑하는 교회를 만드셨는데, 지금 우리의 입은 너무나 무겁게 닫혀 있지 않은지 돌아봅시다. 하나님은 날마다 우리에게 은혜를 넘치도록 부어주기를 원하시며, 성령은 우리 안에 충만하기를 원하시지만 우리는 얼마나 자주 성령의 뜻을 거역합니까? 성령을 따르지 않고 육신의 소욕을 따라 성령을 슬프게 할 때가 너무나 많았던 것을 회개합시다.

주님의 십자가 보혈은 오늘도 흐르고 있습니다. 이 놀라운 십자가 보혈에 우리를 담가주시길 기도합시다. 우리 각자의 심령에 생수처럼 역사해주시고, 풍성하게 솟아오르도록 해주시기를 기도합시다. 그리하여 우리가 어디를 가든지 하나님의 큰일을 말하는 제자가 되고, 우리의 표정이, 우리의 행동이, 우리의 말이 다 예수 그리스도를 증언하며 예수 그리스도의 사랑을 보여줄 수 있기를 원합니다. 우리의 삶으로, 우리의 인격으로 예수 그리스도를 보여줄 수 있음을 분명히 믿습니다.

11

삼천 명이 회개하다

그들이 이 말을 듣고 마음에 찔려 베드로와 다른 사도들에게 물어 이르되 형제들아 우리가 어찌할꼬 하거늘 베드로가 이르되 너희가 회개하여 각각 예수 그리스도의 이름으로 세례를 받고 죄 사함을 받으라 그리하면 성령의 선물을 받으리니 (행 2:37-38)

성령의 능력이 얼마나 위대하고 큰지 알 수 있는 몇 장면이 성경에 있습니다. 그중에서도 사도행전 2장 후반부에 기록된 것만큼 성령의 능력을 강하게 증명해주는 본문은 없다고 생각합니다.

참 가슴이 벅차오르면서도 어떤 때는 우리 자신의 무능함을 일깨우는 말씀입니다. 오늘날에도 성령이 함께하셔서 이와 같은 일이 교회 안에서 얼마든지 일어날 수 있다고 생각하면 힘이 솟지만, 한편으로는 성령의 능력이 이처럼 큰데도 교회가 힘을 잃고, 교회 지도자가 영적으로 메말라 있다는 생각이 들 때면 답답하고, 고통스럽기까지 합니다. 참으로 도전과 흥분, 소망을 주는 동시에 좌절과 책망도 주는 말씀이 아닐 수 없습니다. 이처럼 양면성을 가진 이 본문이 우리에게 어떤 은혜를 주시는지 주목해야 합니다.

하나님이 헤아리신 사람들

　　　　　　　　　베드로의 짧은 설교 뒤에 전무후무한 성령의 대역사가 일어났습니다. 3,000명이라는 대규모 인원이 한꺼번에 회개하고 돌아온 것입니다. 세례도 받았습니다. 여기서 성경에 기록된 3,000명에 대해 몇 가지 생각해봅시다.

먼저 '3,000명'이라는 숫자입니다. 본문만 보아서는 남자만 헤아린 것인지, 여자도 함께 헤아린 것인지 가늠하기 어렵지만 사도행전 4장 4절 "말씀을 들은 사람 중에 믿는 자가 많으니 남자의 수가 약 오천이나 되었더라"와 비교해보면 남자를 중심으로 낸 통계라고 추측할 수 있습니다. 남자를 중심으로 통계를 냈다고 해서 여자의 가치를 무시한 것은 아닙니다. 당시 관습상 남자의 수를 세면 여자의 수는 따라서 짐작할 수 있었습니다.

두 번째 생각할 것은 변화되어 세례까지 받은 3,000명이 과연 어떤 사람들이었느냐는 점입니다. 그들은 자기의 요구를 가지고 개인적인 원통함을 풀기 위해 모인 자들이 아닙니다. 신비한 체험을 하고 싶어 모인 무리는 더더욱 아닙니다. 3,000명, 그들은 자신의 가슴을 치고 회개하는 이들이었습니다.

마지막으로 생각할 것은 성령의 대역사가 일어난 자리에 회개한 3,000명만 있었을까 하는 점입니다. 그렇지 않았을 것입니다. 아마도 절기를 지키기 위해 예루살렘에 모인 상당수의 유대인들이 있었을 것입니다(2:14). 그러나 성경은 그 자리에 모인 사람의 수가 아니라 오직 회개한 3,000명만 기록하고 있습니다.

하나님이 주목하시고 헤아리신 것은 오직 회개한 3,000명뿐이었습니다. 하나님은 회개하는 사람을 가장 귀하게 보시기 때문입니다. 마음을 찢고 통회하는 사람을 귀하게 여기시기 때문입니다. 말씀을 들을 때 눈물 어린 심령으로 하나님을 바라보는 사람, 하나님은 그런 사람을 가장 사랑하십니다.

그러므로 많은 성도가 교회에 모여 함께 예배드린다 할지라도 하나님께서는 그들 모두를 다 세지는 않으실 것입니다. 어떤 사람은 하나님이 헤아리시지만, 어떤 사람은 그 수에 들지 못할 수도 있습니다. 섭섭한 일이지만 그것은 사실입니다.

진실로 회개하는 사람, 방황하다 눈물로 회개하고 주님 품에 안기는 사람만 그 수에 넣어 헤아리십니다. 믿음 없이 건성으로 교회를 다니다가 어느 순간 말씀에 부닥쳐서 자기 마음을 찢고 주 앞에 회개하는 사람, 하나님은 그 사람을 '3,000명' 중 한 명으로 헤아리신다는 말입니다.

만약 수많은 죄를 지으면서도 마음을 찢는 회개 없이 예배당에 와서 열정적으로 찬송 부르고, 흥분하여 눈물을 줄줄 흘리는 사람이 있다면 하나님은 그 사람을 3,000명에 포함시키지 않으실 것입니다. 진실한 회개가 없기 때문입니다.

그러므로 예배를 드릴 때마다 통회하고 자복하는 마음이 있어야 합니다. 하나님 앞에 죄를 용서받은 자녀라면 더욱 그래야 합니다. 이미 모든 죄를 용서받은 하나님의 자녀요, 흠과 티가 없이 장차 하나님 앞에 설 사람으로 약속되어 있기 때문에 한두 가지라도 잘못된 것이 있으면 마음이 괴롭습니다. 그런 마음을 안고 주님 앞에 앉을 때 자연히 회개하는 마음이 생기지 않을 수 없습니다. 하나님은 그런 사람을 헤아리십니다. "너는 내 것이다. 너는 내 것이다" 하시면서 말입니다.

가슴을 찢는 회개

현대 교회가 이처럼 '회개하는 3,000명'이 모이는 교회가 되기를 간절히 바랍니다. 교회에 막연히 출석하는 3,000명이 아니라 하나님 앞에 나왔을 때 회개할 줄 아는 3,000명이 모이는 교회, 그런 교회에 능력이 있습니다. 그런 교회가 세상을 뒤집어놓습니다. 소돔과 고모라처럼 타락할 대로 타락한 곳도 바꿀 수 있습니다.

하나님께서 곳곳마다 교회를 세우시는 이유가 무엇인지 우리는 알 수 없습니다. 그러나 오늘도 살아 계시는 성령, 교회를 통해 역사하기를 원하시는 성령, 캄캄한 영혼에 복음의 빛을 비춰주시는 성령이 교회에 거하심을 믿습니다. 또한 우리 마음에 역사하시고, 말씀의 능력으로 행하실 것을 분명히 믿습니다. 우리가 믿으면 하나님은 역사하십니다.

회개가 사라진 오늘 이 시대의 교회를 우리 모두 걱정해야 합니다. 남의 교회를 비판할 필요도 없고, 다른 사람에 대해 이러쿵저러쿵 말할 필요도 없습니다. 나부터, 우리 교회부터 회개가 약하고 눈물이 마른 것을 봅니다. 아픈 곳을 찌르면 거부반응을 보이는 자기 중심적인 신앙생활, 말씀 앞에 전적으로 순종하려는 자세보다는 오히려 자기 생각을 내세우려고 하는 은근한 교만 같은 것이 살아 있다면 그 교회는 아직 멀었습니다.

오늘날 우리는 과거 어느 때보다도 악한 죄인입니다. 초대교회 성도들 그리고 우리 선조들이 우리만큼 죄를 짓고 세상과 타협했다고 생각합니까? 아닙니다. 우리만큼 죄에 절어 있지는 않았습니다. 그런데도 우리가 '가슴을 찢는 3,000명'이 되지 못하는 것은 참으로 비극이 아닐 수 없습니다.

더 이상 이와 같은 일이 계속되지 않도록 성령의 역사에 민감합시다. 주님의 옷자락을 붙들고 우리 자신의 연약함을 통회하고 자복합시다. 우리가 바로 주님이 헤아리시는 '3,000명'이 되어야 합니다.

12

천국 문을 박차고 들어가다

믿는 사람이 다 함께 있어 모든 물건을 서로 통용하고 또 재산과 소유를 팔아 각 사람의 필요를 따라 나눠 주며 날마다 마음을 같이하여 성전에 모이기를 힘쓰고 집에서 떡을 떼며 기쁨과 순전한 마음으로 음식을 먹고 하나님을 찬미하며 또 온 백성에게 칭송을 받으니 주께서 구원받는 사람을 날마다 더하게 하시니라(행 2:44-47)

성령의 강한 역사로 단번에 3,000명이 회개하고 돌아오는 전무후무한 역사가 일어났습니다. 이처럼 강력한 역사는 성경 어디에도, 인류 역사 어느 순간에도 다시 반복되지 않았습니다. 신약교회의 시작이니까, 처음이니까 하나님이 굉장히 크게 역사하신 것입니다. 조금씩 똑똑 두드려 천국 문을 열지 않았습니다. 오순절 성령이 임하자마자 엄청난 힘으로 천국 문을 완전히 박차고 들어갔습니다.

이러한 성령의 역사는 두 가지 요소를 통해 나타났습니다. 바로 '말씀'과 '말씀을 전하는 사람'입니다. 베드로라는 메신저가 있었고, 그가 전한 진리의 메시지가 있었습니다. 성령은 독단적으로 역사하지 않습니다. 그러나 많은 사람이 이 점을 놓치고 있습니다. 성령의 역사는 아무 매개체 없이 갑자기 임하지 않습니다. 물론 어떤 때는 그럴 수도 있습니다. 성령이 못 하실 리 없습니다. 그러나 그런 방법은 사탄이 주로 사용합니다. 말씀도 없고, 말씀을 전하는 증거자도 없이 어떤 사람에게 신비롭게 임한 능력은 사탄의 역사일 가능성이 높습니다. 성령은 증거자의 말씀을 강력한 도구로 사용하셨습니다.

> 그들이 이 말을 듣고 마음에 찔려 베드로와 다른 사도들에게 물어 이르되 형제들아 우리가 어찌할꼬 하거늘(2:37).

> 또 여러 말로 확증하며 권하여 이르되 너희가 이 패역한 세대에서 구원을 받으라 하니(2:40).

> 그 말을 받은 사람들은 세례를 받으매 이날에 신도의 수가 삼천이나 더하더라(2:41).

그들이 무엇을 들었습니까? 하나님의 말씀입니다. 그 뒤에 사도들이 무엇을 가지고 확증하며 권했습니까? '여러 말', 곧 하나님의 말씀으로 확증하고 권면했습니다. 그리고 그 말을 받은 사람들은 그 자리에서 즉시 세례를 받았습니다.

왜 '성령을 받은 사람들'이라 하지 않고 '말씀을 받은 사람들'이라고 했을까요? 성령은 말씀을 통해 역사하기 때문입니다.

> 이는 우리 복음이 너희에게 말로만 이른 것이 아니라 또한 능력과 성령과 큰 확신으로 된 것임이라 우리가 너희 가운데서 너희를 위하여 어떤 사람이 된 것은 너희가 아는 바와 같으니라(살전 1:5).

> 내 말과 내 전도함이 설득력 있는 지혜의 말로 하지 아니하고 다만 성령의 나타나심과 능력으로 하여(고전 2:4).

여기서 '말'은 사람이 사용하는 어휘이자 동시에 성령의 도구입니다. 성경은 말씀과 함께 오직 "능력과 성령과 큰 확신"이 필요하다고 합니다.

그러므로 말씀, 성령 그리고 능력 사이에는 은혜로운 공식이 성립됩니다. 서로 대등하게 보아도 전혀 문제될 것이 없습니다. 말씀에 사로잡혔습니까? 그러면 누구에게 사로잡힌 것인가요? 성령에 사로잡힌 것입니다. 성령에 사로잡히면 그 사람에게 무엇이 있습니까? 권능이 있습니다.

진리의 말씀으로 책망하다

증거자가 전하는 말씀의 내용은 '율법'과 '복음'입니다. 율법이란 무엇입니까? 죄를 책망하고 마음에 숨어 있는 어둠을 들추어내는 것이 율법입니다. 베드로는 설교 가운데 청중을 책망했습니다.

> 그가 하나님께서 정하신 뜻과 미리 아신 대로 내준 바 되었거늘
> 너희가 법 없는 자들의 손을 빌려 못 박아 죽였으나(2:23).

오늘날 예배에서 설교자가 이런 식으로 설교한다면 도대체 몇 사람이나 그 자리에 남아 있을까요? '너희가 잘못한 것' 하면서 책망한다면 말입니다. 현대인들은 어떤 면에서는 너무 나약하다고 할 수 있습니다. 누가 그렇게 만들었습니까? 자녀가 편식하는 것은 부모가 편식하도록 내버려두기 때문입니다. 부모의 책임이 큽니다.

오늘날 현대 교회가 "너희가"라는 말을 감히 못 하는 이유는 설교자들이 그렇게 만들었기 때문입니다. 그래서 자복해야 할 죄 중 하

나가 목회자의 죄라고 생각합니다. 목회자라면 이 문제를 놓고 굉장히 두려워해야 합니다. 이것이 심해지면 소경이 소경을 이끄는 결과를 낳습니다. 마땅히 회개해야 할 죄를 바로 지적하지 못하는 강단은 이미 힘을 잃어버린 것입니다.

회개하고 돌아온 3,000명은 전에 예수를 십자가에 못 박아 죽이자고 소리친 사람들이었을지도 모릅니다. 그래서 "너희가 … 못 박아 죽였으냐"라는 말은 그들의 가장 아픈 곳을 찔렀을 것입니다. 베드로의 설교는 그들을 괴롭게 만들었습니다.

어떤 면에서는 강한 거부반응을 일으키는 설교였지만 성령의 역사가 나타났을 때 그 3,000명은 말씀 앞에 거꾸러졌습니다.

> 그들이 이 말을 듣고 마음에 찔려 베드로와 다른 사도들에게 물어 이르되 형제들아 우리가 어찌할꼬 하거늘(2:37)

설교자가 죄를 책망하고 교회의 잘못된 부분을 말씀으로 수술하면서 올바르게 가르칠 용기를 잃어버린다면 성령께서도 슬퍼하고 떠나실 것입니다. 교회는 성령께서 인도하셔야만 부흥하는 것이지 성령이 역사하지 않으시면 부흥할 수 없습니다.

좋은 말을 한다고 사람들이 모일까요? 그런 교회도 있을 수 있습니다. 그러나 그들의 동기는 예수 믿는 것과 아무런 관계가 없습니다. 목마른 현대인들이 갈증을 풀기 위해 오는 것입니다. 교회는 이런 현대인들에게 올바른 복음을 능력 있게 전해야 합니다. 그러나 율법만 가지고는 설교할 수 없습니다. 의사가 수술을 하고 나서 개복해놓은 환부를 그대로 둔다면 온전한 수술이 아닙니다. 반드시 봉합을 하고 잘 아물도록 보살펴주어야 합니다. 베드로는 율법으로 그들을 사정없이 정죄한 뒤 복음을 제시했습니다.

> 베드로가 이르되 너희가 회개하여 각각 예수 그리스도의 이름으로 세례를 받고 죄 사함을 받으라 그리하면 성령의 선물을 받으리니 이 약속은 너희와 너희 자녀와 모든 먼 데 사람 곧 주 우리 하나님이 얼마든지 부르시는 자들에게 하신 것이라 하고 또 여러 말로 확증하며 권하여 이르되 너희가 이 패역한 세대에서 구원을 받으라 하니(2:38-40).

이것이 복음입니다. 율법에도 능력이 있고, 복음에도 능력이 있습니다. 율법은 우리의 죄를 깨닫게 하고 복음은 우리를 죄에서 건져 올립니다. 하나님께서 우리 한국교회에 이 양면의 능력을 주시길 바랍니다.

죄 사함과 동시에 받는 선물

> 베드로가 이르되 너희가 회개하여 각각 예수 그리스도의 이름으로 세례를 받고 죄 사함을 받으라 그리하면 성령의 선물을 받으리니(2:38).

이 말씀에서 '그리하면'이라는 단어에 주목합시다. 성령을 2차적으로 받아야 한다는 이론은 이 말씀을 근거로 삼습니다. 회개하는 것, 세례 받는 것, 예수 믿고 중생을 얻는 것과는 별개로 참된 그리스도인이 되기 위해서는 '그리하면' 다음에 성령의 선물을 받는 특별한 체험을 해야 한다고 주장하는 사람들이 있습니다. 우리가 물로 세례를 받을 때 성령께서 분명히 역사하시지만, 겉으로 보기에는 성령으로 세례 받은 사람 같지 않은 경우가 많습니다. 세례 요한에게 물로 세례를 받고 예수님을 따라다니던 군중과 비슷합니다. 세례를 받았음에도 마음이 뜨겁지도 않고, 주님을 향한 열심도 없습니다. 기도에 힘이 없고, 사랑을 베풀기도 힘겹습니다. 삶에 조그만 변화조차 일어나지 않습니다. 그래서 성령의 2차적인 역사라는 이론이 나온 것 같습니다.

세례를 받았음에도 어딘지 모르게 변화된 점이 없다고 여겨지는 사람들을 보면서 성령께서 그 사람을 어느 순간이든지 새롭게 만드시는 기회가 있었으면 좋겠다고 생각합니다. 체험이든 어떤 깨달음이든 상관없습니다. '성령의 2차적인 역사'라는 이론을 그대로 받아들이는 것은 아니지만 특별히 임하는 성령의 은혜를 믿습니다. 예수 그리스도를 구주로 믿고 처음부터 변화된 사람도 있지만 세례를 받고 집사가 되고 나서 한참이 지난 후에야 삶이 변하는 사람도 있습니다. 그런 사람에게는 아마 성령이 2차적으로 임했다고 말할 수 있을 것입니다.

그렇다면 '그리하면'을 어떻게 해석할 수 있을까요? 말씀의 문맥만 본다면 회개와 죄 사함 사이에 무언가 시차가 있는 듯 보입니다. 회개하고 일정한 시간이 지나야 죄 사함을 받을 수 있을까요? 그렇지 않습니다. 회개하고 죄 사함을 받으라는 것은 말의 순서일 뿐, 회개하면 이미 용서받은 것입니다. 회개와 죄 사함, 성령을 선물로 받는 것은 모두 동시적인 성령의 역사입니다. 그러므로 '그리하면'이라는 말은 '그리고'로 바꿀 수 있습니다.

'성령의 선물'은 은사가 아닌 성령 자신을 말합니다. 원문을 보면 '성령의 선물'은 단수형으로 되어 있습니다. 만약 선물이라는 말이 복수형으로 기록되었다면 그것은 '은사'입니다. 고린도전서 12장을 보면 성령께서 주시는 다양한 은사들이 나옵니다. 그러나 여기서는 '성령의 선물'이라고 단수로 못 박아놓았습니다.

하나님께서 주시는 '성령의 선물'은 언제 받을 수 있습니까? 죄를 회개하고 용서받을 때입니다. 성령을 받지 못한 사람이 회개하고 중생을 받는 역사는 없기 때문입니다. 물세례는 외적인 표증으로 받는 것입니다. 물로 세례를 받을 때 죄 사함을 받은 감격이 크게 따라올 수 있으며 동시에 성령께서 충만하게 역사합니다.

그러나 세례도 받고 죄를 용서받았다는 확신도 있지만 성령의 역사가 메말라버린 경우에는 2차, 3차로 성령께서 그를 강하게 붙드는 은혜가 있을 수 있습니다. 성도들이 그와 같은 은혜 속에서 다시 한번 깨어난다면 아마 세상이 감당하지 못하는 교회가 될 것입니다. 예루살렘이 감당하지 못한 3,000명처럼 될 것입니다.

오늘도 계시는 성령의 능력은 절대로 축소되지도, 변하지도 않았습니다. 우리가 순전한 마음으로 믿고 간절히 사모하고, 구하기만 하면 성령은 교회를 통해 초대교회 때와 같이 역사하시고 하나님의 능력을 분명히 나타내시리라 믿습니다.

매력적인 그리스도인이 되다

3,000명이 성령 충만을 받았습니다. 성령이 충만하면 무언가 좀 특별한 것이 나타나지 않을까 하는 기대가 우리에게 있지 않습니까? 그런데 그들이 받은 성령 충만의 증거는 특별한 은사로 나타나지 않고 삶으로 나타났습니다. 신앙생활과 일상생활로 성령 충만을 보여주고 있습니다. 참 아름다운 일입니다.

> 그들이 사도의 가르침을 받아 서로 교제하고 떡을 떼며 오로지 기도하기를 힘쓰니라(2:42).

그들은 사도의 가르침을 받아 말씀에 굳게 섰습니다. 성도의 교제에 힘썼습니다. 떡을 떼며 예수 그리스도의 십자가를 날마다 기억하고 감사했습니다. 또한 쉬지 않고 기도했습니다. 이 네 가지는 초대교회의 성령 충만한 성도들에게 나타난, 가장 중요한 신앙생활의 4대 원리입니다.

그들의 모습을 본받아 성령 충만한 사람이 되고 싶다면 자신을 살피는 시간이 필요합니다. 말씀을 사랑하고 말씀에 굳게 서 있는지, 항상 성도들과 교제하기를 힘쓰는지, 한마음으로 기도하고 떡을 떼며 주의 십자가를 기념하고 있는지를 돌아보기 바랍니다.

> 날마다 마음을 같이하여 성전에 모이기를 힘쓰고 집에서 떡을 떼며 기쁨과 순전한 마음으로 음식을 먹고(2:46).

성령 충만한 생활은 증인의 삶입니다. 입으로 예수 믿으라고 전하고 돌아다니지 않아도 이미 삶 자체로 예수 그리스도를 증언합니다. 이것이 그리스도인의 삶입니다. 교회의 지체인 우리가 가정에서나 사회에서나 성령 충만한 생활을 하면 복음을 전할 기회는 자연히 생기고, 우리를 통해 예수에 대해 매력을 느끼는 사람들이 자연히 따라오게 됩니다. 교회가 부흥하게 되어 있습니다. 초대교회가 받은 성령 충만의 증거는 이렇듯 삶의 변화로 나타났습니다.

사도행전 3장

성령이 교회에 임하신 다음부터는 구약교회에서 신약교회로, 수동적인 교회에서 능동적인 교회로, 앉아 있는 교회에서 일어나는 교회로, 입 다물고 있는 교회에서 소리치는 교회로, 성전 밖에 있는 교회에서 성전 안으로 뛰어 들어가는 교회로 완전히 바뀌었습니다.

13

구약교회에서 신약교회로 Ⅰ

> 베드로가 이르되 은과 금은 내게 없거니와 내게 있는 이것을 네게 주노니 나사렛 예수 그리스도의 이름으로 일어나 걸으라 하고 오른손을 잡아 일으키니 발과 발목이 곧 힘을 얻고 뛰어 서서 걸으며 그들과 함께 성전으로 들어가면서 걷기도 하고 뛰기도 하며 하나님을 찬송하니(행 3:6-8)

사도행전 3장의 이적 사건을 대하는 태도는 두 가지로 나뉩니다. 하나는 이적을 기록한 목적에 관심을 두는 것입니다. 다른 하나는 자신의 처지와 연관 지어 생각하는 것입니다. 후자의 경우 '나도 예수 그리스도의 이름으로 기적을 일으킬 수는 없을까?', '오늘날 교회가 이런 능력을 재현할 수는 없을까?' 하고 생각합니다.

둘 중 어느 한쪽이 잘못되었다고 판단할 수는 없습니다. 하지만 이적을 통해 하나님이 우리에게 주려고 하시는 진리에 주목하는 것이 성경을 대하는 건전한 자세라고 생각합니다. 다시 말하면 성경에 나오는 이적을 놓고 하나님이 내게 무엇을 교훈하시는지를 찾는 데 주력해야지, '나도 이적을 한번 행했으면 좋겠다'고 생각하거나 "왜 오늘날 교회에는 이러한 이적이 없느냐? 이적이 없는 걸 보니까 성령의 역사가 죽은 것이 아니냐"라는 식으로 판단해서는 안 된다는 것입니다.

사람마다 두려워하는데 사도들로 말미암아 기사와 표적이 많이
나타나니(2:43).

하나님께서 초대교회에 이적을 많이 일으키신 목적이 있습니다. 교회가 갓 태어난 특별한 때였기 때문입니다. 초대교회는 그야말로 조그맣고 가물가물한 별과 같은데, 교회를 둘러싼 사회는 드넓고 컴컴한 우주와 같았습니다. 그 작은 교회가 광활한 우주를 정복하고 밝게 비추기에는 너무나도 연약했을 것입니다. 수적으로 봐도 불가능한 일입니다. 이와 같은 일을 예수님께서는 갈릴리의 초라한 어부들에게 맡기셨고, 그들이 특별한 이적과 권능과 기사를 행하게 하셔서 교회의 기초를 튼튼히 세우도록 하신 것입니다.

성령이 강하게 역사하시던 그때 열두 사도와 120여 명의 손에서 나타난 기사와 이적은 헤아릴 수 없이 많았을 것입니다. 그 가운데 이 사건을 선택해 기록하도록 하신 이유가 단지 '예수 믿으면 걷지 못하는 자도 걸을 수 있다'는 메시지를 주기 위함이 아닙니다. 더 깊은 진리가 그 안에 담겨 있습니다.

일어나 걷고 뛰는 신약교회

이 사건은 구약교회와 신약교회, 또 교회와 세상을 대조하고 있습니다.

구약교회는 어떤 교회였습니까? 마치 성전에 들어가지도 못하고 미문에 앉아 있었던 걷지 못하는 자처럼, 어떤 면에서는 소극적인 교회였습니다. 하나님의 능력을 잘 체험하지 못하는 교회요, 항상 수동적으로 끌려가는 교회였습니다.

그러나 신약교회는 걷지 못하는 자가 벌떡 일어나 성전 안으로

뛰어 들어가면서 "할렐루야" 소리친 것처럼 능력을 체험하는 교회요, 능동적인 교회요, 하나님을 찬양하는 교회요, 사람들에게 그리스도를 증언하는 교회입니다.

그림자 교회인 구약교회는 이제 끝났습니다. 성령이 교회에 임하신 다음부터는 구약교회에서 신약교회로, 수동적인 교회에서 능동적인 교회로, 앉아 있는 교회에서 일어나는 교회로, 입 다물고 있는 교회에서 소리치는 교회로, 성전 밖에 있는 교회에서 성전 안으로 뛰어 들어가는 교회로 완전히 바뀌었습니다.

이 사건은 또한 교회와 세상의 대조를 보여줍니다. 걷지 못하는 자는 구제 불능의 죄인을 상징한다고 볼 수 있습니다. 자기 힘으로 걷지도 못합니다. 성전 입구에 앉아 있지만 자기 힘으로 성전 안에 들어갈 수도 없습니다.

누가 죄인입니까? 자기 힘으로 하나님을 찾을 수 없는 사람입니다. 자기 입으로 하나님을 아버지라 부를 수 없는 사람입니다. 걷지 못하는 자처럼 태어날 때부터 구제 불능인 사람입니다. 태어날 때부터 아담의 자손, 죄인입니다.

이와 같은 사람이 드디어 예수 그리스도의 이름으로 벌떡 일어나 성전으로 뛰어 들어가면서 할렐루야 찬송할 수 있게 된 것입니다. 다시 말해 일어나 걷고 뛰는 사람은 예수 이름으로 구원받을 수많은 하나님의 백성을 상징한다고 봅니다.

그러므로 이 사건만큼 신약교회를 적나라하고도 분명하게, 그야말로 쉽고도 영감 있게 깨우쳐 주는 본문은 없다고 생각됩니다. 이 사건을 통해 신약교회는 살아 움직이는 교회, 펄펄 뛰는 교회임을 알 수 있습니다. 그래서 저는 이 본문을 참 좋아합니다. 그중에서도 이 말씀을 특별히 사랑합니다.

베드로가 이르되 은과 금은 내게 없거니와 내게 있는 이것을 네
게 주노니 나사렛 예수 그리스도의 이름으로 일어나 걸으라 하고
(3:6).

이 말씀을 읽을 때마다 가슴에서 피가 뛰는 것 같은 느낌이 듭니
다. 마음속에서 새 힘이 솟아오릅니다. 얼마나 기가 막힌 말씀인가
요? 이는 신약교회가 갖게 된 능력입니다. 이제 곧 전 세계에 모습
을 드러낼 신약시대 교회를 보여주는 말씀입니다.

기도가 뜨거운 교회

신약교회는 나사렛 예수 그리스도의 이름
이 역사하는 교회입니다. 신약교회의 특징 중 가장 두드러진 점은
'기도하는 교회'라는 것입니다.

제 구 시 기도 시간에 베드로와 요한이 성전에 올라갈새(3:1).

사도행전에서 '기도'라는 말이 네 번째로 나오는 부분입니다. "오
로지 기도에 힘쓰더라"(1:14), "그들이 기도하여 이르되"(1:24), "떡을
떼며 오로지 기도하기를 힘쓰니라"(2:42) 등 사도행전 전체에 '기도'
라는 말이 28회나 나옵니다. 기도의 영인 성령이 임했기 때문입니
다. 그들은 시시하게 기도하지 않았습니다. 뜨거웠습니다. 절실했습
니다. 그래서 기도의 능력도 강하게 체험했습니다. 기도의 유익을
확실히 보여주었습니다. 기도 운동도 일어났습니다. 율법적으로, 혹
은 누가 강요해서 일어난 것이 아니라 자발적으로 모이고, 자연스럽
게 일어난 운동이었습니다.

특별히 사도들은 시간을 정해놓고 기도했습니다. 베드로와 요한은 제 9시에 기도하기 위해 성전으로 올라갔습니다. 제 9시는 오늘날 시간으로 오후 3시입니다. 또 사도행전 10장 9절을 보면 베드로가 제 6시, 즉 낮 12시에 기도 시간을 정해놓고 지붕에 올라가 기도하는 모습이 나옵니다. 오후 3시와 낮 12시에 기도한 것은 초대교회 사도들과 신자들이 유대교의 전통을 존중했다는 증거입니다. 유대교에는 저녁과 아침과 정오에 기도 시간이 있었습니다(시 55:17).

3,000명의 초대교회 신자들은 물론 베드로와 요한도 처음에는 유대교의 전통을 어느 정도 지키고 있었습니다. 예수 그리스도를 믿자마자 유대교와 아예 손을 끊었겠습니까? 아닙니다. 몇십 년 동안 그대로 유지되다가 예루살렘이 로마 군대에 함락된 후에야 나뉘게 되었습니다. 유대교와 기독교, 같은 유대인 간에도 대화가 통하지 않을 정도가 되자 완전히 나뉜 것입니다. 그 전까지는 유대교 전통도 지키고 기독교 전통도 지키고, 유대교의 안식일도 지키고 기독교의 주일도 지키는 등 이중생활을 했습니다. 이는 잘못된 것이 아닙니다. 일종의 과도기적인 생활이라고 볼 수 있습니다. 그 이유를 사도 바울이 잘 말해주었습니다.

> … 내가 율법 아래에 있지 아니하나 율법 아래에 있는 자같이 된 것은 율법 아래에 있는 자들을 얻고자 함이요(고전 9:20).

바울의 말처럼 유대인들이 예수 믿고 구원받을 수 있도록 그리스도인들도 '율법 아래에 있는 자'처럼 생활했습니다. 그래서 유대교 관습대로 두 사도는 제 9시를 기도 시간으로 정해놓고 성전에 올라간 것으로 보입니다.

그러나 바울 사도에 이르러서는 이러한 일들을 반복하지 않습니다. 사도행전이나 로마서 이후 서신서를 보면 특별히 시간을 정해 놓고 기도했다는 기록이 없습니다. 오히려 바울은 "쉬지 말고"(살전 5:17), "항상 성령 안에서"(엡 6:18) 기도할 것을 강조했습니다. 예수님은 어떠셨습니까? 예수님도 물론 유대교의 전통을 따르셨지만 기도하실 때는 중요한 원리를 지키셨습니다. 주님은 홀로 있는 때를 기도 시간으로 활용하셨습니다. 아주 이른 새벽에(막 1:35), 무리를 보내신 후 홀로 있는 시간에(마 14:23), 혹은 밤이 새도록(눅 6:12), 기도하신 것을 볼 수 있습니다.

시간을 정해놓고 기도하는 대표적인 예가 우리나라의 새벽기도입니다. 새벽기도는 훗날 목사가 된 길선주 장로님의 주도로 구한말에 시작되었습니다. 당시 성도들은 개인적으로는 농사일로 내내 쫓겼고, 국가적으로는 일본 제국주의에 점령당하는 위기일발 상황에 놓여 있었습니다. 이러한 배경 아래 새벽에 기도하자는 운동이 일어나게 된 것입니다.

우리 선조들은 새벽기도에 참 잘 적응했습니다. 열심을 내어 많이 모였고, 간절히 기도했고, 은혜도 많이 받았습니다. 그러나 새벽기도가 익숙하지 않은 사람들이 있었습니다. 지도자 역할을 하고 있던 외국인 선교사들이었습니다. 선교사들은 새벽기도에 도무지 적응하지 못했습니다. 그래서 성도들로부터 번번이 비난의 화살을 맞았습니다. "새벽기도도 안 하는 목사는 하나님의 종일 수 없다"라는 비판까지 나왔습니다. 이에 대해 어느 선교사가 신학생들 앞에서 이렇게 말했다고 합니다. "여러분, 내가 새벽기도회에 가지 않는다고 해서 믿음 없는 사람이라는 말은 하지 마십시오."

아주 의미 있는 일침이었습니다. 기도 시간을 정해놓고 실천한다고 교만하게 생각한다든지, 남을 평가하고 비판하는 근거로 삼는다면 차라리 그 계획은 없느니만 못합니다. 싹 지워버리고, 차라리 기도 안 하는 게 낫습니다.

사실 새벽은 기도하기에 참 좋은 시간입니다. 하루를 시작하기 전에 기도하는 것 자체가 아름다운 일입니다. 그러나 꼭 특정 시간에 얽매일 필요는 없습니다. 새벽기도를 하든, 정해놓은 시간에 기도하든 중요한 원칙은 쉬지 말고, 항상 성령 안에서, 은밀하게 하는 것입니다.

성도들을 보면 성경은 좀 알고 있는데 기도가 참 서툰 사람이 있습니다. 기도에 너무 힘이 없습니다. 그런 분은 새벽에 나와 기도 연습을 좀 했으면 합니다. '연습'이라는 말이 우습지만 기도도 연습이 되어야 합니다. 무슨 연습입니까? 영적으로 총 쏘는 연습입니다. 사탄이 영적으로 공격하는데 기도가 안 나오면 어떡합니까? 연습해야 합니다. 기도 안 하면 죽습니다.

14

구약교회에서 신약교회로 Ⅱ

베드로가 이르되 은과 금은 내게 없거니와 내게 있는 이것을 네게 주노니 나사렛 예수 그리스도의 이름으로 일어나 걸으라 하고 오른손을 잡아 일으키니 발과 발목이 곧 힘을 얻고 뛰어 서서 걸으며 그들과 함께 성전으로 들어가면서 걷기도 하고 뛰기도 하며 하나님을 찬송하니(행 3:6-8)

신약교회의 또 다른 특징은 합심하는 교회, 연합하는 교회입니다. 오순절 다락방에 성령이 임하자 성도들은 한자리에 모여 말씀을 공부하며, 교제하며, 떡을 떼며, 기도하기에 힘썼습니다. 마음을 합했습니다. 하나가 되었습니다.

베드로와 요한은 참 매력적인 동역자입니다. 그들은 사도들 중에 특별히 연합하고 합심해서 하나님의 일을 한 표본이요, 우리의 역할 모델입니다. 베드로와 요한은 갈릴리에서 고기를 잡던 동업자요, 최후의 만찬을 준비했던 팀이고, 가야바 법정으로 끌려가시는 예수님의 뒤를 따르던 이들이었습니다. 예수님이 돌아가시고 난 뒤 디베랴 바다에 가서 다시 고기를 잡을 때도 같이했던 이들이요, 또 부활하신 예수님께서 그들의 장래 문제를 예언하실 때 서로에 대해 관심을 갖고 주목했던 두 사람입니다.

또한 오늘 본문처럼 기도하기 위해 함께 올라가는 기도 팀이었고, 4장 3절에 기록된 것처럼 감옥에도 같이 들어간 소위 '감방 동지'입니다. 또 산헤드린 공회 앞에서 함께 재판받은 동지이기도 합니다. 후에 복음이 사마리아에 전파되고 예루살렘 총회가 그곳에 전권대사를 파송할 때에도 베드로와 요한은 팀을 이뤄 함께했습니다. 가만히 보면 그들은 날마다 붙어 다녔습니다.

**차이를 넘어
연합하는 교회**

알렉산더 스멜리(Alexander Smellie)라는 학자는 이런 말을 했습니다. "기독교는 고독하고 개인적인 종교가 아니다. 예수 안에서 가지는 우정, 서로가 마음을 합하는 것은 특별한 가치를 지닌다."

맞습니다. 교회가 제대로 되려면 형제가 서로 동거하고 연합하는 기쁨이 있어야 합니다. 같이 기도하고, 봉사하고, 예배하고, 전도하고, 말씀을 나누어야 합니다. 이렇게 연합하고 함께하는 교회에 능력이 임합니다.

아무리 개인적으로 경건 생활을 철저히 하고 기도를 많이 하고, 전도도 많이 한다 할지라도 다른 사람과 조화를 이루지 못하면 십중팔구 시험에 빠지기 쉽습니다. 교회에 덕을 세우지 못합니다. 그래서 개인 양육과 개인 훈련보다는 그룹 양육과 그룹 훈련이 중요하다고 봅니다.

한 사람을 상대해서 말씀을 가르치고 영적으로 성장시키는 것도 상당히 가치 있는 훈련 방법입니다. 그러나 거기에는 서로가 연합해서 은혜 받는 맛이 없습니다. 어떤 면에서는 너무 편협하고 메마릅니다. 몹시 냉랭합니다. 여럿이 한마음 한 팀이 되어 말씀을 배우고,

기도하고 서로 돕고, 봉사하고 전도하면 다른 지체와 자신을 비교해 보면서 겸손해지고, 또 자신이 받은 은혜를 서로 나누기 때문에 그만큼 공동체가 더 풍성해집니다.

베드로와 요한 사이에는 서로 이질적인 요소들이 꽤 많았습니다. 첫째, 성격을 봅시다. 베드로는 어떻습니까? 항상 적극적입니다. 베드로는 원래 주님 앞으로 부름을 받을 때부터 항상 열쇠를 가지고 여는 역할을 했습니다. 모든 것을 시작하는 사람이었습니다. 초대교회가 시작될 때 복음의 포문을 연 것도 베드로였습니다. 또 성전 앞에서 이적을 행할 때 못 걷게 된 이를 일으키는 역할을 한 사람도 베드로였습니다.

요한은 어떻습니까? 나이가 들어서는 부드럽고 온유해져서 "사랑하는 자들아 우리가 서로 사랑하자"(요일 4:7)라고 했지만 처음에는 그렇지 않았습니다. 예수님이 요한에게 붙이신 별명이 "우레의 아들"(막 3:17)인 것을 보면 대충 짐작이 갑니다. 성격이 얼마나 괴팍하고 급했던지 사마리아를 지나갈 때 사람들이 예수님을 영접하지 않으니까 "주님, 하늘에서 불이 내려와 그들을 태워버리라고 우리가 명령하면 어떻겠습니까?"(눅 9:54, 새번역)라고 말할 정도로 마음에서 올라오는 분노를 참지 못하는 사람이었습니다. 성격이 굉장히 날카로웠습니다.

주도적인 베드로와 괴팍한 요한이 만났습니다. 이 둘 사이에 조화가 잘 이루어졌겠습니까? 이런 남녀가 결혼한다면 어떻게 될까요? 아마 그 집에 접시가 남아나지 않을 것입니다. 그러나 베드로와 요한은 희한하게도 죽이 잘 맞았습니다. 예수님 안에서 받은 은혜가 있었기 때문입니다.

둘째, 두 사람의 나이를 따져봅시다. 베드로의 나이는 어느 정도였을까요? 수제자였으므로 나이가 제일 많았을 것으로 추측됩니다. 반면 요한은 예수님께 사랑받는 막내둥이였습니다. 그러니까 베드로와 요한은 나이 차가 상당했을 것입니다.

이런 베드로와 요한이 조화를 이루었다는 것은 무엇을 뜻합니까? 은혜 받은 교회 안에서는 세대 차라는 것이 있을 수 없다는 말입니다. 연세 있으신 분들을 향해 젊은이들을 이해 못하는 '구식'이라고 단정 짓고는 대화를 기피하는 현상이 오늘날 교회 안에 참 많지 않습니까? 요한은 그런 사람이 아니었습니다. 그리고 베드로도 새파란 젊은이가 어른 말을 듣지 않는다고 큰 소리로 꾸짖는 장로님들처럼 하지 않았습니다. 나이 어린 사람과 한 팀이 되었습니다. 이처럼 둘은 서로 보완하는 작업을 했습니다.

셋째, 신앙 성향은 어떠했습니까? 베드로는 "너희 대적 마귀가 우는 사자같이 두루 다니며 삼킬 자를 찾나니"(벧전 5:8)라고 했습니다. 아주 전투적입니다. 반면 요한은 "사랑하는 자들아 우리가 서로 사랑하자"(요일 4:7)라고 말합니다. 두 사도의 서신서를 비교할 때 베드로전후서는 도전적이요, 요한서신은 사색적입니다. 전자는 실제적인 말씀이요, 후자는 신학적이고 조용히 묵상하게 하는 말씀입니다. 이런 점으로 미루어 보면 두 사람은 신앙적인 성향에서도 차이가 있었던 것을 알 수 있습니다.

교회 안에서 신앙 성향이 맞지 않는다고 상대방을 비판하는 사람들이 있습니다. "왜 저분은 기도를 저렇게 작은 소리로 할까? 소리 좀 크게 내지" 혹은 "저 여성도는 날마다 새벽기도에 나와서 왜 저렇게 고래고래 소리를 지를까? 좀 조용히 기도하지" 하고 비판할 수 있습니까? 그럴 수 없습니다. 기질이 그런데 어떻게 합니까? 받은 은혜가 그런데 어떻게 합니까? 물론 너무 떠드는 사람에겐 다른 사람을 배려해달라고 주의를 주어야겠지요.

교회의 어떤 일을 토의할 때도 다양한 모습이 나옵니다. 항상 적극적으로 "믿음으로 합시다. 됩니다. 망하든지 죽든지 괜찮습니다. 그저 믿음으로 밀고 나갑시다" 하는 사람이 있는가 하면, "조금 더 생각해보고 합시다. 좀 더 기도해보고 하지요" 하며 신중론을 내세우는 사람이 있습니다. 서로 다르지만 모두 받은 은혜대로 이야기하는 것이라 생각합니다.

목사가 성격이 급해서 앉았다 섰다 앉았다 섰다 한다면 반드시 그 교회에는 앉았다 섰다 하는 기질을 꺾을 수 있는 사람이 생깁니다. 사모가 그렇게 할 수도 있고, 부교역자 중 한 분이 그 역할을 할 수도 있고, 아니면 장로 중 한 분이 그런 역할을 해서 목사의 부족한 부분을 채우려고 애쓸 것입니다.

교회에는 베드로와 같은 사람, 요한과 같은 사람이 모이게 되어 있습니다. 교회가 바로 되려면 이렇게 다양한 사람들이 만나야 합니다. 골고루 있어야 합니다. 각자의 개성이나 신앙 기질, 받은 은혜를 하나님 앞에 감사하고 잘 유지하되, 공동체에 덕이 되도록 노력해야 하겠습니다. 내가 받지 못한 은혜는 누구한테 받을 수 있습니까? 내 옆에 있는 형제를 통해 받을 수 있습니다. 이것이 교회입니다.

**성령의 지시를
포착하는 교회**

마지막으로, 신약교회는 믿음으로 도전하는 교회였습니다. 걷지 못하는 자를 보고 피하지 않았습니다. 문제를 회피하지 않았습니다.

두 사도는 평소 일주일에 몇 번씩 성전을 드나들었을 것입니다.

걷지 못하는 자 역시 수년 전부터 성전 미문에 앉아 있었습니다. 그렇다면 베드로와 요한이 그를 한두 번 본 게 아니었을 것입니다. 그러나 그들은 걷지 못하는 자를 놓고 섣불리 행동하거나 무모한 모험을 하지 않았습니다.

성령이 인도하시는 시간이 있습니다. 성령께서 기회를 만들어주실 때가 있습니다. 우리가 일할 수 있도록 밀어주실 때가 있습니다. 그때를 잘 포착해야 하며, 그 기회를 놓치지 말아야 합니다. 문제가 있다고 해서 함부로 덤볐다가 나중에는 본인도 힘들어 지치고 다른 사람도 지치게 하는 경우를 자주 봅니다. 베드로와 요한은 그렇게 하지 않았습니다. 성령의 인도를 기다렸습니다. 그들은 그렇게 겸손했습니다.

드디어 성령이 인도하셨습니다. 기회를 주셨습니다. 여러 날 다녀도 대수롭지 않게 보이던 그가 그날따라 눈에 들어왔습니다. 유달리 그가 내민 손에 마음이 끌렸습니다. 이 형제를 도와야겠다고 하는 강한 마음이 일어났습니다.

도무지 그냥 지나칠 수 없었습니다. 그대로 지나가면 성령의 뜻을 거스르는 것 같아 그 자리에 머물러 섰습니다. 그리고 그를 똑바로 쳐다보았습니다.

> 베드로가 이르되 은과 금은 내게 없거니와 내게 있는 이것을 네게 주노니 나사렛 예수 그리스도의 이름으로 일어나 걸으라 하고 (3:6).

이 일은 베드로와 요한이 자신들의 능력으로 한 것이 아니었습니다. 성령이 배후에서 일하셨습니다.

교회가 문제를 바로 다루며 항상 능력 있게 일하려면 성령의 지시를 잘 포착해야 합니다. 성령은 어떻게 기회를 만들어주시며 어떻게 우리를 인도하십니까? 뜻밖의 일에 특별한 관심을 갖도록 이끄십니다. 또 피할 수 없는 상황으로 우리를 몰아가십니다. 그리고 내면에 강한 음성을 들려주십니다. 이럴 때 우리는 순종해야 합니다. 그 음성에 순종할 때 성령께서 역사하십니다.

베드로와 요한은 그를 일으키기 위한 사전 계획을 하지 않았습니다. 서로 머리를 맞대고 "그 사람 가만히 둘 수 없지. 나사렛 예수 그리스도의 이름으로 일어나 걸으라고 해보자!" 이렇게 계획을 짜고 찾아간 것이 아닙니다. 걷지 못하는 자를 한번 고쳐보자고 의도한 것도 아니요, 무작정 달려들지도 않았습니다.

그래서 신유 집회를 유난히 강조한다든지, 병 고치는 은사를 특별히 강조하는 것은 바람직하지 않다고 봅니다. 사도행전 안에 신유 집회라는 것이 있습니까? 없습니다. 방언 집회도 없습니다. 은혜로운 신유 집회를 반대하는 것은 아니지만 주객이 전도되어서는 안 된다는 말입니다.

또 하나, 성령이 표면에 나타나지 않았습니다. 본문을 보면 베드로가 성령에 대해 언급하지 않습니다. 누구 이야기만 합니까? 나사렛 예수 그리스도의 이름만 이야기합니다. 성령에 관한 이야기는 없습니다. 방언을 받았느냐, 성령의 역사가 어땠느냐는 말은 어디에도 없습니다. 성령은 항상 '예수 그리스도의 이름' 뒤에서 일합니다. 베드로와 요한도 예수 그리스도의 이름 뒤에서 일한 것입니다. 그러므로 성령의 역사를 가지고 쇼를 하듯 인도하는 집회라든지, 성령만 강조하는 집회는 잘못되었다고 생각합니다.

오늘날 세상 사람들은 영적으로 하나님 앞에서 걷지 못하는 자입니다. 이들이 교회로 향할 때 한 사람도 빠짐없이 나사렛 예수 그리스도의 이름으로 나을 수 있도록 준비된 교회, 능력을 가진 교회, 항상 깨어 있는 교회가 되기를 주님은 오늘도 원하고 계십니다. 그러한 교회가 되기 위해 베드로와 요한처럼 기도합시다. 서로 마음을 합해 하나가 됩시다. 그리고 문제에 맞서 성령의 인도하심을 따라 도전합시다. 그리하면 초대교회와 같이 하나님의 뜻을 이루는 아름다운 역사가 계속되리라 믿습니다.

사도행전 4장

말이 있을 때 행동이 중요한 것이지 말 없는 행동은 아무런 의미가 없습니다. 예수 그리스도의 복음이 입에서 나올 때 행동이라는 것이 중요하고 선한 생활이 필수 불가결한 요소가 되지만, 입이 닫히고 벙어리가 된 후에 선한 행위라는 것은 아무런 가치가 없습니다.

15

성령을 따라 담대히 전하다

이것이 민간에 더 퍼지지 못하게 그들을 위협하여 이후에는 이이름으로 아무에게도 말하지 말게 하자 하고 그들을 불러 경고하여 도무지 예수의 이름으로 말하지도 말고 가르치지도 말라하니(행 4:17-18)

베드로와 요한이 기도하러 성전에 올라가다가 나면서 못 걷게 된 이를 만나 나사렛 예수 그리스도의 이름으로 걷게 했습니다. 성전에 있던 사람들은 걷지 못하는 자에게 일어난 이적을 보고 일제히 몰려들었습니다.

고침 받은 자는 베드로와 요한의 곁을 떠나지 않고 하나님께 찬송하며 영광을 돌렸습니다. 많은 사람이 호기심과 더불어 놀라움을 감추지 못하며 마음을 활짝 열었습니다. 그들의 열린 마음을 본 베드로와 요한은 그 순간을 복음을 전할 절호의 기회로 삼았습니다. 그래서 그들에게 하나님의 말씀을 선포했습니다.

베드로가 한창 설교하고 있을 때 제사장들과 성전 맡은 자와 사두개인들이 왔습니다. 그들은 설교하는 베드로를 보고는 몹시 비위가 뒤틀렸습니다. 그들의 마음에는 질투도 있었고, 교리적인 반발도 있었으며, 사도들을 향한 멸시도 있었습니다. '성전 맡은 자'란 요샛

말로 하면 치안본부장과 같은 사람입니다. 성전에 항상 많은 사람들이 모이니까 성전의 치안을 담당할 사람이 필요했습니다. 그리고 그 아래로 파수꾼이라 부르는 군졸들이 상당수 있었습니다. 이들은 사도들을 싫어해서 잡아 가두었습니다.

성령이 주시는
내면의 음성

일상생활 속에서 하나님이 우리에게 복음을 전할 절호의 기회를 언제 주실지 예측하기란 쉽지 않습니다. 베드로와 요한도 그 계획을 전혀 알지 못한 채 평소처럼 기도하러 성전에 올라가는 길이었습니다. 그러나 성령께서는 복음 전할 기회를 이미 준비해놓으셨고, 또 들을 자들도 준비해놓으셨습니다. 사도들은 성령께서 인도하시는 대로, 준비하신 대로 순종하며 복음을 전했습니다. 언제라도 성령의 뜻에 완전히 순종할 준비가 되어 있었기 때문에 가능한 일이었습니다.

성령이 말하라고 할 때 언제든지 입을 열 수 있는 준비가 되어 있어야 합니다. 마음속으로는 "야, 이럴 때 전도를 해야겠다" 하는 울림이 있는데 용기가 없어서 순종하지 못하고 기회를 잡지 못해 영혼을 놓치는 일이 많을 것입니다.

만약 기도하러 교회 가는 길에 어떤 사람과 마주쳤다고 합시다. 나는 단지 기도를 하러 갈 생각이었는데 이상하게도 그 사람에게 마음이 끌립니다. 그리고 그 사람도 무언가 호기심을 가지고 나와 대화하기를 원합니다. 그럴 때 마음속으로 기도해야 합니다. "주님, 내가 이 시간 기도하러 가야 합니까, 아니면 이 영혼을 위해 시간을 내어 복음을 전해야 합니까?"

아마 각각의 사정은 다르겠지만, 성령께서 자주 우리에게 복음 증거가 곧 기도라고 말씀하실 것입니다. 복음을 전할 때 마음으로 기도하지 않을 수 없기 때문입니다. 말씀을 전하는 순간에는 누구나 부들부들 떨면서 기도하는 사람이 됩니다. 그럴 때 성령의 음성에 순종하십시오.

그러면 성령은 어떻게 우리가 기회를 포착할 수 있게 하실까요? 성령이 주시는 내면의 음성이 있습니다. 이 음성을 들을 줄 알아야 합니다. 세상살이에 관한 것은 기도하다가 응답을 받았느니 안 받았느니 떠들어대면서, 어떤 사람에게 복음을 꼭 전해야 한다는 성령의 간절한 요구 앞에서는 "내가 들었다"라고 말하는 사람이 별로 없습니다. 확신을 얻었다는 사람도 그다지 많지 않습니다. 그만큼 우리는 이기적인 신앙생활을 하고 있는 것입니다.

성령께 순종하고자 하면 그 음성은 항상 들립니다. 그리고 내가 입을 열 때 성령께서 반드시 도와주십니다.

'말하지 말라'는 위협

두 사도가 복음을 전하고 있을 때 제사장들과 성전 맡은 자와 사두개인들은 '싫어했다'고 합니다(4:2). 그들은 무엇을 싫어했습니까? 사도라고 하는 신분입니까? 사람들이 많이 모인 것입니까? 아니면 걷지 못하는 자가 일어난 이적입니까? 모두 아닙니다. 그들은 사도들이 '말하는 것'을 싫어했습니다. 그 내용이 '예수 그리스도'였기 때문입니다.

> 이것이 민간에 더 퍼지지 못하게 그들을 위협하여 이후에는 이 이름으로 아무에게도 말하지 말게 하자 하고 그들을 불러 경고하여

도무지 예수의 이름으로 말하지도 말고 가르치지도 말라 하니 베드로와 요한이 대답하여 이르되 하나님 앞에서 너희의 말을 듣는 것이 하나님의 말씀을 듣는 것보다 옳은가 판단하라(4:17-19).

그들은 사도들에게 교회를 세우지 말라고 하지 않았습니다. 사도직을 내버리라고 한 것도 아닙니다. 그저 '말하지 말라'고 했습니다. '예수의 이름으로 말하지 말라'고 위협했습니다. 이 말을 들은 베드로와 요한의 반응은 어떠했습니까? 우리가 보고 들은 것을 말하지 않을 수 없다고 단호히 말합니다.

베드로와 요한이 유대교 지도자들에게 미움을 받고 감옥에 갇힌 이유는 전부 '말' 때문입니다. 선행 때문에 그리스도인들이 핍박받은 예는 거의 없습니다. 어떤 사람들은 말로 전도할 필요가 없으며, 깨끗하고 모범적인 삶을 통해 자동적으로 전도가 된다고 말합니다. 천만의 말씀입니다.

성경 어느 곳을 보아도 선행이 복음이라고 가르치는 곳은 없습니다. 전도하기 싫어하는 사람들, 전도가 쑥스럽다고 피하는 사람들, 전도지를 들고 다니면서 뜨거운 마음으로 예수 믿으라고 전하는 사람을 보면 은근히 멸시하는 현대 그리스도인들이 말보다 행동이 더 중요하다고 주장합니다. 물론 일리 있는 말입니다.

그러나 말이 있을 때 행동이 중요한 것이지 말 없는 행동은 아무런 의미가 없습니다. 예수 그리스도의 복음이 입에서 나올 때 행동이라는 것이 중요하고 선한 생활이 필수 불가결한 요소가 되지만, 입이 닫히고 벙어리가 된 후에 선한 행위라는 것은 아무런 가치가 없습니다. 선한 생활이나 행동은 그리스도인이 아니어도 얼마든지 할 수 있기 때문입니다.

그리스도인의
입에서 나오는 말

믿는 사람의 입에서 나오는 '예수'라는 말, '십자가'와 '부활'이라는 말은 어떤 면에서 서툴고 논리적이지 않아 보일 수 있습니다. 하지만 그 말이 어찌나 강한지 핍박을 불러일으키거나 아니면 5,000명을 구원합니다. 왜 이와 같이 양극단의 현상이 일어납니까? 그만큼 능력이 있기 때문입니다. 비 없는 구름처럼 그저 지나가는 말이 아니기에 듣는 자는 구원받을 것이요, 5,000명이 아니라 5만 명이라도 돌아올 것입니다.

그에 반해 듣기를 거부하는 자는 이를 갈고 가슴을 쥐어뜯으며 그 말에 대항할 것입니다. 그리스도인의 입에서 나오는 말은 그 사람의 말이 아니라 하나님의 말씀이요, 능력의 말씀이요, 성령의 말씀이기 때문입니다.

그러니 어느 편을 택하겠습니까? 세상이 싫어하니까 입을 다문 채 복음의 증거를 통해 나타나는 이 놀라운 능력을 맛보지 않고 그냥 평범하게 살고 싶습니까? 나만 구원받으면 된다고 생각합니까? 아니면 세상으로부터 미움도 받고 어떤 때는 멸시도 받고 심하면 핍박도 받지만 한 영혼이라도 그리스도 앞으로 돌아오는 능력을 체험하고 싶습니까? 우리는 양자택일해야 합니다.

지금은 우리가 침묵하면 안 되는 시기입니다. 아무리 예수 믿는 사람들이 온 사방으로부터 욕을 먹는다 할지라도 할 말은 해야 합니다. 어떤 지도자가 실수했다, 어떤 교회가 부패했다, 그리스도인의 반 이상이 썩어서 냄새가 난다 할지라도 썩지 아니한 나머지 사람들은 말해야 합니다. 마지막 때이기 때문입니다.

과거에 복음에 미친 사람을 본 적이 있습니다. 자기 마음에 걸리는 사람은 끝까지 따라가서 전도하는 사람이었습니다. 한번은 전도하고 싶은 사람에게 접근하기가 몹시 힘들어서 굉장히 강하게 도전을 했나 봅니다. 그래서 정신이 돈 사람으로 오해를 받아 강제로 정신병원에 들어갔습니다. 일주일 정도 검사를 받은 결과 '정신 이상 없음'이란 진단이 나왔습니다.

그 사람의 전도 방법에 문제가 있었던 것은 사실입니다. 그러나 우리는 하나님의 뜻을 알 수 없기 때문에 함부로 판단하면 안 됩니다. 구약성경에 등장하는 인물인 요나를 향해 세상 사람들이 다 미쳤다고 했습니다. 신약의 세례 요한을 세상 사람들은 이해하지 못했습니다. 그러나 우리는 그들을 통해 하나님이 일하셨다는 것을 압니다. 꼭 점잖은 방법으로만 복음이 전파되는 것은 아닙니다. 어떤 때는 소란스럽기도 하고, 어려움을 겪을 수도 있습니다. 우리는 모릅니다. 중요한 것은 말을 해야 한다는 사실입니다. 말하지 않으면 전도가 아닙니다. 복음이 빠져 있기 때문입니다.

16

사도들, 공회 앞에 서다

주여 이제도 그들의 위협함을 굽어보시옵고 또 종들로 하여금 담대히 하나님의 말씀을 전하게 하여주시오며 손을 내밀어 병을 낫게 하시옵고 표적과 기사가 거룩한 종 예수의 이름으로 이루어지게 하옵소서 하더라(행 4:29-30)

사도행전 4장에는 제가 하나님 앞에 항상 불만으로 갖고 있던 문제를 검토하는 데 도움이 된 말씀이 있습니다.

> 이튿날 관리들과 장로들과 서기관들이 예루살렘에 모였는데 대제사장 안나스와 가야바와 요한과 알렉산더와 및 대제사장의 문중이 다 참여하여(4:5-6).

산헤드린 공회

이튿날 관원과 장로와 서기관들이 예루살렘에 모였습니다. 바로 '산헤드린 공회'였습니다. 이는 유대의 최고 법정이자 종교 지도자들의 모임이었습니다. 여당은 주로 사두개인이었고 야당은 바리새인이었습니다. 이 두 파가 모여 공회를 구성했습니다. 바리새파에 속한 사람들은 대부분 서기관들이었습니다.

그런데 본문을 보면 산헤드린 공회에 모인 주요 인물 중 안나스, 가야바, 요한, 알렉산더와 대제사장의 문중이 나열되어 있습니다. 정확하게 몇 명인지는 알 수 없지만 이들은 지금 요란한 귀족 옷을 입고 거드름을 피우며 재판석에 앉아 자기들 앞에 초라한 차림으로 서 있는 두 사도를 멸시하는 눈빛으로 노려보고 있습니다.

이들 중 특히 주목을 끄는 사람은 안나스입니다. 요한복음 18장을 보면 예수 그리스도가 재판을 받으실 때 대제사장보다 먼저 나오는 이름이 안나스입니다. 안나스는 주후 6년, 로마제국의 속주인 수리아를 다스리던 구레뇨(퀴리니우스)가 유대의 대제사장으로 임명한 사람입니다. 그러니까 안나스는 로마의 꼭두각시였습니다.

유대는 소위 단일 종교 국가이므로 종교 지도자가 실권을 가지고 있었습니다. 안나스는 예수님이 열 살 되셨을 무렵 대제사장이 되어 약 9년간 유대를 통치했습니다. 그가 물러난 뒤에는 그의 다섯 아들이 차례대로 대제사장 자리를 차지했고, 그것도 모자라 손자와 사위까지 대제사장직을 맡았습니다. 그러니 안나스 가문은 대제사장 문중이라 해도 과언이 아닙니다.

6절에 나온 인물들은 안나스 집안의 사람들입니다. 거의 반세기 이상 부귀영화를 누리면서 제멋대로 악한 짓을 해온 악랄한 집안이었다고 보면 됩니다. 특히 안나스는 대제사장직에서 물러난 뒤에도 계속 막후에서 최고 실력자로 행세했던 것 같습니다.

예수님이 겟세마네 동산에서 체포되어 제일 먼저 끌려간 곳이 어디입니까? 가야바 앞이 아니라 안나스 앞이었습니다. 실제로는 대제사장이 아닌데도 막후에서 실력자로 있었기 때문에 그에게 먼저 데려갔던 것입니다. 예수님은 그곳에서 밤새도록 시달린 뒤에야 현직 대제사장인 가야바에게로 끌려가셨습니다.

왜 이리 불공평한가

베드로와 요한이 끌려온 공회도 상황은 마찬가지였습니다. 그런데 의아한 점은, 예수님을 십자가에 못 박아 죽인 모든 사람이 건재하다는 사실입니다. 가룟 유다처럼 창자가 터져 죽든지 아니면 하나님의 즉각적인 심판이 있어서 온 가문이 처절하게 멸망을 당하면 속이 후련하겠는데, 예수님을 그렇게 잔혹하게 죽인 원흉들이, 부활 승천하신 예수님이 온 세상의 주가 되신 다음에도 여전히 세도를 부리며 호의호식하고 있습니다. 게다가 이제는 예수님의 제자인 사도들까지 세워놓고 재판하면서 거드름을 피우고 있습니다.

이런 현실을 볼 때 어떤 느낌이 듭니까? 이해가 갑니까? 사도들이 만약 우리처럼 믿음이 작았다면 재판석에서 무척 괴로워했을지 모릅니다. '예수님은 이미 승리하셨고 하나님 나라가 이미 임했는데 왜 저 사람들은 저렇게 건재한가, 주님의 뒤를 따르겠다고 한 나 같은 사람은 왜 이렇게 핍박당하는 위치에 있어야 하는가, 그렇다면 예수님이 온 우주의 주가 되시고 왕이 되셨다고 하는 것, 하나님의 나라가 이미 임했다고 하는 것을 어떻게 믿을 수 있을까' 하고 혼란에 빠질 수 있지 않겠습니까? 그러나 사도들은 전혀 그랬던 흔적이 없습니다. 얼마나 대담합니까? 얼마나 여유 만만합니까?

예수님을 죽이는 무서운 죄를 범하고도 회개할 생각조차 하지 않는 이들이 건재했다는 사실, 이것을 마음에 담아두면 좋겠습니다. 만약 기독교가 현세적인 종교라면 성경에는 절대 이런 본문이 나오지 않을 것입니다. 하나님이 당장 심판하시는 역사가 일어나야 합니다. 그리고 사도들은 영광 중에 거하며 모든 이에게 존경의 대상이 되어야 합니다.

그러나 그와 같은 상황은 벌어지지 않았습니다. 세상에서는 기독교를 대적하는 사람들이 건재할 수 있습니다. 교회를 핍박하고 순교의 피를 흘리게 하는 사람들이 장수할 수 있습니다. 오히려 예수님을 제대로 믿고 믿음을 지키려는 사람들이 기가 막힌 고난과 역경을 당할 수 있습니다. 이 세상은 예수님이 십자가에 못 박혀 돌아가신 곳이요, 안나스나 가야바가 건재할 수 있는 곳입니다.

이런 의미에서 기독교를 현세주의로 여기는 것만큼 잘못된 해석은 없습니다. 예수 믿으면 무조건 다 잘되고, 예수 믿으면 고난이 당장 사라지고, 예수 믿으면 절대 핍박을 받지 않게 되고, 예수 믿으면 세상 모두에게 존경받는 사람이 된다고 하는 현세주의적 사고방식은 성경과 거리가 아주 먼 이야기입니다.

오늘날 이와 같은 진리를 계속 강조하는 교회와 목회자들은 말씀을 통해 각성해야 합니다. 기독교는 세상이 싫어하는 종교요, 핍박받는 종교요, 어떤 면에서는 계속되는 고난으로 연단을 받는 종교입니다. 세상에서 현실적으로 영광을 누리는 종교가 아닙니다.

만약 이 원리를 믿지 못한다면 예수님을 끝까지 믿을 수 없습니다. 예수님을 믿는 우리에게 어떤 어려움이 닥친다면 우리는 실망할 것입니다. 낙망하고 예수님을 욕하며 돌아설지도 모릅니다.

핍박받는 것이 정상이다

하나님의 자녀는 세상에서 핍박받는 것이 당연합니다. 잘되는 것만이 정상은 아닙니다. 하나님의 뜻에 따라 잘되는 복을 받을 수도 있지만 안 되는 것도 정상입니다. 왜냐하면 하나님의 경건한 백성치고 세상에서 핍박받지 않은 자가 한 사람도 없기 때문입니다. 사도행전을 보십시오. 모든 성도가 핍박을 받았습니다. 이미 시편 기자는 이와 같이 예언했고 초대교회 성도들도 그 사실을 놀라울 정도로 인지하고 있었습니다. 다락방에 모인 초대교회 성도들이 베드로와 요한의 문제를 놓고 합심으로 기도할 때 먼저 무엇을 이야기합니까?

> 또 주의 종 우리 조상 다윗의 입을 통하여 성령으로 말씀하시기를 어찌하여 열방이 분노하며 족속들이 허사를 경영하였는고 세상의 군왕들이 나서며 관리들이 함께 모여 주와 그의 그리스도를 대적하도다 하신 이로소이다(4:25-26).

이 구절은 시편 2편을 인용한 것입니다. 이처럼 초대교회 성도들은 예수 그리스도라는 이름 때문에 열방이 분노하고 모든 족속이 허사를 경영하며, 예수님을 무너뜨리기 위해, 교회를 무너뜨리기 위해, 하나님의 백성을 짓밟기 위해 대적할 것이라는 사실을 잘 알고 있었습니다. 그래서 그들은 이 세상에서 호의호식하기를 아예 기대하지 않았고, 세상 사람들처럼 성공하리라는 생각도 하지 않았습니다. 오히려 예수 믿는 대가로 많은 사람에게 핍박받으리라는 것을 알고 있었습니다. 이런 사람들이 초대교회의 제자들이었고, 그들이 모인 곳이 예루살렘교회였습니다.

오늘날과 얼마나 차이가 있습니까? 그들의 사상은 무조건 자기 기도대로 응답받기만을 바라고, 자신이 원하는 것을 이루는 수단으로 믿으려고 하는 오늘날의 성도들과 얼마나 달랐습니까? 그들은 온 세계로부터 빗발치는 모욕을 당할 각오를 하고 있었습니다.

이중 구원을 체험하라

베드로가 나사렛 예수 그리스도의 이름으로 병 고침을 받은 자에 대해 이야기합니다.

> … 백성의 관리들과 장로들아 만일 병자에게 행한 착한 일에 대하여 이 사람이 어떻게 구원을 받았느냐고 오늘 우리에게 질문한다면(4:8-9).

여기서 눈여겨볼 점은 '병 고침을 받았다'고 하지 않고 '구원을 받았다'고 표현했다는 것입니다. 10절에서는 "나사렛 예수 그리스도의 이름으로 이 사람이 건강하게 되어"라고 말합니다. '구원을 받았다'는 말과 '건강하게 되었다'는 말을 같은 의미로 쓰고 있습니다. 또 12절에서는 이렇게 주장합니다. "다른 이로써는 구원을 받을 수 없나니 천하 사람 중에 구원을 받을 만한 다른 이름을 우리에게 주신 일이 없음이라."

세 개의 절을 비교해보면 혼란스러워집니다. 베드로는 육신의 병이 나은 것을 구원받았다고 해석합니다. 이 말씀에 근거해 예수 믿고 병이 나으면 그 사람은 무조건 구원받았다고 말할 수 있을까요? 오늘날 교회 안에서 어떤 사람에게 병 고침 받은 기적이 일어나면 그 사람은 영적으로도 구원받았다고 단정해버립니다. 그러나 구원은 아무도 장담할 수 없습니다.

여기서 베드로가 말한 구원은 이중 구원입니다. 첫째는 육신의 병에서 구원받는 것, 둘째는 영혼의 죽음에서 구원받는 것, 이 두 가지를 다 본 것입니다. 사도의 눈으로 보았을 때 그것이 아주 분명한 사실이었기 때문에 자신 있게 말할 수 있었습니다.

또 하나, 바울의 예를 들어 보겠습니다.

> 루스드라에 발을 쓰지 못하는 한 사람이 앉아 있는데 나면서 걷지 못하게 되어 걸어본 적이 없는 자라 바울이 말하는 것을 듣거늘 바울이 주목하여 구원받을 만한 믿음이 그에게 있는 것을 보고 큰 소리로 이르되 네 발로 바로 일어서라 하니 그 사람이 일어나 걷는지라(14:8-10).

바울은 병자에게 먼저 복음을 전했습니다. 그 사람은 복음을 유심히 들었고, 바울은 그에게 '구원받을 만한 믿음'이 있는 것을 보았습니다. 영적 구원을 먼저 본 것입니다. 그러고 나서 바울이 육신의 병에서 구원받기를 선포하자 그가 일어나 걸었습니다. 이것도 이중 구원입니다. 영적인 죽음에서 구원받고, 육신의 병에서도 구원받은 것입니다.

베드로의 이적 사건에서는 병 고침이 먼저고 영혼 구원이 다음에 온 것처럼 보이는 반면, 바울의 경우에는 영혼이 먼저 구원받고 병 고침을 받은 것으로 보입니다. 그 순서야 어찌되었든 사도들이 걸어간 길에는 이와 같이 이중 구원이 한꺼번에 일어나는 경우가 더러 있었습니다.

오늘날은 어떻습니까? 오늘날에도 이런 일들이 종종 있습니다. 그러나 우리가 주의할 것은 병 고침과 영혼 구원을 무조건 동일시해서는 안 된다는 사실입니다. 그것은 위험한 판단입니다. 물론 병이 나았다든지, 어떤 문제가 깨끗하게 해결되었다든지, 혹은 어떤 위기 속에서 하나님이 살아 계신다는 증거를 크게 체험한 사람은 믿음이 자라는 속도가 빠르고, 누구보다도 열정적이며 확신도 강합니다. 이 점은 부인할 수 없습니다. 그래서 한편으로는 예수를 30년, 40년 믿어도 미지근한 분들은 이런 경험을 한번 했으면 좋겠다는 생각입니다. 신앙은 추상적인 것이 아닙니다. 살아 계신 하나님의 실재와 현존, 하나님의 역사를 체험하는 것입니다.

그러므로 우리가 예수 믿고 구원받은 것을 뚜렷하게 남에게 증거할 때 자신의 체험이 있다면 훨씬 좋습니다. 그리고 하나님은 그와 같은 증거를 간절히 사모하는 자에게 주신다는 것도 알아야 합니다. 너무 주지주의로 빠지지 않도록 주의하십시오. 자칫하면 메마른 신앙생활이 되기 쉽습니다.

하나님이 실제로 어떻게 자신을 통해 일하시는지를 다른 사람에게 전할 수 있을 만큼 생활 속에서 발견하며 사는 사람이라면, 머리로만 예수를 아는 사람보다 훨씬 풍성한 삶을 누리며 성령의 역사를 맛보고 산다고 말할 수 있습니다.

그러므로 '구원'이라는 말을 단순히 천국에 들어간다는 의미로만 해석하지 말고, 이 세상에서 실제로 살아 계신 하나님을 체험하고 입증할 수 있는 것까지 포함한 이중적인 구원의 의미로 이해할 수 있었으면 합니다.

우리가 말하는 구원이 이런 구원이라면 우리가 전하는 복음의 메시지에 얼마나 힘이 있겠습니까?

사도행전 5장

핍박보다 무서운 것은 부패입니다. 핍박보다 무서운 것은 세속화요, 윤리적인 타락입니다. 핍박은 오히려 우리를 잠에서 깨워줍니다. 그러나 세속화라는 이 무서운 유혹은 우리가 영적으로 병들었으면서도 병들지 않은 것처럼 자신을 가장하도록 만들어버립니다.

17

교회의 불순물을 제거하다

베드로가 이르되 아나니아야 어찌하여 사탄이 네 마음에 가득하여 네가 성령을 속이고 땅값 얼마를 감추었느냐(행 5:3)

사도행전 2장부터 4장까지는 초대교회의 신혼기라고 생각합니다. 당시 교회의 모습을 통해 우리는 그야말로 이상적인 교회의 모델을 볼 수 있습니다. '이상적'이라는 의미는 성도 수가 특별히 많다거나 역사와 전통이 빛난다는 의미가 아닙니다. 교회 내에 불순물이 없었다는 뜻입니다. 신앙도 순수하고 교회의 구조도 순수했으며, 무엇보다도 그 안에 신실한 성령의 역사가 흘러넘치는 것을 볼 수 있습니다.

초대교회의 이상적인 모습이 언제까지 지속되었는지는 정확히 알 수 없습니다. 5장을 거치며 예루살렘교회 전체가 시련을 당하는 때까지 줄잡아 1년 미만이 아닐까 추측할 뿐입니다. 어쨌든 이 짧은 기간에 참 놀라울 정도로 순수한 교회상이 그려집니다. 이때의 모습을 교회의 원형으로 결정짓는 요소는 무엇일까요?

초대교회가 순수한 이유

　　　　　　　　　이 물음에 서슴없이 '성령 충만'이라는 답을 하고 싶습니다. 성령 충만은 초대교회를 이해하는 유일한 열쇠입니다. 이것을 제외하고는 사도행전 교회, 특히 초창기의 순수한 교회를 전혀 이해할 수 없습니다.

> 그들이 다 성령의 충만함을 받고 성령이 말하게 하심을 따라 다른 언어들로 말하기를 시작하니라(2:4).

　바로 여기서부터 사도행전 교회가 세상에 모습을 드러냅니다. 성령 충만하여 모인 무리가 성령이 말하게 하심을 따라 다른 방언으로 이야기하며 하나님의 크신 일을 나타냈고, 예수 그리스도가 다시 살아나신 것을 온 천하에 전합니다. 교회는 이렇듯 성령 충만으로 시작되었습니다.

　그 후에도 초대교회는 계속하여 성령 충만한 상태에 있었습니다. 산헤드린 공회 앞에 베드로와 요한이 섰을 때 비록 겉으로 보기에는 모든 면에서 열세였지만 하나님은 그들이 성령으로 충만하게 하시고 담대히 말하게 해주셨습니다.

　또 무리가 함께 하나님 앞에 간절히 기도할 때도 그랬습니다. 세상이 하나님의 복음을 전하지 못하도록 위협하고 핍박했지만, 담대하게 말씀을 전할 수 있도록 능력을 달라고 빌기를 마치자마자 모인 곳이 진동했습니다. 그리고 그곳에 있던 무리가 다 성령으로 충만하게 되었습니다.

　'성령 충만'이라는 특별한 용어는 사도행전 4장에서만 세 번 연속 반복되고 있습니다. 성령 충만이란 무엇입니까? 오순절 불의 혀가 머리 위에서 갈라지는 신기한 역사를 성령 충만이라고 할 수 있을까요? 아니면 기도를 마친 후에 건물이 흔들리는 역사를 성령 충만이라고 할 수 있을까요? 사도행전에 나타난 이상적인 교회가 경험했던 이적과 극적인 사건은 오늘날과 정도의 차이가 분명히 있습니다. 하지만 '성령 충만'이라는 기본적인 입장에서는 본질적으로 동일합니다.

성령 충만이 무엇인지 규정해보라고 한다면 두 가지로 말하고 싶습니다. '사로잡힘'과 '절대 복종'입니다. 성령에 사로잡힌 사람, 성령에 사로잡힌 교회를 일컬어 성령 충만하다고 표현합니다. 그리고 성령에 절대 복종하는 사람, 성령에 절대 복종하는 교회를 성령 충만하다고 합니다. 이 두 가지를 제외하고는 성령 충만에 대해 말할 것이 전혀 없습니다.

방언을 하는 것과 성령 충만을 동일시하면 안 됩니다. 물론 방언이 성령 충만의 한 단면일 수는 있습니다. 그러나 항상 성경에서 말하는 성령 충만의 증거는 성령에 사로잡힌 사람이냐, 성령이 지배하는 대로 복종하느냐 이 두 가지입니다.

성령의 소욕, 육신의 소욕

그렇다면 이것을 우리가 구별할 수 있을까요? 성경은 우리에게는 두 가지 소욕이 있다고 말합니다. 하나는 성령의 소욕, 또 하나는 육신의 소욕입니다. 아무리 성령 충만한 사람이라도 두 가지 소욕이 그 안에 공존합니다. 육신을 입고 있는 이상 여기에서 벗어날 사람은 없습니다.

성령의 소욕과 육신의 소욕, 이 두 가지를 놓고 볼 때 어느 쪽에 더 집착하고 있는지 스스로에게 물어보십시오. 비록 특별한 체험이 없다고 할지라도 성령에 더 끌리고, 성령의 말이라면 무조건 복종하고, 성령의 뜻이면 무조건 따라가려고 하는 자세가 되어 있습니까? 육신의 소욕이 있지만 그것이 자신을 좌지우지하게 내버려두지 않는 사람은 성령 충만한 사람입니다.

살아가면서 어느 쪽으로 더 기울어집니까? 육체가 원하는 대로 기울어집니까? 마음의 욕심대로 자꾸 끌려갑니까? 그러면서 금식하고 괴로워합니까? 그러면서 회개합니까? 회개하고 나서 또다시 끌려갑니까? 그러면 빈도를 따져봅시다. 육신 쪽으로 더 자주 끌려간다면 그 사람을 두고 성령 충만이라는 말은 절대 하지 못합니다. 아무리 철야기도를 많이 하고 '주여, 주여' 소리쳐도 실제 생활이 육신의 소욕으로 끌려간다면 성령 충만과는 한참 먼 사람입니다.

누구에게나 성령 충만하지 않은 때가 있습니다. 그러면 육신의 소욕으로 끌려갑니다. 밤에 잠자리에 누워서 조용히 생각에 잠길 때 의식의 흐름에 주의를 기울여야 합니다. 아무것도 하지 않고 순수한 자아만 존재하며 어떤 의지도 작용하지 않는 시간에 자신의 의식이 어느 쪽으로 흐르고 있는지를 자주 돌아봅시다. 어느 쪽입니까? 성령의 사람은 순수한 자아만 홀로 있는 시간에 무의식의 흐름마저도 성령의 지배를 받습니다.

하나님께서 원하시는 사람은 성령 충만한 사람이요, 하나님께서 원하시는 교회는 성령 충만한 교회입니다. 성령 충만한 사람이 모이는 교회가 성령 충만한 교회입니다. 아무리 교회가 성령 충만을 외쳐도 성도 개개인이 성령으로 충만하지 않으면 그 교회는 성령 충만한 교회가 아닙니다.

내가 성령 충만한 사람인지 아닌지 구별하기는 그렇게 어렵지 않습니다. 성령 충만하냐는 질문에 "나는 특별한 체험이 없는데, 다른 사람처럼 불 받은 것도 아닌데" 하는 식의 이야기는 하지 맙시다. 자기 속에 무엇이 가득 들어 있는지 찾아보면 알게 됩니다.

성령 충만은 자주, 가끔, 또는 일생에 한 번 하는 특수한 체험으로 생각할 수 있지만, 그런 체험이 전혀 없는 경우도 있습니다. 에베소서 5장 18절 "오직 성령으로 충만함을 받으라"는 남다른 체험을 말하는 것이 아닙니다. 항상 하나님께 찬양하고 감사하고 순종하고, 가정과 일터에서 성실하게 사는 삶 전체를 일컫는 말입니다. 이런 경우에는 매일 기도와 찬양이 흘러나오고 예배드리는 것 자체가 일상생활이 됩니다.

우리는 어느 쪽을 더 원합니까? 혹시 특별한 체험을 해봤으면 좋겠다고 생각할지도 모르겠습니다. 할 수 있으면 하십시오. 그러나 주의해야 합니다. 성경에 하나님께 성령의 불을 달라고 해서 불 받은 사람이 있는지 찾아보십시오. 아무도 없습니다. 속지 마십시오. 지나치게 이적을 구하면 거기에는 사탄의 역사가 침입합니다. 왜냐하면 육신의 소욕이 앞서 있기 때문입니다.

우리가 특별한 체험을 할 수는 있습니다. 그러나 그것은 하나님의 주권입니다. 성령께서 하나님의 뜻대로 필요한 사람에게 주십니다. 교회를 위해 주님께서 어떤 이적이 필요하다고 판단하시면 어떤 식으로든 주실 것입니다. 그러나 하나님께서 우리에게 주신 은혜가 족하다 하시면 그것으로 항상 감사하는 우리가 되어야 하겠습니다.

아나니아와 삽비라 사건은 뒤에서 다시 다루겠지만 여기서도 잠시 살펴보겠습니다. 초대교회의 특징을 검토하는 데 중요한 열쇠는 성령 충만입니다. 이러한 관점에서 아나니아 사건을 봅시다.

성경을 읽다 보면 하나님께서 너무 지나치신 것 같다고 느낄 때가 있지 않습니까? 세상에, 땅 좀 팔아서 헌금을 하나도 안 했다면 모르지만, 그중 얼마를 냈는데 하나님께서 어쩜 이렇게 잔인하시냐고 말할 수 있지 않겠습니까? 그러나 이 사건에는 우리의 생각과는 다른 차원의 문제가 있습니다.

당시는 교회가 막 탄생한 때였습니다. 씨앗에서 이제 막 싹이 난 것과 같습니다. 그래서 교회는 아주 순수해야 했습니다. 세계를 정복할 겨자씨가 처음부터 썩기 시작한다면 어떻게 되겠습니까?

초대교회 불순물 제거 사건

아나니아와 삽비라 사건에는 초대교회의 순수성을 보존하시려는 하나님의 강한 의지가 들어 있습니다. 표면적으로는 아나니아의 잘못이 돈을 얼마 숨기고 사도를 속인 것 정도로 보이지만, 본질은 3절에 나오듯이 성령을 속인 것입니다. 또 그의 아내 삽비라도 남편이 그릇 행하는 것을 막지 않고 묵인한 잘못밖에 없는 것 같지만 실상은 9절에 있는 바와 같이 주의 영을 시험한 죄를 지은 것이었습니다.

아나니아와 삽비라의 행동은 어디까지나 처음으로 교회에 충만하게 임하신 성령께 도전하는 범죄행위였습니다. 교회가 순결해야만 주님의 명령을 따라 예루살렘과 온 유대와 사마리아와 땅 끝까지 복음을 전파할 수 있는데, 처음 싹이 날 때부터 성령의 역사를 방해하는 불순물이 교회 안에 조금이라도 끼어 있다면 대단히 위험한 일이 아닐 수 없었던 것입니다. 따라서 이 사건은 개인에 대한 심판이라기보다는 교회를 시험하는 사탄의 역사에 대한 하나님의 단호한 심판이라 볼 수 있습니다.

아나니아와 삽비라가 구원받았느냐, 못 받았느냐에 대해서 궁금해하지 마십시오. 그것은 오직 하나님만이 아십니다. 하나님의 주권에 달린 문제입니다. 구원받은 사람이라도 하나님의 몸 된 교회를 위해 용납할 수 없다고 생각하실 때는 눈에 보이는 징계와 심판을 하십니다.

여기서 한 가지 꼭 마음에 담아두어야 할 것이 있습니다. 성령은 그때나 지금이나 대단히 민감하시다는 사실입니다. 우리가 예수 믿고 나서 범하기 쉬운 큰 죄 중에 하나가 성령의 뜻을 소멸하는 것입니다. 성령이 나에게 지금 말씀하시는 것을 깨닫는다면 순종해야 합니다. 이러저러한 핑계를 대면서 자꾸 미루면 안 됩니다.

왜 대부분의 사람들이 은혜를 받지 못하는지 압니까? 하나님이 은혜 주시려고 작정하시고 부르실 때 성령의 소욕을 계속 밀어내기 때문입니다. 그 결과 은혜의 자리에서 멀어진 것입니다. 성령께서 어떤 방향으로 우리의 마음을 주관하시든 간에 '이것이 과연 성령께서 하시는 일이다, 성령의 음성이다, 성령 앞에 복종하는 일이다'라고 판단되면 무조건 순종하십시오.

순도 99.9퍼센트 교회

성령 충만하고 순수한 교회는 몇 가지 특징이 있습니다. 먼저, 하나 되는 데 아주 탁월합니다. 사도행전 2장 46절 '마음을 같이하여'와 4장 32절 '한마음 한뜻이 되어'는 같은 의미로 초대교회의 아름다운 모습을 잘 보여줍니다.

성령은 하나 되게 하시는 분입니다. 그렇다면 성령 충만했던 초대교회는 아무런 노력을 하지 않고도 저절로 하나가 되었을까요? 그렇지 않습니다. 만약 그렇게 여긴다면 너무나 순진하고 어리석은 생각입니다.

> 모든 겸손과 온유로 하고 오래 참음으로 사랑 가운데서 서로 용납
> 하고 평안의 매는 줄로 성령이 하나 되게 하신 것을 힘써 지키라
> (엡 4:2-3).

성령이 하나 되게 하심을 원하는 사람은 겸손해야 하고, 온유해야 하고, 오래 참아야 하며, 사랑으로 용납해야 합니다. 이 네 가지가 하나 되기 위해 힘써 지켜야 할 기본 원칙입니다.

교회 안에서 성령이 하나 되게 하시는 일을 자꾸 방해하는 사람은 이미 성령 충만에서 떠났다고 봐야 합니다. 하나 되기 위한 노력이 없는 사람은 아무리 기도를 잘하고 아무리 열심이 있다 해도 성령의 뜻을 거스르는 사람입니다. 성령은 교회가 하나 되기를 원하시기 때문입니다.

겸손하지 않으면 하나가 될 수 없습니다. 내가 다른 사람과의 관계에서 온유하지 않으면 안 됩니다. 나와 다른 사람에 대해 오래 참는 노력 없이는 안 됩니다. 사랑으로 덮어주고 용납하는 마음이 없으면 안 됩니다. 이와 같은 노력 없이는 하나가 될 수 없습니다.

교회가 갖가지 좋은 구실을 들어 싸우고 파벌을 만든다 할지라도 그 구실이 성령의 역사를 앞지를 수는 없습니다. 아무리 핑계가 있고 정당성이 있다 할지라도 서로 물어뜯고 싸운 내막이 그대로 폭로될 때 얼마나 비참했습니까? 아무리 겉으로 부흥하는 것 같고 모일 때마다 성령의 강한 역사가 있는 듯해도 관계의 밑바닥에 이미 금이 가 있다면, 사탄이 그 틈을 노려 교회를 어지럽히고 성령의 은혜를 전부 앗아가버릴 것입니다.

그러므로 마음속에 조금이라도 다른 형제를 비판한다든지, 교회의 여러 가지 문제에 대해 비난하는 경향이 있다면, '아차, 내가 지

금 위험하구나. 하나 되게 하시는 성령의 뜻을 거스르는 죄를 범하고 있구나' 하고 분별할 줄 알아야 합니다. 성령 충만한 교회는 하나 되는 데 힘쓸 뿐만 아니라 자기 것을 내어놓고 가난한 자들과 나누어 씁니다. 제 것이라고 움켜쥐는 사람이 없습니다. 초대교회는 자신의 소유를 제 것으로 생각지 않고 주님의 것으로 생각했습니다. 또한 성령 충만한 교회는 무엇보다 담대한 증인이 됩니다. 사도들은 큰 권능으로 예수 부활을 증언했고 성령 충만한 성도들도 복음을 전했습니다. 오늘날로 치면 목사와 평신도를 가리지 않고 교회 전체가 예수님을 전하는 담대한 증인이 되었습니다.

이와 같이 성령이 충만한 이상적인 교회는 성령에 순종하며 하나 되는 데 적극적으로 노력하는 교회, 사랑의 봉사를 하는 교회, 담대한 증인이 되는 교회입니다. 이 세 가지가 성령께서 교회를 통해 하고 싶어 하시는 가장 중요한 일들입니다.

18

교회가 크게 두려워하다

아나니아가 이 말을 듣고 엎드러져 혼이 떠나니 이 일을 듣는 사람이 다 크게 두려워하더라 젊은 사람들이 일어나 시신을 싸서 메고 나가 장사하니라 … 온 교회와 이 일을 듣는 사람들이 다 크게 두려워하니라(행 5:5-6, 11)

성령 충만한 교회, 성령 충만한 성도들 사이에서 일어난 아나니아와 삽비라 사건은 더욱 민감할 수밖에 없었습니다. 그들이 지은 죄는 성령을 속이고 성령의 역사를 거역한 것이었기 때문입니다. 성경에서 자주 반복되는 용어에는 늘 주의를 기울여야 합니다. 본문에서는 "이 일을 듣는 사람이 다 크게 두려워하더라"(5:5), "온 교회와 이 일을 듣는 사람들이 다 크게 두려워하니라"(5:11)와 같이 '두려워하다'라는 말이 반복되고 있습니다. 아나니아가 죽자 그 소식을 들은 자들이 두려워했습니다. 아내 삽비라마저 사도의 발 앞에 쓰러지자 온 교회가 두려워 떨었습니다.

교회와 교회 밖의 모든 사람이 마음에 굉장한 공포감을 느꼈습니다. 이들은 과연 무엇을 두려워했을까요? 혹시 자신들도 죽을지 모른다는 생각이 들었기 때문일까요? 아니면 비슷한 죄를 범했기 때문에 가책을 받아서였을까요?

그들이 가진 두려움은 세 가지로 요약할 수 있습니다.

첫째는 교회에 임재하신 성령에 대한 두려움입니다. 교회는 사람들만 모여 있는 곳이 아니라는 사실을 그들은 이 사건을 통해 분명히 깨달았을 것입니다. 세상에서 볼 수 없는 굉장한 위엄과 권위를 가진 존재가 교회 안에 계신다는 것을 똑똑히 체험했습니다.

둘째는 사도들에 대한 두려움입니다. 사도들의 권위는 바로 예수님으로부터 받은 권위임을 깨달았습니다. 세상의 잣대로는 비록 초라한 경력을 가진 사도들이지만 하나님께서 그들을 높이 들어 사용하셨기 때문에, 아나니아 부부는 사도 베드로의 발 앞에서 순식간에 주검으로 변했습니다. 그것을 본 사람들은 하나님의 종에 대한 두려움을 갖게 되었습니다.

마지막으로 죄에 대한 두려움입니다. 죄의 대가는 죽음이라는 것과, 하나님께서는 마음으로 지은 죄, 숨은 죄까지도 다 아시고 심판하신다는 사실을 철저히 깨달았습니다.

물론 자신들도 비슷한 죄를 범한 것이 없나 살피며 겁을 내기도 하고, 그 죄가 비슷한 결과를 가져오지 않을까 하는 두려움도 있었을 것입니다. 그러나 이 사건을 통해 갖게 된 두려움은 분명 하나님이 온 교회를 향해 주신 것이었습니다. 때문에 성령에 대한 두려움, 사도들에 대한 두려움, 죄에 대한 두려움이 그들의 마음에 가득했을 것입니다.

어린 교회에
두려움을 주신 이유

왜 하나님께서는 예루살렘교회에 이처럼 끔찍한 사건을 허락하셔서 온 교회가 큰 공포에 짓눌리도록 하셨을까요? 예루살렘교회는 어린 교회였습니다. 아장아장 걷는 어린아이와 같은 교회였습니다. 이런 어린 교회에 왜 심적으로 부담을 주시면서까지 성도들이 두려워하게 만드셨을까요?

이 본문을 보면서 자신의 어린 시절을 생각해봅시다. 어린아이가 처음 나쁜 짓을 했을 때 부모가 보이는 반응은 자녀의 다음 행동에 큰 영향을 줍니다. 부모가 엄격한 태도로 그 문제를 다루며, 잘못의 결과에 대한 두려움을 심어준다면 아이가 다시는 나쁜 짓을 하지 않게 됩니다. 반면, 자녀가 장성한 다음에는 다루기가 대단히 어렵습니다. 심하게 대하면 당장 반발하며 대들 것이고, 나중에는 부모의 가슴에 못질을 할 정도로 고통을 안겨줄 수 있습니다. 이미 때가 늦은 것입니다. 그러나 어린아이는 부모가 어떻게 대처하고 양육하느냐에 따라 많은 것이 달라질 수 있습니다.

하나님께서는 이와 같은 아버지의 심정으로 어린 교회를 엄하게 다스리셨던 것 같습니다. 이제 예수 믿고 사탄의 시험이 무엇인지 조금 알게 된 교회, 자칫하면 죄를 가볍게 여기고 받아들일 수도 있는 교회, 예수 믿고 다 용서받았으니 괜찮다며 낭만적으로 생각할 수 있는 약점을 가진 교회였기 때문입니다.

그래서 하나님은 처음부터 단호하게, 교회가 평생 잊을 수 없도록 하나의 사건을 모델 삼아 죄라는 것이 얼마나 무서운지 분명하게 가르쳐주셨습니다. 성령이 임재하고 계신 교회에 죄가 들어오도록 함부로 용납해서는 안 된다는 사실을 처음부터 엄격하게 교육하신 것입니다.

이와 같은 예는 구약에서도 볼 수 있습니다. 이스라엘 백성은 애굽에서 종 노릇 하면서 하나님의 계명을 제대로 교육받지 못하고 400여 년을 살아왔습니다. 그러다 해방이라는 것을 맛보고는 아무런 구속 없이 새로운 체제를 가지고 나라를 건설하는 과정에 이르렀습니다. 바로 이때 광야 교회를 열어주셨습니다. 이 어린 광야 교회에서도 아나니아 부부와 같은 사건이 일어났습니다. 레위기 10장에 나오는 나답과 아비후의 사례와 같습니다.

제사장 아론의 아들 나답과 아비후는 향로를 가지고 들어가 제사를 드렸습니다. 형제는 하나님이 가르쳐주신 대로 모든 절차를 지키며 정성스레 제사를 드렸을 것입니다. 그런데 "불이 여호와 앞에서 나와"(레 10:3) 그들을 삼켜버렸습니다. 나답과 아비후는 그 자리에서 죽었습니다. 왜 그런 일이 벌어졌을까요?

향로에 담은 불 때문이었습니다. 향로는 하나님께 제사를 드릴 때 하나님께서 명하신 불을 담는 기구입니다. 그런데 엉뚱한 데서 불을 가져와 그 향로에 담은 것입니다. 아무도 이 사실을 몰랐고 당사자들만 알았을 것입니다.

'뭐, 불은 다 같지 않나? 어디에 있는 불을 담아 가든 하나님 앞에서 밝히는 것이요, 하나님께 드리는 제사인데 하나님이 기쁘게 받으실 것이다'라고 생각했던 모양입니다. 그래서 태연하게 불을 담아 하나님 앞에 제사를 지냈습니다. 그것 외에는 잘못이 전혀 없었습니다. 단지 다른 불을 가지고 들어갔다는 것뿐입니다. 그런데 하나님께서는 이 문제를 어떻게 다루셨나요? 그 자리에서 불이 나와 그들을 삼켜버렸습니다. 하나님께서는 이때도 어린 교회를 굉장히 무섭게 다스리셨습니다.

우리는 이런 사건을 이해하는 데 종종 어려움을 느낍니다. 그러나 이것은 하나님께서 어린 교회와 어린 백성에게 보여주신 강한 의지였습니다. 예배와 예배를 드리는 자세에 조금이라도 인위적인 것, 하나님이 말씀하시지 않은 인간적인 것이 내포되어서는 안 된다는 원칙을 온 교회가 기억하도록 만드신 것입니다.

이와 같은 사건은 아나니아와 삽비라 이후 두 번 다시 일어나지 않았습니다. 신약시대에 많은 교회들이 생겨났지만 헌금을 약간 속였다고 해서 성령이 생명을 거두어 가시는 일은 일어나지 않았습니다. 아나니아와 삽비라 같은 사람이 전혀 없었기 때문일까요? 아닙니다. 없었을 리가 만무합니다. 분명히 헌금할 때 더러더러 불평하는 사람도 있었을 것이요, 억지로 바치는 사람도 있었을 것이요, 처음에 결심한 것과는 다르게 헌금 액수를 조작해서 낸 사람도 있었을 것입니다. 그러나 주님께서는 아나니아 부부 사건과 같은 일은 한 번으로 족하다고 생각하신 것입니다. 기록된 이 사건을 읽을 때마다 온 교회가 충분히 교훈을 받을 수 있다고 보신 것입니다. 하나님을 속이지 말라는 교훈 말입니다.

교회는 하나님을 속여서는 안 됩니다. 사람은 속일 수 있어도 하나님은 절대 속이지 못한다는 것을 우리는 이 사건으로 분명히 알 수 있습니다. 뿐만 아니라 교회는 아무리 흔한 일이라 해도 하나님이 미워하시는 죄를 용납해서는 안 된다는 것도 기억해야 합니다.

유익한 두려움 세 가지

하나님은 성도들이 두려움을 계속 갖고 있기를 바라십니다. 왜냐하면 두려움이 있음으로 인해 범죄를 예방할 수 있고 하나님께 더 겸손히 순종할 수 있기 때문입니다. 그러므로 이 두려움이 언제나 우리에게 있어야 합니다. 그렇다면 무엇에 대해 두려움을 느껴야 할까요?

첫째로, 성령에 대한 두려움을 가져야 합니다. 우리는 성령에 대해 얼마나 두려워하면서 교회에 모입니까? 하나님의 영광을 위해 일한다고 하지만 어느 정도로 그분을 의식하며 일하고 있습니까? 불꽃같은 눈동자로 우리의 기도, 우리의 찬송, 우리의 마음 깊은 곳까지 쉬지 않고 살피시는 그분을 어느 정도 의식하고 두려워하면서 모이고 흩어집니까?

둘째로, 교회 지도자에 대한 두려움을 가져야 합니다. 과거에는 성도들이 교회 지도자를 지나치게 두려운 존재로 인식해서 문제가 있었습니다. 오늘날 목회자에게는 신약시대 사도들에게 있었던 권위가 없습니다. 그러나 한 가지 면에서는 사도들과 동일합니다. 하나님의 말씀으로 교회를 먹이고 지도하고 인도한다는 사실입니다. 사도들이 성도들을 가르쳤듯이 오늘날 목회자들은 성도들을 가르칩니다. 사도들이 교회를 책임졌듯이 오늘날 목회자들은 교회를 책임지고 있습니다. 사도들이 교회를 돌보고 보살핀 것처럼 오늘날 목회자들도 그렇게 합니다.

그러므로 사도들을 통해 말씀하신 하나님은 오늘날 목회자를 통해서도 말씀하실 수 있습니다. 목회자가 근본적으로 잘못되어 있지 않은 이상, 목회자가 하나님의 말씀을 잘못 해석하지 않는 이상, 하나님께서는 교회에 세우신 지도자를 통해 먼저 말씀하십니다. 그러므로 하나님을 두려워하는 경외감을 교회 지도자들에게도 어느 정도 갖는 것은 정상입니다.

그러나 요즘 교회는 그렇지 않아 보입니다. 놀라울 정도로 목회자의 말을 우습게 생각합니다. '흥, 내가 이 교회 아니면 예수 못 믿나' 하는 식입니다. 이 교회에서 기분이 안 좋으면 저 교회로 가고, 저 교회 가서도 기분이 안 좋으면 또 다른 교회로 갑니다. 참 안타까운 현실입니다.

마지막으로, 범죄에 대해 두려워할 줄 알아야 합니다. 교회에는 책벌이라는 것이 있습니다. 책벌은 당회가 어떤 지체의 잘못을 공식적으로 징계해야 한다고 판단했을 때, 사랑과 두려움으로 그의 영혼과 교회를 위해 예수 그리스도의 이름으로 징계하는 것입니다.

40여 년 전만 해도 교회의 집사가 담배를 피거나 술을 먹는 행동은 책벌의 대상이었습니다. 그 사실이 당회에 알려지면 당회가 개인에게 찾아가서 먼저 권면하고, 권면했는데도 끝까지 듣지 않으면 교회에서 공식적으로 징계합니다. 한 교회에서 징계를 받은 사람은 다른 교회에도 갈 수 없었습니다. 교회에서 정식으로 교적을 옮겨주지 않으면 다른 교회에서는 받아주지 않았기 때문입니다. 그러므로 징계를 받게 된 사람은 교회의 징계를 주님께서 벌하시는 것으로 알고 겸손히 받았습니다. 때문에 모든 성도는 행여나 말씀을 어기며 함부로 살다가 교회로부터 책벌을 받지 않을까 하는 두려움을 가지고 신앙생활을 했습니다.

아나니아 부부에게 느끼는 고마움

하나님께서 아나니아와 삽비라 사건을 통해 우리에게 무엇을 교훈하고 계시는가를 꼭 기억합시다. 성령을 속이지 맙시다. 그리고 항상 두려움을 가지고 신앙생활을 합시다. 목회자도 부들부들 떨어야 합니다. 얼마나 부들부들 떨고 있는지 하나님은 아십니다. 얼마나 마음속으로 떨며 두려워하고 있는지 하나님은 아십니다.

목숨 걸고 복음을 전파한 사도 바울도 그렇게 살았습니다. 아무리 기도를 많이 하고, 아무리 성경을 아침저녁으로 묵상한다고 해도 '절대 성령을 속이지 않았다'고 장담하지 못합니다. 주님이 능력을 주시고, 은혜를 주셔야만 가능한 일입니다. 그러니 우리는 성령 앞에서 부들부들 떨지 않을 수 없습니다.

성령이 거하지 않아도 교회는 얼마든지 잘되는 것처럼 보일 수 있습니다. 성경 말씀대로 하지 않고 성령을 거역하면서도 많은 사람들이 모이며 모든 면에서 탁월한 교회가 얼마나 많은지 압니까? 타락한 이 세상에서는 똑똑하기만 하면, 인기만 있으면 얼마든지 교회가 커질 수 있습니다. 그러니 사람들이 많이 모인다고 해서 무조건 성령께서 거하시는 교회라고 착각하지 마십시오.

어떤 교회가 성령께서 거하시고 함께하시는 교회입니까? 잘못이 있을 때 하나님께서 어떠한 방법으로든 깨우쳐주셔서 회개하는 교회입니다. 목사가 잘못했을 때 어떤 방법으로든 목사가 깨닫고 회개하도록 하는 교회, 당회가 무엇인가 잘못 판단하고 죄를 범하려 할 때 어떤 방법으로든 깨닫게 하고 두려워 떨게 하는 교회가 성령이 거하시는 교회입니다.

그러나 세상에 나가 나쁜 짓을 많이 해도 오히려 복이 넘치는 듯 보이는 성도들이 다니는 교회가 있다면, 그곳에 성령이 계신다고 말할 수 없습니다.

아나니아가 다니던 예루살렘교회에 거하신 성령은 오늘도 한국교회와 세계 교회에 거하십니다. 두려워합시다. 말씀을 전하는 지도자들의 입에서 나오는 한마디 한마디를 주님의 말씀으로 알고 두려움으로 받아야 합니다. 또한 우리는 범죄에 대해서도 두려워할 줄 알아야 합니다.

아나니아와 삽비라는 오늘 우리를 위해 죽은 것입니다. 우리가 그와 같은 죄를 범하지 않도록 하나님께서 그들을 모델로 만드신 것입니다. 만약 아나니아와 삽비라가 천국에 있다면 우리가 가서 만났을 때 뭐라고 말할까요?

"고맙습니다. 당신들 때문에 내가 얼마나 덕을 봤는지 모릅니다. 당신들이 그때 그렇게 희생되지 않았다면 아마 나도 그런 죄를 마음대로 범하다가 심판받았을지 모르는데, 덕분에 내가 살았습니다" 하며 악수하고 인사할 것입니다.

19

교회에 대부흥이 일어나다

사도들의 손을 통하여 민간에 표적과 기사가 많이 일어나매 믿는 사람이 다 마음을 같이하여 솔로몬 행각에 모이고 그 나머지는 감히 그들과 상종하는 사람이 없으나 백성이 칭송하더라 믿고 주께로 나아오는 자가 더 많으니 남녀의 큰 무리더라(행 5:12-14)

예루살렘교회에 대부흥이 찾아왔습니다. 말 그대로 대부흥이었습니다. 사도행전 5장 12절 이하를 보면 충분히 짐작할 수 있습니다. 부흥의 불길이 얼마나 맹렬했는지 사람의 힘으로는 절대로 막을 수 없는 위력과 두려움, 큰 역사가 있었습니다.

물론 오순절 성령강림 이후로 부흥은 계속되었지만, 5장 12절부터 16절까지는 당시 그들이 체험했던 대부흥이 어떤 것이었는지를 더욱 확실하게 보여줍니다.

표적과 기사

예루살렘교회에 임한 대부흥의 요소들을 검토해보고 오늘 우리에게도 이와 같은 부흥이 필요한지, 또 지금 우리가 이와 같은 부흥기에 있는지, 아니면 영적으로 쇠퇴하고 있는 것은 아닌지 돌아봅시다.

대부흥의 첫째 요소는 '표적과 기사'입니다. 하나님께서 굉장한 표적과 기사들을 일으키셨습니다. 여기에서 주의해야 할 것은 이와 같은 표적과 기사가 사도들의 손에서 일어났다는 사실입니다. 따라서 예수님을 믿으면 아무나 표적과 기사를 일으킨다는 생각이 잘못임을 알 수 있습니다.

표적과 기사는 하나님이 어떤 목적, 곧 대부흥을 위해 특별히 허락하신 것이지, 기도를 열심히 해서 나타난 것이 아닙니다. 사도들이 자신들의 그림자가 지나갈 때 환자를 낫게 해달라고 기도하지 않았고, 표적을 구하며 금식하고 기도한 것도 아니었습니다.

1919년부터 1921년 사이 하나님께서는 김익두 목사를 특별히 쓰셨습니다. 당시는 일본의 지배를 받으며 민족적 기운이 꺾이고 많은 사람들이 지푸라기라도 잡고자 발버둥을 칠 때였습니다. 그때 하나님께서는 그를 통해 간간이 표적과 기사를 나타내셨습니다. 경산에서 중풍병자를 고친 사건이라든가, 사월리교회에서 혈루증을 앓던 성도를 고친 사건 등을 들 수 있습니다. 하나님은 이를 통해 성령의 역사를 보여주셨습니다.

당시 장로교 헌법에는 "금일에는 이적을 행하는 권능이 정지되었느니라"라는 조항이 있었습니다. 오늘날에는 사도행전과 사복음서에 나오는 표적 기사가 정지되었다는 뜻입니다. 따라서 표적이나 기사를 운운하는 것은 이미 성경적으로, 교리적으로 금지되었습니다. 그런데 김익두 목사를 통해 표적 기사가 나타나자 결국 1923년 장로교 총회에서 이 조항을 수정하기로 결의했습니다. "정지되었다"를 "지금도 이적 기사가 있을 수 있다"로 고쳤습니다.

대부흥이 찾아올 때 하나님께서 이와 같은 표적 기사를 일으키신다는 사실은 역사가 증언합니다. 이런 의미에서 하나님 말씀에 근거한 표적 기사라면, 그것은 영적 고갈 상태에 빠져 있는 21세기 교회에 주시는 부흥의 계기일 것입니다. 그러므로 표적과 기사를 전적으로 부정해서는 안 됩니다. 겸손하게 하나님의 뜻이 어디에서 역사하는지를 볼 줄 알아야 합니다.

하나님은 표적과 기사를 함부로 행하시지도 않는 분이요, 그와 같은 은혜를 함부로 주시지도 않는 분이기에 아무나 행할 수 있다고 착각하면 안됩니다. 표적 기사가 나오는 성경 구절을 근거로 이적을 행하고자 한다면 세상에 병 앓는 사람은 한 명도 없을 것입니다. 믿음 좋은 사람은 아예 죽지 않을지도 모릅니다. 다 자기가 원하는 만큼 살다가 죽을 수 있겠지요. 그러나 하나님은 기독교를 그렇게 우스운 종교로 만들지 않으셨습니다. 표적과 기사는 반드시 하나님이 정하신 목적을 이루기 위해 일어납니다.

표적 기사를 이야기할 때 또 하나 생각할 것이 있습니다. 귀신 들린 사람에 관한 사항입니다. 성경을 보면 병든 사람과 더러운 귀신에게 괴롭힘을 당하던 사람이 치유되었다고 나옵니다. 귀신과 병의 관계는 오래전부터 수많은 성도를 혼란에 빠뜨려왔기 때문에 여기서 간단히 정리해두는 것이 좋겠습니다.

사도행전 당시 헬라 문화권에 속한 이방 사람들, 또 애굽 문화권에 속한 이방 사람들은 귀신과 병의 관계를 어떻게 생각하고 있었을까요? 놀랍게도 우리나라의 무속신앙이나 토속신앙과 별반 다르지 않았습니다. 즉, 모든 병이 귀신에게서 온다고 믿었습니다. 죽은 사람의 혼이 이 땅을 떠돌아다니다가 사람에게 붙어서 발병한다고 여겼던 것입니다. 심지어 몸의 각 부분마다 귀신이 와서 자리 잡고 있다고 생각할 정도였습니다. 이것이 지금으로부터 2,000여 년 전 고대 헬라 문화권에서 살던 대부분의 사람들이 병에 대해 가진 통념이었습니다.

지금까지 전해 내려오는 우리나라의 토속신앙도 마찬가지입니다. 아프면 귀신이 붙었다고 생각합니다. 이런 귀신론과 병에 대한 주견이 언제부터인가 기독교 안에 들어와서 예수 이름으로 귀신 쫓는 일, 병 고치는 일이 공공연히 벌어지고 있습니다.

오래전 어느 성도의 이야기입니다. 이분의 건강이 좋지 않은 때였는데 소위 '불 받았다'고 하는 집사가 오더니 안수기도를 해주었습니다. 기도하고 나서는 이 집의 조상귀신이 붙어서 병이 난 것이라고 하더랍니다. 그리고 그 조상의 죄 때문에 아무래도 이 가정에 우환이 많을 테니까 특별히 기도해야겠다는 말도 했답니다.

이 성도는 그 말을 듣고 마음이 혼란스러워졌습니다. 그러자 믿지 않는 남편이 "그러면 기도니 예배니 할 것 없이 아예 굿을 하자"라고 말했습니다. 예수 믿는 사람이 그런 일을 한다면 굿하는 무당이나 다를 바 없습니다.

모이는 열심

예루살렘교회에 임한 대부흥의 둘째 요소는 '모이는 열심'이었습니다. 기독교 역사를 보면 대부흥기에 나타나는 두드러진 특징 중 하나가 '모이는 열심'입니다.

성도들은 날마다 마음을 같이하여 솔로몬 행각에 모였습니다. 솔로몬 행각은 지붕과 기둥만 있고 벽이 없는 복도인데 예루살렘 성전에서 특별히 사람들이 공적으로 모일 수 있는 곳이었습니다. 믿는 자들이 서로 왕래하고 교제하고 그 안에서 부분적으로 집회도 할 수 있었습니다. 그들은 매일 하나님과 만날 약속을 했고, 어떤 경우에도 이 약속을 어기지 않으며 한마음이 되어 모였습니다.

이 모임은 단순한 친목회 수준이 아니었습니다. 공개적인 집회였습니다. 그런데 당시 여건상 믿는 자들이 공개적으로 모여서 집회를 여는 것이 가능했겠습니까? 불과 며칠 전에 사도들이 잡혀서 위협을 당하고, 다시는 예수 이름으로 말하지 말라는 경고를 단단히 받고는 겨우 석방되어 나온 형편이었습니다.

그러나 예루살렘교회는 오히려 핍박이 그들의 목전에 임했음을 확신하고 한자리에 모였습니다. 무서운 핍박 속에서도 복음을 전할 수 있는 담력을 달라고 기도했습니다. 게다가 남들이 볼 수 없는 비밀 장소가 아니라 공공장소인 솔로몬 행각에서, 그것도 대낮에, 거의 날마다 모였다는 것은 정말 대단한 일이 아닐 수 없습니다. 웬만한 믿음 가지고는 어림도 없는 일입니다.

> 그 나머지는 감히 그들과 상종하는 사람이 없으나 백성이 칭송하더라(5:13).

왜 상종하는 사람이 없었을까요? 사람들은 그 모임에 가담하면 언젠가는 화를 당한다는 것을 알고 있었습니다. 무서운 핍박과 생명의 위협이 닥칠 수 있다는 것을 이미 세상이 다 알고 있었습니다. 그랬기 때문에 감히 상종하지 못했습니다.

다른 사람들이 감히 접근도 못하는 상황에서 공공연히 솔로몬 행각에 모여 하나님을 찬양했던 그 무리, 그들이야말로 하나님의 특별한 은혜를 입은 자들입니다. 그들은 말씀을 사모했습니다. 그들은 성령의 능력이 무엇인지를 알았습니다. 그리스도를 위해서라면 생명이라도 내어놓고 십자가를 질 각오를 한 사람들이었습니다.

부흥이 무엇입니까? 부흥은 '모이는 열심'입니다.

증거 하는 열심

대부흥의 셋째 요소는 '증거 하는 열심'입니다. 무엇을 증거 합니까? 예수 그리스도, 바로 복음입니다.

> 이르되 우리가 이 이름으로 사람을 가르치지 말라고 엄금하였으되 너희가 너희 가르침을 예루살렘에 가득하게 하니…(5:28).

베드로와 요한이 두 번째로 재판받을 때의 상황을 보면 당시 예루살렘교회가 복음 증거에 얼마나 열심을 냈는지 알 수 있습니다. 재판장과 주고받은 말 가운데 "가득하게 하니"라는 재미있는 표현이 나옵니다. 예수 이름으로 전하지도, 가르치지도 말라고 했는데 왜 예루살렘을 온통 예수 이름으로 가득하게 만들어놓았냐고 합니다. 그들이 얼마나 부지런히, 얼마나 담대하게, 얼마나 뜨겁게, 가는 곳마다 만나는 사람마다 예수 이름을 전했는지 알 수 있습니다.

> 믿고 주께로 나아오는 자가 더 많으니 남녀의 큰 무리더라(5:14).

복음 증거에 힘쓰자 양적 부흥의 역사가 예루살렘교회에 계속되었습니다. 남녀의 큰 무리가 주님 앞으로 나왔습니다. 왜 많은 사람이 모였습니까? 첫째는 증거 하는 사람들이 많았기 때문이요, 둘째는 예수 믿는 사람들을 통해 나타나는 변화가 그들에게 매력적이었기 때문입니다.

아무리 열심히 전해도 먼저 자신에게 매력적인 변화가 없으면 전도가 잘 안 되는 것을 봅니다. 가정에서도 그렇지 않습니까? 가족에게 예수 믿자고 수년간 권해도 자신에게 나타나는 변화로 감동을 주지 못한다면 전도의 열매를 맺기란 어려운 일입니다.

예루살렘교회 성도들은 그 수가 비록 오늘날처럼 많지는 않았지만 세상 사람들이 볼 때 그리스도의 제자로서 변화된 모습을 역력하게 드러냈습니다. 그래서 그들과 가까이하지 못하고 거리를 두었던 사람들까지 그들을 칭송했다고 합니다.

우리 한국교회는 앞으로도 계속 세계를 향해 복음을 증거 해야 합니다. 전파해야 합니다. 말씀을 선포해야 합니다. 하나님 앞에 머리 숙여 이런 기도를 하고 싶습니다.

> 주님. 우리 한국교회 성도들, 절대로 적은 수가 아닙니다. 만약 우리가 예루살렘교회 성도들처럼 그리스도께 사로잡혀서 인격과 삶이 그리스도를 닮아 변화되어 세상 사람에게 매력과 영향력을 끼칠 수만 있다면 우리나라와 온 세계를 모조리 바꿔놓을 수 있을 것이라고 믿습니다.

특별한 보호와 간섭

대부흥의 마지막 요소로, 하나님의 보호와 간섭하심을 꼽을 수 있습니다.

> 대제사장과 그와 함께 있는 사람 즉 사두개인의 당파가 다 마음에 시기가 가득하여 일어나서 사도들을 잡아다가 옥에 가두었더니 주의 사자가 밤에 옥문을 열고 끌어내어 이르되 가서 성전에 서서 이 생명의 말씀을 다 백성에게 말하라 하매 그들이 듣고 새벽에 성전에 들어가서 가르치더니…(5:17-21).

사도들이 잡혔습니다. 그런데 놀라운 일이 일어납니다. 하나님의 사자가 나타나서 밤에 옥문을 활짝 열고 그들을 강제로 끌어내는 것이 아닙니까? 그러고는 가서 성전에 서서 이 생명의 말씀을 백성에게 전부 전하라고 명령합니다. 천사의 명령이 얼마나 강력했는지 사도들은 새벽부터 성전에 들어가 생명의 말씀을 증거 하는 데 열을 올렸습니다.

아무리 세상 권력이 그들을 붙잡고, 핍박하려 해도 하나님의 특별한 섭리는 그것과는 상관없이 성취되어갑니다. 그들을 풀어주고, 보호해주며 인도합니다. 이것이 대부흥기에 나타난 역사입니다. 나중에는 다시 잡혀 들어가 더욱 위험한 지경에 빠지지만 그때도 가말리엘이라고 하는 권위자를 통해 위기를 면하게 됩니다. 하나님의 특별한 보호하심이었습니다.

교회사를 가만히 읽어보면, 하나님께서 은혜를 주시려고 작정하셔서 그 시대의 어둠을 물리치시며, 썩은 부분을 수술하고 치료하실 때는 위대한 종들을 일으켜 역사하셨던 것을 볼 수 있습니다. 그 기간을 통해 특별한 계획을 이루시기 위함이 아닌가 생각합니다.

우리는 믿습니다. 만약 오늘날 하나님이 교회를 통해 지역사회, 이 나라 그리고 세계에 부흥의 역사를 일으키기를 원하신다면, 그분은 우리를 사용하실 것입니다. 분명히 한국교회를 사용하실 것입니다. 사용하시는 동안 교회뿐만 아니라 성도들 각 사람을 지켜주실 것입니다. 어려운 시험이나 위험한 상황, 사탄의 교묘한 역사 앞에서도 우리를 보호해주실 것입니다.

20

부흥을 주시는 특별한 때

베드로와 사도들이 대답하여 이르되 사람보다 하나님께 순종하는 것이 마땅하니라 너희가 나무에 달아 죽인 예수를 우리 조상의 하나님이 살리시고 이스라엘에게 회개함과 죄 사함을 주시려고 그를 오른손으로 높이사 임금과 구주로 삼으셨느니라 우리는 이 일에 증인이요 하나님이 자기에게 순종하는 사람들에게 주신 성령도 그러하니라 하더라(행 5:29-32)

예루살렘교회에 임했던 대부흥이 오늘날 교회에도 일어나길 원합니다. 그러나 하나님께서 그와 같은 대부흥을 항상 주시는 것은 아닙니다. 기독교 2,000여 년 역사에서 대부흥기라고 할 수 있는 기간은 얼마나 될까요? 대부흥기만 하나로 묶는다면 아무리 후하게 계산한다 하더라도 100년이 채 넘지 않습니다. 여기에는 하나님의 특별한 섭리가 있습니다.

새 선교지를 개척할 때

하나님이 대부흥을 일으키실 때는 그 뒤에 숨은 뜻이 있습니다. 첫째는 새 선교지를 개척할 때입니다. 우리나라에 복음이 들어왔을 때 하나님께서 그렇게 하셨고, 중국에 복음이 들어갔을 때도 그렇게 하셨으며, 인디언 사회에도 그와 같은 부흥의 역사를 일으키셨고, 미합중국 개척 당시에도 그러했습니다.

이러한 역사를 가만히 살펴보면 새로운 선교지, 교회의 터를 닦는 곳에 특별한 부흥이 일어났음을 분명히 알 수 있습니다. 그러므로 선교사들은 선교 지역에서 자신을 통해 대부흥의 불길이 일어날 수 있도록 기도해야 합니다. 하나님은 다른 어떤 경우보다 복음이 처음 들어가 터를 닦는 지역에서 특별한 역사가 일어나는 것을 기뻐하시기 때문입니다.

한 세대가
영적으로 최악일 때

하나님은 한 세대를 영적인 타락에서 구원하려고 하실 때 대부흥을 일으키십니다. 이럴 때 대부흥은 최악의 상태까지 간 다음에 나타나는 것이 일반적인 경향입니다. 교회건 사회건 도덕성이 아예 밑바닥으로 떨어져 이제는 희망이 없다고 체념할 때 생각지도 못한 사람들, 별로 관심도 두지 않던 초라한 사람들을 통해 하나님은 그 시대를 구원하는 대부흥의 역사를 일으키십니다. 가장 대표적인 것이 종교개혁입니다. 이런 관점에서 볼 때 대한민국에 지금 대부흥이 과연 필요하냐고 묻는다면 솔직히 잘 모르겠습니다. 비록 교회가 부패했다 하고 하나님의 종들이 세속화되었다고 비난받지만, 분명히 비판받아야 하고 욕을 먹어야 하고, 어떤 면에서는 정말 기독교가 타락했을 것이며, 어떤 면에서는 세상 사람들보다 더 악한 면이 없지 않지만, 지금을 종교개혁 당시처럼 밑바닥으로 떨어진 시대로 볼 수 있을까요? 존 웨슬리가 살았던 영국처럼 영적으로 캄캄한 시대일까요?

하나님께서 '이제 가능성이 없구나' 판단하실 때는 이와 같은 특별한 처방을 통해서 다시 영적으로 각성시키고 일으키실 것입니다.

교회에 큰 핍박이 닥칠 때

또 하나, 교회에 어떤 위기가 닥쳐올 때 그 위기를 극복할 수 있는 능력을 주시기 위해 대부흥을 먼저 일으키시는 사례가 있습니다. 예루살렘교회가 그랬습니다. 예루살렘교회는 두 가지에 해당합니다. 우선 새 선교지라는 측면에서 대부흥이 분명히 필요했고, 또 하나는 엄청난 핍박을 대비해 하나님의 능력으로 무장시키는 과정이 필요했습니다.

아마 이 대부흥기를 통해 믿는 자들이 영적으로 무장하고 그리스도께 사로잡히지 않았다면 예루살렘교회는 얼마 후 스데반의 순교와 함께 찾아올 무서운 핍박을 감당하지 못했을지도 모릅니다.

우리나라에도 이와 같은 역사가 있습니다. 바로 1907년에 일어난 일입니다. 하나님께서 성령의 불을 평양에 떨어뜨리시고 모든 사람이 큰 부흥의 역사를 체험했습니다. 부흥의 불길이 한반도 전체를 휩쓸 때는 사람들이 왜 하나님께서 그와 같은 부흥을 주시는지 잘 몰랐습니다. 그러나 시간이 흐르고 난 다음에야 비로소 깨달았습니다. 한국교회사학자요 선교사였던 블레어(W. N. Blair)는 이런 글을 썼습니다.

> 성령의 세례가 강대한 능력으로 나타나지 않았다면 조선 그리스도인들이 저 앞에 가로놓여 있는 시련의 나날들을 극복해나갈 도리가 없다는 것을 우리는 비로소 깨달았다.

하나님께서는 1907년에 그와 같이 굉장한 부흥의 불길을 한국교회에 부어주셨습니다. 당시에는 그 뒤에 숨은 하나님의 뜻을 알 수 없었지만 1910년대, 1920년대에 불어닥친 무서운 핍박, 일제의 잔인한 횡포를 감당하기 위해서는 교회가 성령의 능력으로 무장해야 했기 때문입니다. 자칫하면 교회의 뿌리가 뽑힐 정도로 위험한 상황이었습니다. 하나님께서는 그 모든 것을 아셨기에 특별한 부흥으로 한국교회를 사전에 준비시킨 것입니다.

하나님을 찬양합시다. 그분은 항상 여호와 이레의 하나님이십니다. 우리를 위해서 준비하시는 분입니다. 우리가 영적으로 타락하여 깊이 잠들 위기가 되면 하나님께서 성령의 능력으로 다시 부흥의 역사를 일으키십니다. 우리에게 어떤 어려움이 닥쳐도 그 높은 파고를 잘 헤쳐 나아갈 수 있도록 미리 은혜를 주시고 준비시키십니다.

바로 그 은혜가 필요한 때

대부흥 사건을 가만히 묵상하면서 이런 기도를 올립니다.

> 주여! 오늘날 대한민국이 이와 같이 물량주의에 빠지고 교회가 세속화되어가는 마당에, 누구를 통해서든 좋습니다. 사랑의교회를 통해서도 좋고 아니면 다른 교회를 통해서도 좋고, 목사들을 통해서도 좋고 아니면 전도사들을 통해서도 좋고, 또 교역자가 하나님의 마음에 들지 아니하신다면 평신도 중에 누구를 사용하셔도 좋습니다. 아무튼 이 대한민국 교회를 쇄신해주옵소서. 그래서 어딘지 모르게 오염된 우리의 내면을 씻어주시고, 어딘지 모르게 어두워진 우리의 영안을 다시 한번 밝혀주시고, 경건의 모양은 있지만 경건의 능력을 잃어버린 우리를 다시 능력의 세계로 이끌어주옵소서. 오, 하나님이여!

대한민국 교회가 좀 더 각성하지 않으면, 예루살렘교회처럼 순수하지 못하면, 예루살렘 성도들처럼 그리스도께 사로잡히지 않는다면 앞으로 점점 거세지는 세속주의의 물결을 감당하기 어려울 것입니다. 물질 만능주의와 성적 타락의 거센 물결에서 빠져나오지 못할 것입니다. 세상의 수많은 도전을 감당하지 못하고 자신도 모르게 세상으로 빨려 들어갈지 모릅니다.

핍박보다 무서운 것은 부패입니다. 핍박보다 무서운 것은 세속화요, 윤리적인 타락입니다. 나도 모르게 영적으로 잠들어버리는 것입니다. 핍박은 오히려 우리를 잠에서 깨워줍니다. 그러나 세속화라는 이 무서운 유혹은 우리가 영적으로 병들었으면서도 병들지 않은 것처럼 자신을 가장하도록 만들어버립니다. 우리에게는 지금 은혜가 필요합니다. 목사에게도 필요하고 성도에게도 필요합니다. 예루살렘 성도들처럼 성령의 불이 붙어야겠습니다. 예수 그리스도를 따라가며 하나님의 뜻대로 사는 생활만으로도 얼마든지 기뻐하고 감사할 수 있는 사람으로 변화되어야 하겠습니다.

사람을 두려워하지 않고, 세상을 부러워하지 않으며, 현세를 안식처로 생각하지 않고 예수 그리스도를 따라 한 발짝 한 발짝 나그넷길을 걸으며 최후 승리의 그날까지 조금도 주저하지 말고, 뒤돌아보지 말고 걸어가야 합니다.

21

교회의 면모를 갖추다

그들이 날마다 성전에 있든지 집에 있든지 예수는 그리스도라고 가르치기와 전도하기를 그치지 아니하니라(행 5:42)

사도행전 6장 초두에 "그때에 제자가 더 많아졌[다]"는 말씀이 나옵니다. 교회가 양적으로 성장했다는 뜻입니다. 예루살렘교회가 어느 정도로 양적 성장을 이루었기에 이런 말씀이 기록되었을까요? 사도행전에서 양적인 증가와 관계있는 구절을 검토해보면 대략 짐작할 수 있습니다.

처음 다락방에 모인 수가 남녀를 합해 120명 정도였습니다. 그 후 베드로의 설교를 듣고 하루에 3,000명이 세례를 받았습니다. 이 숫자는 남자만 헤아렸던 것이므로 여자까지 합한다면 6,000명에서 7,000명은 되지 않았을까 생각됩니다. 또 5장을 보면 설교를 듣고 성전에서 회개하여 돌아온 사람이 하루에 남자만 약 5,000명입니다. 그들에게 딸린 식구들까지 포함하면 어른만 1만여 명으로 생각할 수 있습니다.

5장 14절에 와서는 숫자 세는 것을 아예 중단합니다. "믿고 주께로 나아오는 자가 더 많으니 남녀의 큰 무리더라"라고만 기록되어 있습니다. 헤아리기 힘들 정도로 많은 사람이 모였던 것입니다. 이 모든 수를 합해보면 예루살렘교회는 최소 2만 명에서 3만 명으로 성장했음을 알 수 있습니다. 엄청난 양적 증가입니다.

오늘날과 같이 교회 시설이 갖춰진 상태에서 성장했다든지, 교회 조직이 제대로 짜여진 상태에서 성장했다면 괜찮았을 것입니다. 또 교회가 10년, 20년 차근차근 터를 닦은 뒤 성장했다면 무리가 없었을 것입니다. 그러나 예루살렘교회는 기껏해야 1, 2년 정도밖에 안 된 짧은 역사를 가진 교회였습니다.

조직이랄 것도 없었습니다. 사도들과 성도들, 다른 말로 하면 사도와 제자라는 말 외에는 예루살렘교회의 구성을 이야기할 다른 용어가 전혀 없을 정도로 갖춰지지 않은 교회였습니다. 게다가 많은 사람들이 성령의 은혜를 받아서 가만히 앉아 있지 못하고 은혜에 들떠 있었습니다. 이런 교회에 2, 3만 명이 모였다고 생각해보십시오. 그 교회를 다루기가 얼마나 어려웠을까 하는 것은 가히 상상이 가고도 남습니다.

예루살렘교회는 이미 사도들이 지도할 수 있는 한계를 벗어난 숫자였습니다. 아무리 사도들의 권위가 대단하고 능력이 있다 할지라도 양적으로 보아서는 이미 한계치를 벗어났다고 해도 잘못된 말이 아니라고 봅니다.

이상적인 교회 형태

양적으로 비대해진 예루살렘교회는 어떻게 예배를 드렸을까요? 다시 말해 어떤 교회 형태를 가지고 있었을까요? 성전교회와 가정교회, 즉 성전 모임과 가정 모임 두 가지로 그 형태를 유지하고 있었습니다.

2, 3만 명의 성도들은 예루살렘과 유대 각 지방으로 흩어져 성도의 가정에서 모였습니다. 오늘날 우리가 가정에서 구역예배, 다락방 등으로 모이듯이 소그룹 형태로 모인 것입니다. 그리고 지정된 날에 예루살렘 성전이나 회당에 모여 함께 예배드리고 다시 흩어졌습니다. 참 재미있는 교회 형태입니다.

요즘에도 이런 교회 형태를 추구하는 사람들이 있습니다. 평소에는 가정에서 소그룹으로 모이고 거기에서 웬만한 일은 다 합니다. 그러다가 한 달에 한 번, 아니면 두 달에 한 번씩 학교 강당이나 체육관을 빌려 집회를 하고는 다시 흩어집니다. 그러니 교회 건물도 짓지 않고, 교회 조직도 만들지 않습니다.

교회가 능력이 있어서 예배당도, 조직도 없이 교회를 운영할 수만 있다면 5,000명이 모이든지 1만 명이 모이든지 전 인원을 15명 안팎씩 그룹으로 묶어서 가정교회를 만들 수 있습니다. 또 교회 건축에 쓸 재정을 전부 모아 구제비와 선교비로 쓴다면 정말 굉장할 것 같지 않습니까?

그런데 한 가지 알아둡시다. 이러한 교회가 참 이상적인 교회 형태 같지만 장기적인 교회 형태는 아닙니다. 무슨 말입니까? 예루살렘교회는 기껏해야 2, 3년밖에 유지하지 못했습니다. 다 흩어졌습니다. 물론 핍박으로 흩어졌습니다만, 교회의 구조 자체가 일시적으로는 좋은데 장기화하기는 어려운 형태였습니다.

사람들이 자기 재산을 다 가지고 나와서 서로 나눠 쓰니 처음에는 얼마나 좋았겠습니까? 그러나 10, 20년 동안 그렇게 할 수는 없습니다. 아무리 믿음이 좋아도, 아무리 성령이 충만해도 안 됩니다. 단기간 동안 그렇게 해보는 것입니다.

많은 사람이 초대교회, 예루살렘교회와 같이 순진하고 때가 묻지 않은 형태를 사모하지만, 우리가 유지하고 있는 오늘날의 교회 형태도 하나님께서 주신 것이라고 믿습니다. 복잡한 21세기 사회 속에서 교회가 제구실을 너끈히 해내도록 오늘날 교회에게 주신 하나님의 지혜가 있기 때문입니다. 아무튼 예루살렘교회는 비대해졌습니다. 그 형태도 특이했습니다.

교회를 움직이는 힘

예루살렘교회의 큰 특징은 명령이나 조직, 혹은 어떤 강제성을 가지고 움직이지 않았다는 것입니다. 성령이 개인마다 역사하는 내적인 충동으로 움직였습니다. 헌금을 하는 것, 자기 재물을 나누는 것, 복음을 전하는 것, 모이기에 힘쓰는 것, 가정에서 떡을 떼며 교제하는 것 등 그 어느 것 하나도 누군가의 강요나 명령으로 하지 않았습니다. 전부 자발적으로 마음에서 우러나 기쁨과 순전한 마음으로 움직였습니다. 그랬기 때문에 비대해진 교회가 무리 없이 은혜롭게 유지될 수 있었습니다.

사실 교회에 명령이 많을수록 그만큼 영적으로 병들었다고 할 수 있습니다. 로마서 이후의 서신서를 가만히 보면 명령이 자주 나옵니다. 싸우지 말라, 마음을 같이하고 주를 섬기라, 흔들리지 말라, 기도하라, 다툼이나 허영으로 하지 말라, 거짓말 하지 말라 등 계명 같은 명령이 자주자주 나옵니다. 그 이유가 무엇입니까?

성령의 역사가 위축되었기 때문입니다. 한마디로 교회 역사가 흐를수록 어딘가 모르게 순수한 면을 잃어버리고 있다는 이야기입니다. 은혜가 자꾸 떨어지고 있다는 이야기입니다. 서신서에 나오는 교회들을 보면 얼마나 문제가 많습니까?

하나님의 백성이 하나님 나라를 위해 일하는 가장 원초적인 힘은 성령께서 마음에 소원을 주실 때 순종하는 것입니다.

> 만일 우리가 성령으로 살면 또한 성령으로 행할지니(갈 5:25).

개인이 성령의 은혜를 받아서 남이 시키든지 시키지 않든지, 명령하든지 명령하지 않든지 스스로 하나님을 바라보고 주님이 원하시는 일이면 서슴지 않고 하는 것이 교회의 생명이요, 교회의 능력이요, 교회가 자랑할 수 있는 유일한 원동력입니다. 이것이 희미해질 때 교회에 인위적인 방법이 가해지고 어딘지 모르게 삭막한 분위기가 되어버리는 것입니다.

교회가 작든지 크든지, 장소가 좋든지 나쁘든지 간에 믿지 않는 형제를 주님 앞으로 인도하는 살아 있는 교회는 양적으로 성장하게 되어 있습니다. 성령의 살아 있는 역사가 교회에 있어야 합니다. 그러므로 항상 기도합시다. 오늘날 예루살렘교회와 같이 성장하는 교회로서 갖춰야 할 부분들, 가져야 할 형태, 또 보이지 않는 원동력 등 이 모든 것이 구비된 교회가 되게 해달라고 기도합시다.

사도행전 6장

과격한 복음 증거로 오히려 핍박과 고통을 받게 되었지만, 그로 인해 하나님께서 큰 역사를 이루셨던 적이 여러 번 있습니다. 그러므로 인간의 지혜보다 성령의 인도하심을 앞세워야 합니다. 물론 성령께서 온건한 방법으로 인도하실 때는 거기에 순종해야 합니다.

22

교회의 문제에
성령으로 대처하다

열두 사도가 모든 제자를 불러 이르되 우리가 하나님의 말씀을 제쳐놓고 접대를 일삼는 것이 마땅하지 아니하니 형제들아 너희 가운데서 성령과 지혜가 충만하여 칭찬받는 사람 일곱을 택하라 우리가 이 일을 그들에게 맡기고 우리는 오로지 기도하는 일과 말씀 사역에 힘쓰리라 하니(행 6:2-4)

양적으로 비대해진 예루살렘교회에 문제점이 드러나기 시작했습니다. 사실 문제 없는 교회가 없지 않습니까? 사람이 살고, 사람이 모이는 곳이라면 문제가 생기게 마련이지요. 그렇게 놀랍도록 성령이 임하셨고, 불의 혀같이 임하는 성령을 강하게 받은 성도들이었지만 수가 늘어나니까 이런저런 문제가 발생하기 시작했습니다.

교회 안에서 말썽이 생겨나니까 사도들은 "아차!" 하고 깨달았습니다. 지금까지 기도와 말씀 사역을 등한히 해온 것입니다. 또한 교회 재정을 사용해 구제하고 그 일을 관리하는 데 시간을 다 빼앗겼다는 것도 자각하게 되었습니다.

사도들이 왜 그랬을까요? 고의로 그랬습니까? 아닙니다. 교회가 너무 비대해지다 보니 일이 많아졌기 때문입니다. 쫓기듯 급한 일을 먼저 하다가 목회자로서, 교회를 맡은 자로서 절대로 양보해서는 안 될 부분을 그만 놓치고 말았습니다. 사도들도 인간인지라 자기도 모르게 마땅히 서 있어야 할 위치에서 탈선한 것입니다. 이것은 교회가 경계해야 할 가장 위험하고 심각한 문제입니다.

교회가 비대해지면 행정도 비대해지고 관리 문제가 따르며 이에 따라 목회자에게 요구하는 것들이 자꾸만 늘어갑니다. 그리고 사람이 많아지니 개인적인 요구도 늘어납니다. 또 교회가 성장하면서 대외적인 요구들도 커질 수밖에 없습니다. 그래서 이것저것 응하다 보니 목사가 기도와 말씀 보는 것을 등한히 하게 됩니다. 자기도 모르게 '바쁜데 뭐 할 수 없지'라고 생각하며 위안을 삼습니다. 이런 일이 계속되다 보면 예전처럼 하나님 앞에 매달려 무릎이 아프도록 주님의 이름을 부르짖는 일이 뜸해집니다. 하나님의 말씀을 읽으면서 시간 가는 줄 모르고 깊이 빠지던 모습도 온데간데없이 겨우 설교 준비를 하는 것만으로도 벅찰 지경에 이릅니다. 교회가 비대해지면 여러 가지 위험 요소가 따르는데, 이것만큼 무서운 것이 없습니다. 사람은 별수 없는 존재입니다.

목회의 정도에서 이탈하다

사랑의교회가 1,300명 가까이 모여 예배를 드릴 때였습니다. 당시 사랑의교회는 성도 수로 봤을 때 서울 시내의 교회들 가운데 중하쯤 되는 규모였지 않았나 싶습니다. 그런데 교회가 조금씩 소문이 나자 제가 몹시 시달리게 되었습니다. 얼마나 시달렸는지 속이 타들어 가는 것 같았습니다.

그런데 그때 제가 무엇을 느꼈는지 압니까? 마귀가 제 앞에 와서 빙긋이 웃고 있는 것 같았습니다. 마귀가 웃는 모습이 상상이 갑니까? 매력이 있을까요, 없을까요? 아주 징그러울 것 같습니까? 마귀의 웃는 모습은 그야말로 일품입니다. 그 미소가 얼마나 매혹적이고 아름다운지 하와가 홀랑 빠졌으니까요. 마귀는 와서 기다립니다. "네가 어떻게 될지 뻔하다" 하며 씩 웃고 있습니다.

성도들은 목회자를 위해 기도해야 합니다. 목회자가 기도하는 것과 말씀 전하는 일에 전념할 수 있도록 말입니다. 목회자가 걸어야 할 정도를 이탈하지 않고 더욱 능력 있는 하나님의 종으로 쓰임받도록 말입니다. 교회가 크든 작든, 일이 많든 적든 목회의 정도는 생명을 걸고 지켜야 합니다. 목회자가 기도 중이거나 설교를 준비하고 있거나 혹은 기도원에 가 있을 때는 섭섭하게 여기기보다는 정도를 가고 있음에 감사해야 합니다.

"새벽에 뭐하고 이 시간에 기도한다고 저러나", "목사도 낮에는 일해야지 뭐 대단하게 성경 읽는다고 앉아 있나"라는 식으로 판단한다면 이는 마귀의 장단에 춤추는 것입니다. 강단을 맡은 목회자가 24시간 성경 붙들고 기도할 수만 있다면 교회가 살고 성도들이 살아납니다. 그런 예를 하나 들어보겠습니다.

과거 한국에서 명성이 자자하던 분이 미국 그레이스처치의 존 맥아더 목사를 만나기 위해 면담 요청을 했습니다. 비서가 그분의 명함을 들고 가서 맥아더 목사에게 보여주었습니다. 웬만한 사람 같으면 명함을 보고 뛰어나가 맞이했을 것입니다. 보고 있던 성경을 덮어놓고 "아, 이리로 오십시오. 괜찮습니다. 지금 하던 일은 나중에 하지요" 이러지 않겠습니까? 그러나 맥아더 목사는 "안 됩니다. 저는 지금 성경 연구 중입니다. 오늘은 만날 수 없습니다" 하면서 딱 잘라 거절해버렸습니다.

맥아더 목사는 면담하기 어려운 목사로 소문이 나 있었습니다. 그런데 참 놀라운 것은 맥아더 목사가 그렇게 하나님의 말씀 앞에 엎드려 몸부림을 치니까 강단에서 놀라운 능력이 나타났다는 사실입니다. 대다수의 목사들은 이렇게 하기 힘듭니다. 개척교회는 더더욱 어렵습니다. 그러나 맥아더 목사처럼은 못할지라도 기도하는 일과 말씀 전하는 일에 전념하는 원칙에서는 벗어나지 않도록 해야 합니다. 특히 교회가 양적으로 성장할 때 가장 경계해야 할 위험 요소입니다.

목사가 이런 각오를 가지고 양 떼를 위해, 교회를 위해 정도에서 벗어나지 않으려고 몸부림칠 때 손해 보는 게 하나 있습니다. 바로 인간관계입니다. 어울릴 사람들과 어울리지 못하기 때문입니다. 친구도 자주 못 만나고, 모임에도 자주 못 갑니다. 전화조차 못 받기 일쑤여서 공사를 막론하고 인간관계에 상당한 손해를 봅니다.

그러나 한 가지는 분명합니다. 영적으로 생명을 키우는 일, 보이지 않는 영적 싸움을 위해서는 이런 손해를 감수해야 한다는 것입니다. 만약 목사가 오라는 모임에 다 나가고 만나자는 사람 다 만나면 어떻게 되겠습니까? 하루에 성경 보는 시간이 얼마나 되겠습니까? 어림도 없습니다.

목사가 이러한 손해를 감수하는 이유는 '오로지 기도하는 일과 말씀 사역에 전념하리라' 다짐한 사도들의 원칙에서 벗어나지 않기 위해서입니다.

파벌이 조성되다

교회가 비대해지면 일어나는 문제가 또 있습니다. 성도를 사이에 파벌이 조성됩니다. 예루살렘교회에 무슨 파벌이 있었습니까? 유대파와 헬라파가 있었습니다. 2, 3만 명 모이는 교회에서 유대파와 헬라파, 이렇게 두 부류로 나뉘었으니 그나마 다행입니다. 유대파는 유대 땅에 살면서 예수 믿은 유대인이고, 헬라파는 유대 땅 밖으로 이민 가서 살거나 타 지역에서 태어난 소위 교포 성도들이었습니다.

많은 사람이 오순절을 맞아 예루살렘에 올라와서 하나님 앞에 제사를 드리다가 사도들이 전하는 복음을 듣고 마음이 뜨거워졌습니다. 그리고 예수 그리스도를 믿기로 결단했습니다. 한 번에 3,000명 또 5,000명이 돌아왔습니다. 그들 중 헬라파 성도들은 은혜를 받고 좋아서 집으로 돌아갈 생각을 하지 않았습니다. 사도들이 전하는 말씀이 꿀송이처럼 달고, 예수 믿고 구원받은 것을 생각하니 너무나 기뻤습니다. 예루살렘교회를 떠나고 싶지 않았을 것입니다. 그래서 집으로 돌아가는 시기를 자꾸만 늦추었습니다. 그러다 보니 돈이 떨어졌고, 나중에는 구제를 받아야 할 사람이 점점 더 많아졌습니다.

그러니 돈 있는 사람들의 부담이 커질 수밖에 없었을 겁니다. 자기 재산을 다 팔아 교포 성도, 즉 헬라파 성도들까지 먹여 살려야 하는 상황이었으니까요. 한 믿음을 가지고, 한 성령 안에서 교회를 이룬 그들이었지만 인간인지라 유대파니 헬라파니 하는 분파가 생겼습니다. 이렇게 지방색이 드러나기 시작하더니 점점 서로 서먹서먹해지고 긴장이 쌓였습니다.

문제가 없을 때 드러나지 않던 분파 사이의 긴장감이 어느 날 폭발하고 말았습니다. 구제 문제가 불씨였습니다. 가만히 보니 본토박이 과부들은 한 사람도 빠짐없이 보조를 받는데, 헬라파 과부들은 제대로 혜택을 받지 못했던 것 같습니다. 이 일로 그동안 쌓이고 쌓였던 것이 터져버렸습니다. 표면적으로는 균등하지 못한 구제가 불씨였지만 사실은 밑바닥에 깔린 지방색과 분파 간의 갈등이 요인이었습니다. 교회가 커지면 이런 문제들이 일어날 수 있습니다.

교회도 일종의 사회인데 사람들이 모이는 곳에서 '완전한 일치'

라는 것은 사실 불가능합니다. 만약 완전한 일치를 자꾸 추구한다면 아마 나중에는 낙담이 되어 스스로 주저앉고 말 것입니다. 목사가 만약 교회에 절대로 지방색이 없어야 한다고 가르치고, 절대로 의견 갈등도 없어야 한다고 주장한다면 어떻게 되겠습니까? 전혀 없어야 된다고 하는 '이상론'에 마귀가 껴들 수 있습니다.

가장 지혜로운 방법은 사람이 모인 곳이라 그런 문제도 있을 수 있다는 마음으로 앞날을 내다보며 대비하는 것입니다. 예루살렘교회처럼 은혜 받은 교회도 이렇게 기가 막힌 파벌이 생겼고, 고린도교회와 같이 방언하고 은사 받은 교회도 같은 문제를 겪었는데 오늘날 교회 안에서 문제가 전혀 없다고 하는 것은 거짓말입니다. 사소한 싸움이야 칼로 물 베기입니다. 그럴 수 있습니다. 서로 싸우다가 더 가까워지기도 하니까 말입니다. 서로 갈등하다가 상대를 더 알게 되고 그래서 더 깊이 이해하게 될 때도 있습니다. 마음으로는 밉지만 특별히 상대방을 위해서 기도하다 보면 은혜도 받습니다. 그것이 사람 사는 세상 아닙니까?

교회가 비대해지면 마귀가 약한 부분을 공격하며 시험합니다. 그러나 자신에게 약점이 있다는 것을 하나님 앞에 항상 시인하고 "주여, 제 약점 앞에 파수꾼을 세워주옵소서"라고 기도하며 깨어 있으면 사탄이 감히 시험하지 못합니다. 내 약한 부분이 무엇인지 알고 그것을 통해 마귀가 시험할 수 있다는 것을 염두에 두고 날마다 기도하면 거기에 빠지지 않습니다.

여러분은 어떤 유형의 사람이 좋습니까? 어떤 유형의 사람을 대할 때 어려움을 느낍니까? 우리는 하나님 앞에 기도해야 합니다. "주님, 제가 힘들어하는 유형의 사람을 더 사랑하고 더 포용할 수 있도록 제 마음을 넓혀주세요" 하고 기도해야 합니다.

교회는 완전할 수 없습니다. 지도자도 완전할 수 없습니다. 잘못을 저지를 수 있습니다. 그러나 하나님은 같이 짐을 지라고 하셨지 비판하고 원망하라는 말씀은 하시지 않았습니다.

원망하는 마음이 생길 때는 이 말을 꼭 기억하십시오. "마귀가 초인종을 눌렀구나." 그리고 마음의 원망을 꼭 풀어야겠다 싶을 때는 당사자를 직접 찾아가서 마음에 있는 것을 그대로 내어놓고, 동시에 목사나 신앙의 선배를 찾아가서 "사실 이런 문제로 원망이 생기고 마음이 괴로운데 좀 도와주세요" 하고 도움을 청하십시오.

그런 말을 듣고, 그 아름다운 자세를 보고 굳은 마음이 녹지 않을 사람이 어디 있겠습니까? 대부분 마음에 원망과 비판이 있는데도 겉으로는 없는 체하고 꾹꾹 눌러놓으니까 나중에는 그것이 자기도 모르는 사이에 터져버리는 것입니다. 즉, 마귀에게 이용당하는 것입니다. 원망을 지나치게 키우면 파벌을 조성하게 되고, 비판의식이 너무 강하면 화목보다는 갈등을 일으킬 수 있다는 것을 잊지 말아야 합니다.

일이 가중되다

교회가 비대해지면 나타날 수 있는 문제가 또 하나 있습니다. 소수에게 일이 가중되는 것입니다. 교회가 커져서 성도가 많아지면 일꾼도 함께 늘어납니까? 그렇지 않다는 것은 모두 다 아는 사실입니다. 일꾼의 수는 사람이 많아지는 것에 비례하지 않습니다. 그래서 결국 원래부터 많은 일을 하던 사람이 더 많은 일을 하게 됩니다.

이런 현상은 예나 지금이나 교회가 지고 있는 무거운 짐입니다. 교회가 성장하는 만큼 일꾼이 늘어나지 않으니 일이 특정 소수에게 가중됩니다. 예루살렘교회에도 그와 같은 일이 생겼고 사도들은 여러 가지 일로 정신없이 쫓기다가 결국 목회의 정도에서 이탈하고 만 것입니다. 평신도 훈련이 필요한 이유가 여기 있습니다. 일꾼을 키워 각자의 은사대로 일을 골고루 나누어야 합니다.

성령의 지혜로 대처한
사도들

예루살렘교회가 비대해지자 사도들이 목회의 정도에서 벗어나고, 성도들 안에서 파벌이 조성되었으며, 특정한 사람들에게 일이 가중되었습니다. 예루살렘교회는 이러한 문제들 앞에 어떻게 반응했습니까?

사도들의 처방을 볼 때 "과연 사도들은 뭔가 달라!" 하는 감탄이 나옵니다. 역시 은혜 받은 지도자들입니다. 갈릴리의 무식한 어부들이 언제 이렇게 지혜로워졌는지 정말 놀랍고도 부러운 생각이 들 정도입니다. 사도들은 문제의 원인을 남에게서 찾지 않고 자신에게서 찾았습니다.

> 열두 사도가 모든 제자를 불러 이르되 우리가 하나님의 말씀을 제쳐놓고 접대를 일삼는 것이 마땅하지 아니하니(6:2).

사도들은 문제의 원인을 평신도가 아니라 지도자인 자신들에게서 찾았습니다. 모든 교회의 교역자, 장로들이 이 자세를 평생 잃지 않고 실천한다면 교회는 은혜를 받을 것입니다.

둘째, 자신들의 부족했던 점을 공적으로 솔직히 시인했습니다. 그리고 성도들에게 문제의 원인을 인식시켰습니다. 그들의 솔직한 고백 앞에 도리어 온 교회가 은혜를 받았습니다.

셋째, 지혜롭게 대책을 세웠습니다. 평신도 중에 성령과 믿음이 충만한 일곱 명을 뽑아 조금도 미련 없이 교회의 일을 맡겼습니다. 재정 관리를 맡긴 것입니다. 재미있게도 일곱 집사들의 이름을 보면 전부 헬라파 사람인 것을 알 수 있습니다. 토박이 유대파에서 뽑지 않고 원망하고 불평하던 헬라파에서 집사 일곱을 선택했다는 말입니다. 놀라운 일이 아닐 수 없습니다.

웬만한 은혜가 아니고는 이렇게 못합니다. 헬라파 사람들도 참 은혜롭지만, 집사 직분을 모두 헬라파 사람에게 양보한 유대파 사람들은 정말 훌륭한 신앙인이라고 생각됩니다. 사도들이 스스로 잘못했다면서 시인하고 나오니까 유대파 사람들은 "아니요, 우리가 뭔가 잘못했어요. 이제 이런 실수가 없도록 헬라파에서 성령과 믿음이 충만한 사람을 뽑읍시다" 하고 의견을 모았을 것입니다. 그러고는 일곱 명을 뽑아서 구제 문제를 다 맡기고 손을 떼버렸습니다. 놀라운 아량입니다. 그야말로 성숙한 그리스도인의 면모입니다.

오늘날 이와 같은 성도들이 교회 안에 얼마나 있을까요? 저는 성령과 믿음이 충만한 일곱 집사보다도 그들을 앞에 내세운 유대파 성도들이 더 부럽습니다. 서로 양보하고, 서로 위하고, 남을 자신보다 낫게 여기라고 하신 하나님의 말씀대로 사는 놀라운 모습입니다. 참 아름답습니다. 사도들도 일곱 집사를 선택할 때 유대파 성도들이 원하는 대로 해주었습니다. 자신들의 의견을 내세우지 않았습니다. 그렇게 하라고 했습니다.

사도들이 성령의 은혜로 교회의 문제에 대처하는 모습에서 놀라운 점을 발견할 수 있습니다. 문제의 환부에 손을 대지 않았다는 점입니다. 누가 문제를 일으켰나 따지지 않았습니다. 누가 왜 구제에 빠졌는지 따라다니면서 책임을 추궁하지 않았습니다.

어떤 문제는 그 순간에 수술을 해야 되지만, 교회 안에서 일어나는 대부분의 문제는 환부에 손을 대지 않는 것이 가장 지혜로운 처리 방법입니다. 그러면 손을 대지 않고 어떻게 해야 할까요? 지도자가 기도와 말씀 전하는 원래의 위치로 돌아가는 것이 근본적이고도 유일한 치료 방법입니다. 지도자가 하나님과 말씀 앞에 기도의 무릎을 꿇어야 합니다. 문제를 일으킨 사람을 위해 기도하고, 교회를 위해 부르짖을 때 교회에 생긴 모든 상처는 아물게 됩니다.

교회는 세상과 다르다는 것을 기억합시다. 성경을 통해 지혜를 배울 때 그리고 그것을 실천할 때 예루살렘교회와 같은 멋진 교회가 될 수 있습니다.

23

성령 충만한 집사 스데반

> 스데반이 은혜와 권능이 충만하여 큰 기사와 표적을 민간에 행하니 이른바 자유민들 즉 구레네인, 알렉산드리아인, 길리기아와 아시아에서 온 사람들의 회당에서 어떤 자들이 일어나 스데반과 더불어 논쟁할새 스데반이 지혜와 성령으로 말함을 그들이 능히 당하지 못하여(행 6:8-10)

일곱 집사가 선택되고 그들 중 대표로 스데반이 등장합니다. 스데반은 특별한 은혜를 받은 평신도 지도자로서 초대교회 역사에 큰 영향을 끼친 인물입니다. 성경이 그의 기사를 길게 다루고, 그의 설교는 베드로의 설교에 버금가는 비중으로 기록되어 있습니다.

스데반은 성전이 아니라 회당에서 가르쳤습니다. 유대인들이 사는 곳이라면 어디에나 있는 이 회당은 평소에 모여서 율법을 공부하거나 간단한 예배 의식을 가질 수 있도록 지역마다 만들어놓은 집합 장소입니다. 당시 성도들은 예루살렘 성전과 회당을 중심으로 모였습니다. 성전에서 열리는 모임이 전체 집회의 성격이라면, 회당에서 열리는 모임은 성전 모임 후 흩어진 사람들의 소그룹 모임과 같았습니다. 성전에서는 사도들이, 회당에서는 평신도 지도자들이 말씀을 가르쳤는데 스데반은 평신도 지도자 중 한 명이었습니다.

9절에 '자유민들'이라는 말이 나옵니다. 이 말은 '구레네인, 알렉산드리아인, 길리기아와 아시아에서 온 사람들'과 연결되는 단어입니다. 유대인들 중에는 한때 로마제국의 노예였다가 자유를 얻은 사람들이 많았습니다. 자유민이란 그 사람들과 그들의 자손을 가리키는 말입니다.

당시 예루살렘에는 구레네(시실리아), 알렉산드리아(이집트), 길리기아(터키) 동북부와 아시아(소아시아) 등 사방에서 온 교포 유대인들이 많았습니다. 앞서 언급한 일곱 집사도 교포 유대인 중에서 선출되었던 것을 기억합니다. 그들은 전부 헬라식 이름을 가지고 있었습니다. 교포 유대인이었던 스데반도 예루살렘 본토 유대인보다는 자기와 같은 입장에 있는 교포 유대인들을 찾아다니면서 전도하고, 말씀 증거와 이적을 행했던 것 같습니다.

얼굴에 가득한 영광

스데반이 은혜와 권능이 충만하여 큰 기사와 표적을 민간에 행하는 역사들이 일어나는 가운데 어느 날 불상사가 터지고 말았습니다. 스데반을 대적하는 사람들이 회당에서 일어났고, 결국 그를 죽음의 자리까지 몰고 가는 사건이 벌어진 것입니다. 그들은 스데반을 유대인의 대법원인 산헤드린 공회에 기소했습니다. 그리고 그를 재판석에 세웁니다.

스데반에게 죄를 뒤집어씌운 구실을 보면 내용이 낯설지 않습니다. "성전을 헐라고 했다. 또 율법은 이제 필요가 없어졌다며 율법 무용론을 제기했다"라는 거짓 송사를 하고, 거짓 증인들을 끌어들여 스데반이 하지 않은 말까지 증언하게 했습니다. 예수님의 재판과 어쩌면 그렇게 닮았는지 모릅니다. 스데반은 예수님이 재판받았던 바로 그 자리에 섰으며, 기소 이유도, 거짓 증인이 등장하는 점도 예수님의 경우와 꼭 같았습니다.

그런 중에도 스데반의 얼굴은 천사와 같이 빛났습니다. 놀라운 일입니다. 구약시대에도 이러한 사례가 있습니다. 시내산에 머무는 동안 하나님의 임재를 경험한 모세의 얼굴에서 광채가 나 이스라엘 백성이 그에게 가까이 가기를 두려워했다고 합니다(출 34:29-30). 반면 오늘을 사는 우리의 얼굴은 어떻습니까? 지금 모세 같은 사람을 찾을 수 있을까요?

스데반을 보며 깊이 묵상하지 않을 수 없는 것이 '충만'이라는 말입니다. 6장 초두를 보면, 스데반을 집사로 선출하기에 앞서 사도들이 '성령과 지혜가 충만한 사람'을 뽑자고 말합니다. 스데반은 그 기준에 합당한 사람입니다. 6장 5절에서는 "믿음과 성령이 충만한 사람", 8절에서는 "은혜와 권능이 충만한 사람", 7장 55절에서는 "스데반이 성령이 충만하여"라고 되어 있는 등 성경은 스데반에 대해 네 번이나 '충만'이라는 표현을 썼습니다.

그런데 자세히 살펴보면 이 '충만'이라는 말이 조금씩 다른 말과 함께 쓰인 것을 알 수 있습니다. '지혜가 충만하다', '믿음이 충만하다', '은혜가 충만하다', '권능이 충만하다'라는 식으로 말입니다. 모두 같은 이야기입니다. 성령 충만한 사람은 지혜 충만한 사람이요, 성령 충만한 사람은 믿음이 탁월한 사람이요, 성령 충만한 사람은 표적과 기사를 행할 수 있는 권능을 가진 사람이요, 성령 충만한 사람은 받은 은혜가 남다릅니다. 성령이 이 모든 것을 다 주관하지 않습니까?

스데반이 집사로 안수를 받은 것도 성령 충만 때문이었고, 큰 기사와 표적을 행한 것도 성령 충만 때문이었고, 회당에서 논쟁을 벌일 때 자신을 대적하는 사람들이 능히 감당할 수 없을 만큼 대단한 지혜와 능력으로 맞섰던 것도 성령 충만 때문이었습니다. 또 얼굴이 천사와 같이 빛났던 것도, 핍박을 받아 순교하게 된 것도 성령 충만 때문이었습니다. 스데반의 삶을 하나하나 풀어낼 열쇠는 오직 '성령 충만'뿐입니다.

우리가 지금 대적하고 있는 이 세상, 우리가 정복해야 할 이 세상을 한번 보십시오. 무엇으로 충만해 있습니까? 죄로 충만합니다. 마귀의 능력으로 충만하고, 탐욕과 이기심으로 충만합니다. 세상은 절대 비어 있는 법이 없습니다. 다 충만한 상태입니다. 이러한 세상을 향해 복음을 전하려면 우리 속이 텅텅 비어서는 안 됩니다. 우리 자신도 충만해야 합니다. 세상을 이길 수 있는 성령의 능력으로 충만해야 합니다.

이런 본문을 보면서 '왜 나는 스데반처럼 성령이 충만하지 않을까?' 탄식하며 하나님 앞에 부르짖은 적이 있습니까? 분명히 그와 같은 경험이 우리들 삶 속에 틈틈이 있어야 합니다. 충만한지 그렇지 않은지는 자신이 가장 잘 알 것입니다. 성령이 얼마나 나를 강하게 사로잡고 일하시는지, 성령이 내 안에서 얼마나 하나님 말씀에 순종하도록 역사하시는지, 성령이 얼마만큼 나를 통해 사랑의 수고를 하게 하시는지, 성령이 얼마만큼 나에게 찬양의 기쁨을 누리게 하시는지 돌아보십시오.

성령 충만한 사람의 특징

19세기 초 미국에서 유명한 부흥 운동을 일으킨 찰스 피니(Charles G. Finney)는 성령 충만에 대해 매우 강력한 목소리로 많은 사람에게 도전을 주었습니다. 그는 단적으로 이렇게 이야기합니다.

성령으로 충만하지 않은 것이 죄인 줄 모르는 현대 교회, 분명히 이것은 병든 교회다. 주님은 살인하지 말라는 명령과 똑같은 권위를 가지고 성령 충만하라고 말씀하셨다. 그런데 살인은 죄인 줄 알면서 왜 성령 충만하지 않은 것은 죄인 줄 모르는가?

그는 성령 충만한 사람의 특징에 대해 참 재미있는 지적을 했습니다. 학문적으로 쓴 것도, 신학적으로 정리한 것도 아닙니다. 그저 사람들이 쉽게 알아들을 수 있는 평범한 말로 성령 충만의 특징을 이야기했습니다.

첫째, 성령 충만한 사람은 '별난 사람'으로 보입니다. 세상 사람들이 볼 때는 물론, 성령 충만하지 않은 성도들이 볼 때도 별나게 보입니다. 성령 충만하지 않은 사람은 하나님의 말씀에 끌려서 살기보다는 자기 욕심에 끌려 삽니다. 그런 사람에게 성령의 지배를 절대적으로 받는 사람이 정상으로 보이지 않는 것은 어쩌면 당연한 일인지도 모릅니다.

사도행전 26장의 바울을 보십시오. 그가 가이사랴에서 재판을 받을 때 쇠사슬을 건 손목을 높이 쳐들면서 "베스도 각하여, 이 손목에 맨 쇠고랑 외에는 당신도 나와 같이 되기를 원합니다"라고 말하자 베스도 총독이 "바울아, 네가 네 지식이 너무 많아서 미쳤도다"라고 응답합니다. 그러나 바울은 "각하여, 나는 미친 사람이 아닙니다. 미쳐서 하는 말이 아닙니다"라고 분명히 말합니다.

스데반도 성령 충만하지 않고 적당히 믿던 그리스도인들이나 예수를 모르는 유대인들이 보았을 때 분명히 별난 사람이었고 어떤 면에서는 제정신이 아닌 사람처럼 보였을 것입니다.

둘째, 성령 충만한 사람은 교회와 세상을 보면서 큰 고통을 느낍니다. 왜냐하면 죄를 그냥 보아 넘기지 못하기 때문입니다. 세상을 볼 때 참을 수 없는 분노를 느낍니다. 예수님을 제대로 모르고 성령 충만도 모르는 사람들을 볼 때 바울처럼 마음속에 밤낮없이 근심이 가득합니다.

스데반에게 이런 고통이 있었기에 가만히 앉아 있지 못했습니다. 예수님을 몰라서 날마다 죽음의 골짜기를 향해 한 걸음 한 걸음 내딛는 불쌍한 영혼들을 가만히 보고 있을 수 없었습니다. 그래서 그는 과격하게 도전했던 것입니다.

그러나 성령 충만한 사람의 마음에는 하나님의 평화가 있습니다. 죄에 대해서는 고통스러워하지만 하나님 앞에서는 천국의 평화를 맛봅니다. 천사의 얼굴과도 같았던 스데반을 보십시오. 그는 전 세계가 자신을 향해 대적한다 할지라도 마음의 평화를 잃지 않았을 것입니다.

하나님이 사용하신다

어떤 사람이 물통에 물을 가득 담아놓았다면, 그 사람은 반드시 그 물을 쓸 것입니다. 이와 마찬가지로 성령 충만하면 그 사람을 누가 반드시 쓰겠습니까? 당연히 충만하게 해주신 분이 쓸 것입니다. 성령 충만하게 해주신 분은 누구입니까? 하나님입니다. 성령 충만한 사람은 하나님이 반드시 쓰십니다.

그러므로 성령 충만한 사람은 교회에서 직분을 맡아 봉사하지 않으면 안 될 것입니다. 회사에서 일하면서도 자신이 만나는 모든 사람에게 예수 그리스도를 전하지 않고서는 못 견딜 것입니다. 나중에는 하나님을 향한 마음이 용광로처럼 끓어올라 신학교에 가지 않고는 견디지 못하는 경우도 있을 것입니다. 그 이유가 무엇입니까? 하나님이 쓰시기 때문입니다. 제가 이런 말씀을 드리면 성도들의 반응이 이렇게 나옵니다.

"목사님, 물론 성령 충만이 좋기는 하지만 나는 그렇게 될까 겁이 나서 성경 공부를 열심히 못 하겠어요. 그렇게 푹 빠질까 봐 좀 겁이 나요."

"목사님, 제자훈련 받고 싶기는 한데요, 그러다가 집안일도 돌보지 않고 날마다 성경 들고 돌아다니면 어떻게 해요? 그게 겁이 나서 못 하겠어요."

이렇게 말하는 분들을 한두 명 만난 게 아닙니다. 이런 분들은 왜 예수님을 믿는지 모르겠습니다. 무엇 때문에 교회에 나와 예배드리는지 모르겠습니다. 이왕 믿을 바에는 적당히 믿지 말고 성령 충만한 사람이 되십시오. 그래서 하나님이 우리를 사용하시도록 합시다. 하나님의 손에 딱 붙잡히면 직장에서나 어디에서나 하나님이 크게 사용하실 것입니다.

믿음이 참 좋은 형제를 만난 적이 있습니다. 서울에 소재한 큰 회사에서 이사로 있다가 지방 지사의 사장으로 발령받아 떠나면서 저에게 인사하러 왔습니다. 회사에서 그 형제가 끼친 영향은 대단했습니다. 그는 철저한 사람이었습니다. 회장이 주일날 간부회의에 나오라고 하면 "주일이라 갈 수 없습니다"라고 말하고, 꼭 참석해야 할 경우에는 주일예배를 마친 뒤에야 갔다고 합니다.

그런 일들 때문에 회장과 항상 갈등이 있었지만 그런 이유만으로 회사에서 그에게 부당한 대우를 하지는 못했습니다. 그 형제가 맡은 일을 다른 사람에게 맡길 수 없었기 때문입니다. 너무나 성실하고, 철저하고, 정직했기 때문에 아무리 거슬리게 행동해도 그를 어떻게 하지 못했습니다. 그 회사 안에는 예수 믿는다고 하면서도 급할 때는 예배고 주일이고 다 내버려둔 채 회장 말대로 그저 굽실굽실하는 사람들이 많았겠지요.

그런 그에게도 견디기 어려운 중압감이 찾아왔습니다. 그때 그가 택한 것은 기도였습니다. 40일을 작정하고 매일 오전 6시에 일어나 직장 문제를 놓고 기도했습니다. 그러나 작정한 날이 지나도 아무런 응답이 없었습니다. 그래서 20일을 더 기도했답니다. 그 형제는 하나님께서 인도하시는 대로 사표를 쓸 각오도 있었고, 다른 곳으로 인도하신다면 그렇게 따를 준비도 되어 있었습니다. 심지어 그 자리에 눌러 있으라고 하시면 그대로 있을 작정이었습니다. 그런데도 아무런 응답이 없었습니다.

하나님이 어떻게 인도하실까 기다리며 괴로워하고 있는데, 놀랍게도 지방 지사의 사장으로 발령이 났습니다. 이사회에서 두 단계 높여 진급을 결정한 것이었습니다.

성령 충만한 사람에게는 하나님이 평범한 일을 통해서도 일하시고, 특별한 일을 통해서도 일하십니다. 우리가 성령 충만하기만 하면 하나님은 학력, 인물, 빈부와 상관없이 우리를 사용하십니다. 청와대의 대통령이 나를 쓰겠다고 불러도 집안일, 회사일 다 제쳐두고 1분도 지체 없이 정한 시간에 찾아가겠다며 옷매무새를 단정히 하고 법석을 떨 텐데, 만군의 여호와 하나님이 뜻하신 일을 이루려 하실 때 그 일을 할 수 있는 사람이 된다면 얼마나 영광입니까?

성령이 충만하기를 원한다면 먼저 회개합시다. 죄를 알고도 회개하지 않으면 성령은 근심하고 탄식할 뿐 절대로 우리 안에서 충만할 수 없습니다. 그러므로 진지하게 자신의 죄를 주님 앞에 고백하면서 기도해야 합니다. 말 한마디 잘못한 것도 어떤 때는 성령께서 체크하십니다. 가족에게 잘못한 것도 하나님께서 체크하십니다. 심지어 생각이 이상한 방향으로 돌아간 것까지도 주님 앞에 나와 머리 숙이면 성령께서 체크하십니다. 성령 충만을 사모하십시오. 그리고 간절히 구하십시오. 그럴 때 성령께서 우리에게 역사하십니다.

주 안에서 이미 충만한 우리

예수 믿는 우리는 골로새교회 성도들처럼 예수님 안에서 충만해졌습니다. 모든 은혜가 우리에게 이미 충만하게 약속되어 있습니다.

> 너희도 그 안에서 충만하여졌으니 그는 모든 통치자와 권세의 머리시라(골 2:10).

> 우리 가운데서 역사하시는 능력대로 우리가 구하거나 생각하는 모든 것에 더 넘치도록 능히 하실 이에게(엡 3:20).

예수 그리스도는 우리가 기도하는 것뿐만 아니라 미처 알지 못하고 구하지 못한 것까지 넘치게 주십니다. 하나님이 주시는 충만은 우리의 상상을 초월합니다. 하나님이 주실 때는 차고 넘치게 주십니다. 그분은 원래 충만한 분이시기 때문입니다. 절대적인 주권자요, 온 우주에 충만하신 분, 영광 가운데 충만하신 분입니다.

간혹 이 충만을 어떤 체험이나 감정만 가지고 생각하기 쉽습니다. 물론 기도하거나 찬송할 때 성령이 충만하여 격한 감정을 체험할 수 있습니다. 굉장한 흥분도 따릅니다. 오히려 흥분하지 않고 냉정한 사람보다는 흥분하는 쪽이 훨씬 낫습니다. 성령 충만은 흔히 감정과 연결되기 때문입니다.

"저 하늘을 보니 하늘이 열리고 예수 그리스도가 하나님 보좌 오른편에 서신 것을 보노라" 하고 하늘을 우러러 외친 스데반처럼, 우리의 심령이 하나님을 바라볼 때 저절로 두 손이 올라가고 소리도 높아지며, 어떤 때는 눈물도 흐릅니다. 이렇게 우리의 심령이 그야말로 천사의 날개를 달고 창공을 향해 날아오를 때가 있습니다. 얼마나 큰 영광입니까? 얼마나 멋있습니까?

교회는 감정에 좀 민감할 필요가 있습니다. 너무 메말라 있으면 기도도 맥 빠진 것처럼 합니다. 사실 감정이 메마른 것만큼 괴로운 일도 없습니다. 가정생활, 신앙생활, 부부관계, 대인관계 모두 마찬가지입니다. 감정은 윤활유입니다. 그러나 성령 충만에는 지식적인 측면도 매우 중요합니다.

> … 너희가 사랑 가운데서 뿌리가 박히고 터가 굳어져서 능히 모든 성도와 함께 지식에 넘치는 그리스도의 사랑을 알고 그 너비와 길이와 높이와 깊이가 어떠함을 깨달아 하나님의 모든 충만하신 것으로 너희에게 충만하게 하시기를 구하노라(엡 3:17-19).

바울이 감옥에서 에베소교회를 위해 기도한 내용입니다. '사랑', '깨달아', '충만'이라는 단어가 놓인 순서에 유의해서 이 기도를 살펴봅시다. 이는 성령 충만의 전형적인 코스로, 먼저 하나님의 진리, 예수 그리스도와 그분의 사랑에 대한 진리를 알고 깨달을 때 성령 충만해진다는 것을 가르쳐줍니다.

그러므로 하나님의 말씀을 읽으며 이렇게 기도해야겠습니다. "주여 이 진리를 더 깊이 알 수 있는 은혜를 주시고, 이 진리를 알면 알수록 더 깨닫는 역사도 주시고, 깨달을 때에 더욱 성령으로 충만하게 하옵소서."

완전히 채워지지 않고 반쯤 차서 고통당하는 일이 없도록 우리 모두 성령께 마음을 다해 구합시다. 스데반처럼 성령 충만한 사람이 됩시다. 약간 별나 보여도 좋습니다. 오해받아도 좋습니다. 어떤 면에서는 미친 사람처럼 보일 수도 있겠지만 성령에 사로잡혀서 일하는 것만큼 보람 있는 것도 없습니다. 성령이 충만하여 성령이 사용하시지 않으면 안 되는, 오늘 이 시대를 감당하는 하나님의 그릇이 되어야겠습니다. 이것만큼 귀한 일은 없습니다.

24

목숨 걸고 말하다

스데반이 지혜와 성령으로 말함을 그들이 능히 당하지 못하여 사람들을 매수하여 말하게 하되 이 사람이 모세와 하나님을 모독하는 말을 하는 것을 우리가 들었노라 하게 하고(행 6:10-11)

초대교회에 등장하는 인물 가운데 집사 스데반은 예수 그리스도가 유대인들에게 거침돌이 된다는 사실을 가장 확실하게 입증한 전도자입니다. 스데반은 유대인들의 문제점을 정확히 지적했습니다. 이런 면에서는 사도들보다 오히려 스데반이 탁월했습니다.

생명을 내건 메시지

스데반은 막연히 '예수 그리스도가 우리의 구원자'라고 전한 것이 아니라, 유대인들의 약점을 들추어내며 예수 그리스도를 언급했습니다. 베드로는 유대인들에게 "예수님이 우리의 구원자가 되시고, 너희들이 십자가에 못 박아 죽인 예수가 부활하셨다"라고 이야기했지만, 스데반처럼 유대인들이 안고 있는 환부를 건드리는 작업은 하지 못했습니다. 그러나 스데반은 접근 방법부터 달랐습니다.

아픈 곳을 건드리는 스데반의 메시지를 듣고 유대인들은 도무지 견딜 수 없었습니다. 이 점이 스데반의 강점인 동시에 약점이었습니다. 유대인들이 깨닫고 복음을 받아들이면 다행인데, 그렇지 않은 경우에는 극심한 반대에 부딪힐 수밖에 없으니 말입니다.

스데반을 보면 참 이상하다는 생각이 듭니다. 스데반처럼 성령이 충만한 사람, 지혜와 믿음과 권능이 충만한 사람이 정확하게 과녁을 맞혔는데 회개하고 돌아온 사람이 왜 단 한 명도 없었을까요? 정말 신기한 일입니다. 아마 배후에서 하나님의 특별한 섭리가 작용한 것이 틀림없습니다.

대개의 경우, 복음을 전할 때 듣는 사람의 약점을 찌르거나, 숨기고 있는 것을 들추어내거나, 말하기 꺼리는 부분을 이야기하면 비교적 열매가 많지 않습니다. 분명 성령께서 역사하시지만, 오히려 강한 반작용을 일으키기 때문에 회개하고 돌아오는 역사는 조금 덜한 것 같습니다.

그러나 저는 스데반이 사람의 심리를 파악하지 못해서 그런 식으로 전했다고는 절대 보지 않습니다. 스데반이 기독교의 최초 순교자가 된 것은 하나님께서 이미 제물로 받으시겠다고 작정하신 사람이기 때문입니다. 그의 메시지는 순교자다웠습니다. 하나님 앞에 자신을 제물로 바친 전도자답게 생명을 내걸고 복음을 선포했습니다. 스데반의 죽음으로, 그가 전한 복음은 상상을 초월하는 큰 열매를 맺게 되었습니다.

직설적인 복음 증거

스데반의 공격적인 모습에서 한 가지 생각할 것이 있습니다. 일단 사람의 심리를 알아야 한다는 점입니다. 믿지 않는 사람을 전도할 때, 평소에 그 사람이 괴로워하고 쑥스러워하는 부분에 가책을 주면서 예수를 믿으라고 권하면 아마 마음을 열기가 쉽지 않을 것입니다. 오히려 점점 독이 올라 반발심만 커질 뿐입니다.

어떤 면에서는 사탄이 그런 인간의 마음을 더 적극적으로 활용합니다. 그래서 설교하는 사람이나 전도하는 사람, 가르치는 사람은 복음뿐만 아니라 사람도 잘 알아야 합니다. '어떻게 다가가야 그의 마음 문을 열 수 있을까' 하고 고민해야 합니다. 복음의 능력에 의지해야 하지만 동시에 복음을 들고 나가는 우리 자신도 지혜로워야 합니다. 스데반은 이런 사실을 다 알면서도 성령의 강한 인도에 이끌려 과격한 방법으로 이스라엘 백성에게 복음을 선포했습니다.

이처럼 어떤 경우에는 성령께서 우리가 온건한 방법으로 접근하지 못하도록 막으시는 때도 있습니다. 분명히 욕먹을 줄 알고 핍박받을 줄 알고, 열매보다는 어떤 문제가 일어날 줄 알지만 성령이 마음속에서 그렇게 말하지 않으면 안 되도록 강하게 이끌고 가실 때가 있습니다. 그 이유가 무엇인지 당장은 알 수 없습니다. 그러나 시간이 흐르고 한참 뒤에 돌아보면 그때 성령이 왜 그렇게 하셨는지 깨닫게 됩니다.

과격한 복음 증거로 오히려 핍박과 고통을 받게 되었지만, 그로 인해 하나님께서 큰 역사를 이루셨던 적이 여러 번 있습니다. 그러므로 인간의 지혜보다 성령의 인도하심을 앞세워야 합니다. 물론 성령께서 온건한 방법으로 인도하실 때는 거기에 순종해야 합니다. 이것이 전도자의 자세입니다.

눈앞의 결과를 너무 의식하지 말아야 합니다. 어떤 때는 복음을 전하며 '내가 좀 심하게 말하지 않았나' 싶기도 할 것입니다. '좀 부드럽게 전했으면 좋았을 텐데' 하고 후회가 될 때도 있습니다. 그러나 내 성격보다 성령이 강하게 이끄셔서 그 말을 하도록 하셨다는 확신이 있을 때는 후회하지 마십시오. 하나님이 이 일을 어떻게 인도하시는지, 열매를 어떻게 맺으시는지 한번 보기를 바랍니다.

보이지 않게
역사하시는 성령

우리나라의 경우, 일제강점기 때 신앙을 지키다가 감옥에 들어간 분들이 많습니다. 그들 중에는 온건파도 있었고, 강경파도 있었습니다. 안이숙 사모 같은 분이 온건파에 속합니다. 온건파에 속한 분들은 일단 감옥에 들어가면 시종일관 질서를 지키며 모범적인 생활을 했습니다. 조사를 받을 때도 상대방이 큰소리로 나오면 겸손하게 가만히 있고, 가급적이면 비위를 건드리지 않으면서 부드럽게 신앙 투쟁을 했습니다. 그런 분들은 대부분 광복 때까지 살아남았습니다.

반면 강경파는 많이 희생되었습니다. 감옥에서 아침부터 큰 소리로 찬송 부르고, 간수가 종교 행위를 금지하면 더 열심히 예배를 드리고 기도를 했습니다. 극단적으로 싸웠습니다. 그러니 몽둥이로 맞지 않을 수 없었지요. 신문을 받을 때는 항상 상대방의 가슴을 찌르는 말을 서슴없이 해서 더 모진 고문을 당했습니다.

이렇게 행동한 데에는 성격 탓도 없지는 않았을 것입니다. 받은 은혜 탓도 있었을 것입니다. 그러나 무엇보다 성령께서 보이지 않게 역사하시는 부분이 가장 컸던 것 같습니다. 하나님께서 빨리 받으실 사람은 세례 요한처럼 왕 앞에 가서도 잘못을 지적하다가 목이 날아가는 일이 벌어집니다. 스데반도 "너희는 아브라함의 자손이 아니다"라고 강하게 도전하다가 결국은 순교하고 맙니다.

우리는 이런 것을 가지고 누가 잘했다, 잘못했다 말할 수 없습니다. 하나님은 우리 각자의 개성을 통해 일하시고 또 각자에게 주신 은혜를 따라 영광을 받으시기 때문에, 스데반이 이렇게 과격한 말로 메시지를 전했다고 해서 그를 향해 '너무 성급했다'거나 '지혜가 없었다'라는 말은 절대 할 수 없습니다. 교역자도 마찬가지입니다. 아주 부드럽고 온건한 교역자가 있는 반면, 매우 날카롭고 강경한 교역자도 있습니다. 그런 성향을 놓고 사람이 비판할 수는 없습니다. 하나님께서 다 그분의 뜻대로 사용하시기 때문입니다.

신학교 학장을 하신 모 교회 담임목사님 이야기입니다. 그분의 메시지는 정말 신사적입니다. 살을 붙여서 즉흥적으로 하는 이야기도 없이 그저 원고 그대로 차분히 읽습니다. 그분이 말씀하시면 장내는 물을 끼얹은 것처럼 조용합니다. '아멘' 소리도 별로 없고, '주여' 하는 소리도 별로 없습니다. 그렇게 9년 정도가 흐르자 교회가 안정되고 성도들도 은혜를 많이 받았습니다.

그런데 후임으로 오신 목사님은 정반대의 성향을 가지고 있었습니다. 앞에 앉아 있으면 가슴이 죄어들 정도였습니다. 처음에는 성도들이 감당하지 못했습니다. 그러나 점점 익숙해져서 나중에는 그렇게 하지 않으면 도무지 설교 같지 않다고 할 정도가 되었습니다. 그러는 동안 교회는 여러 가지로 은혜를 많이 받았습니다. 지나고 보니 하나님께서 역시 목회자의 개성을 통해 메시지 색깔도 조화를 이루도록 하신다는 것을 깨닫게 되었습니다.

스데반이 전한 메시지는 참 매력적입니다. 오늘날 교회에도 현대판 스데반이 많이 나와야 합니다. 이 세대는 목에 피가 맺히도록 부르짖어도 듣지 않는 세대 아닙니까? 장터에서 피리를 불어도 춤추지 않는 세대입니다. 겉으로는 예수 믿는 것 같고 겉으로는 신앙생활 잘하는 것 같으면서도, 속으로는 절대 순종하지 않는 왕고집이 있어서 성경 말씀까지도 아전인수 격으로 해석하며 자기 신앙을 변호합니다.

생명 걸고 바른 진리를 전할 수 있는 사람이 나와야 합니다. 생명 걸고 외치다가 죽는 역사가 나타나야 합니다. 그래야만 대한민국이 살 수 있습니다. 교회가 살 수 있습니다. 소리가 낮아도 내용은 칼 같은 말씀이어야 합니다. 날이 무뎌서 도무지 사람들 가슴을 뚫고 들어가지 못하는 말씀, 사람들 눈치만 보는 강단이 자꾸 많아지면 어떻게 되겠습니까? 결국 우리 모두 손해를 봅니다.

25

율법과 성전을 재해석하다

거짓 증인들을 세우니 이르되 이 사람이 이 거룩한 곳과 율법을 거슬러 말하기를 마지 아니하는도다 그의 말에 이 나사렛 예수가 이곳을 헐고 또 모세가 우리에게 전하여준 규례를 고치겠다 함을 우리가 들었노라 하거늘(행 6:13-14)

스데반은 절대로 자기감정에 치우쳐 과격하게 복음을 전하지 않았습니다. 성령께서 그렇게 하도록 역사하셨고, 거기에는 분명한 목적이 있었습니다. 스데반이 복음을 증거 한 뒤 나타난 반응을 보면, 확실히 예수 그리스도의 복음은 유대인들에게 용납될 수 없는 것이었음을 금세 알 수 있습니다.

유대인들은 사람들을 매수하여 스데반이 모세와 하나님을 모독하는 말을 했다고 증언하게 합니다. 거짓 증언의 내용은 13절에 나온 대로 성전(거룩한 곳)과 율법을 모독했다는 것이었습니다. 유대인들은 스데반의 죄목을 그렇게 정했습니다. 성전과 율법, 이것이 왜 예수 그리스도를 전하는 데 문제가 되었을까요? 이는 구약성경과 유대인들을 이해하는 데 핵심이 되는 중요한 부분입니다.

유대인의 자존심, 율법과 성전

유대인들의 뿌리가 되는 사상은 예나 지금이나 선민의식입니다. 자신들만이 하나님께 택함을 받은 민족이라는 의식입니다. 다른 것은 건드려도 큰 문제가 없지만, 선민의식을 건드리면 못 견디는 사람들이 바로 유대 민족입니다. 하나님을 오직 유대인들만의 하나님이라고 생각했습니다. 하나님이 이방인을 만드신 것은 유대인들의 종으로 삼기 위해서라는 착각까지 하고 사는 사람들이 바로 이스라엘 백성입니다.

성경을 보면 유대인들이 잘못 생각하고 있다는 것을 알 수 있습니다. 하나님께서 유대인을 택하셔서 선민으로 삼으시고, 다른 민족들에게 위협을 받으면서도 몇천 년 동안 존속하게 하시며 많은 범죄와 악행을 저지른 그들에게 인자와 긍휼을 베푸신 이유가 무엇입니까? 그렇게 하신 데에는 분명한 목적이 있습니다.

유대인들은 이방인들이 자신들의 종이 되어 섬겨야 한다고 생각할 뿐만 아니라 자기들은 끝까지 우대를 받아야 한다고 여겼지만, 하나님은 도리어 이방인의 종으로 봉사하라고 유대인을 선택하신 것입니다. 이유가 완전히 반대입니다.

하나님은 유대인을 통해 율법을 주시고, 유대인을 통해 예수 그리스도를 보내시고, 유대인을 통해 복음을 주셔서 유대인의 입과 손으로 그 복음을 이방인들에게 전하게끔 하셨습니다. 결국 모든 민족에게 복 주시기 위해 유대 민족을 하나의 통로로 선택하신 것입니다. 그런데 그들은 하나님의 뜻을 완전히 오해하고 있었습니다. 올바로 깨닫는 것이 얼마나 중요합니까? 유대인들은 거꾸로 뒤집어놓은 진리를 옳다고 여기는 모순 속에 살았습니다.

선택받은 유대인들에게 율법은 하나님이 주신 유일한 법이었습니다. 그러므로 율법은 영원불멸한 것이며 누구든지 율법에 대해 조금이라도 다른 말을 하면 안 된다고 생각했습니다. 그런데 이런 유대인들에게 스데반이 뭐라고 말합니까? 그들이 지금까지 붙들고 있던 율법을 그런 식으로 해석하면 안 된다고 했습니다.

또 '거룩한 곳'이라 부르는 예루살렘 성전에 대해서는 어떻습니까? 유대인들은 하나님이 오직 이스라엘 백성 가운데에만 거하시고, 특별히 성전에서 드리는 제사만 받으신다고 생각했습니다. 이처럼 율법과 성전은 선민사상을 가진 유대 민족의 긍지를 나타내는 중요한 존재였습니다.

그런데 스데반은 성전에 대해서도 다르게 해석합니다. 7장부터 스데반의 설교가 나옵니다. 설교의 요지는 이렇습니다.

> 너희들의 조상 아브라함은 율법이 있기 전에 존재한 사람이요, 성전이 있기 전부터 하나님께 예배를 드린 사람이다. 그러므로 너희들이 지금 받들고 있는 율법과 성전을 내세우며 하나님께 선택받았다고 여기는 것은 잘못된 생각이다.

스데반은 또 이렇게 지적합니다.

> 하나님은 모세를 통해 유대 민족에게 율법을 주셨지만, 율법을 받은 다음부터 오늘날까지 이스라엘 역사를 한번 검토해보라. 율법을 제대로 지킨 일이 있었느냐? 지금까지 율법을 어기면서 하나님의 진노만 쌓지 않았느냐? 스스로 선민이라고 생각하는 것 자체가 너희의 교만이요 완악함이다. 율법 받은 선민이라고 자랑하는 너

희가 그 율법에 따라 너희 죄를 책망하는 선지자들을 어떻게 했느냐? 지금까지 의로운 자들의 피만 흘리지 않았느냐?

스데반은 몹시 아픈 곳만 팍팍 찔렀습니다. 유대인들이 오해하고 있는 이 부분을 깨뜨리지 않으면 그들이 예수 그리스도를 받아들일 수 없다는 걸 알았기 때문입니다. 선민이라고 하는 교만을 다 내려놓고 주님 앞에 무릎을 꿇지 않고서는, 교만 때문에 하나님의 아들 예수를 십자가에 못 박아 죽인 것을 회개하지 않고서는 복음이 들어갈 수 없었습니다. 스데반은 또 예수 그리스도를 율법의 완성자라고 주장했습니다. 예수님이 오심으로 율법에 담긴 하나님의 공의를 만족시켰기 때문입니다.

성전과 예수 그리스도의 관계는 또 어떻게 설명합니까?

돌로 지은 이 건물이 하나님이 계신 성전이 아니라 바로 예수 그리스도가 성전이다. 그러므로 예수님을 마음에 모신 자는 누구나 다 성전이요, 어디에서나 예배드릴 수 있다. 예수님은 죄인을 부르러 오셨다. 아무리 선택받은 아브라함의 자손이라 하더라도 인간은 모두 죄인이다. 예수님은 죄인 된 모든 인류의 구원자이시다. 그러므로 너희도 다른 민족처럼 회개하고 예수 그리스도를 믿어 구원받으라.

스데반은 유대인들이 목숨 걸고 사수해온 율법과 성전을 내려놓고 예수 그리스도를 믿음으로 구원받으라고 도전했습니다. 이러니 유대인들이 이를 갈며 스데반을 죽이려 했던 것은 불 보듯 뻔한 일이었습니다.

구약에서 예수를 발견하다

　　　　　　　　스데반이 이처럼 탁월한 설교자가 될 수 있었던 이유가 무엇입니까? 평신도지만 예수 그리스도를 그처럼 정확하게 전할 수 있었던 이유가 무엇입니까? 논리로 보나, 박력으로 보나, 확신으로 보나 유대인들이 도무지 스데반을 당할 수 없었던 이유는 무엇입니까?

　바로 "지혜와 성령"(6:10)으로 말했기 때문입니다. 이는 '성령의 지혜'로 말했다는 뜻입니다. 성령의 지혜를 받은 사람에게는 세 가지 특징이 있습니다. 하나는 성경을 매우 잘 알고 있다는 것입니다. 7장 2절부터 보면, 스데반이 구약 전체를 훑고 있습니다. 이것은 평소 그가 쌓아온 성경 지식이 남달랐으며 그만큼 하나님의 말씀을 부지런히 상고했음을 보여줍니다.

　성령의 지혜가 있으면 성경을 부지런히 읽게 됩니다. 공부하게 됩니다. 진리의 말씀을 마음에 새기게 됩니다. 우리는 흔히 성경 지식은 신학생이나 교역자들만 알면 되는 것이고, 평신도는 그저 설교만 들으면 된다고 생각합니다. 여러분은 구약을 어느 정도 알고 있습니까? 신약을 어느 정도 알고 있습니까?

　스데반은 구약을 통해 예수 그리스도를 발견했습니다. 반면 수많은 서기관과 바리새인은 구약을 수천 번이나 읽고도 그 속에서 예수 그리스도를 발견하지 못했습니다. '성령의 지혜'가 없었기 때문입니다. 스데반은 유대인들이 알고 있는 구약에서 예수 그리스도를 발견했기 때문에 담대하게 증거 할 수 있었고, 도전하고, 논쟁하고, 변호하고, 설득할 수 있었으며, 결국에는 유대인의 논리를 이길 수 있었습니다.

　오늘 이 시대에 예수 그리스도의 증인인 우리는 어디서 발견한 예수 그리스도를 증거 해야 합니까? 구약과 신약에서 발견한 예수 그리스도입니다. 남에게 막연히 들은 이야기만 가지고는 안 됩니다. 그런 것은 아무런 힘이 없습니다.

성령의 지혜는 스데반이 진리를 깨닫게 해주었습니다. 성경에 기록된 내용을 아는 것과 진리를 깨닫는 것은 다릅니다. 스데반의 설교가 담긴 7장을 보면, 그가 참으로 기막힌 진리를 깨달았음을 알 수 있습니다.

성경의 진리를 깨달으려면 먼저 우리 마음이 청소되어야 합니다. 요즘 현대인들은 마음이 너무 복잡합니다. 상황에 말려서 빙빙 도는 통에 복잡해진 경우가 많습니다. 시시한 것들은 빨리 마음에서 퍼내고 되도록이면 마음을 깨끗하고 고요하게 갖추어서 하나님의 말씀을 읽기 바랍니다. 성령께서 도와주실 것입니다. 우리가 하나님 앞에 구하지 않고는 이런 일이 가능하지 않습니다. 성령께서 도와주셔야만 말씀을 깨달을 수 있습니다. 말씀이 귀에 전혀 안 들어옵니까? 마음에 무엇이 가득 찼는지를 먼저 찾아내야 합니다.

복음을
어떻게 적용할 것인가

스데반은 성령의 지혜로 성경을 적절히 적용했습니다. 당시 유대인의 문제점을 잘 찾아내어 예수 그리스도라는 복음으로 사정없이 깨뜨리고 수술했습니다. 주후 1세기 사람인 스데반이 그 시대의 문제점을 하나님의 말씀으로 조명하면서 당대 사람들에게 도전했다면, 21세기를 살고 있는 우리는 어떻게 해야 할까요?

현대문명 속에서 자신을 잃어버리고 정신없이 휩쓸려 살아가는 사람들, 그들에게 예수님은 어떤 의미와 어떤 목적을 주실 수 있습니까? 예수 그리스도가 해답임을 어떻게 제시할 것입니까? 우리 자신이 그것을 먼저 알아야 합니다. 깨달아야 합니다. 깨달으려면 성경을 읽으면서 무릎 꿇고 기도해야 합니다.

예수님은 사마리아 여인에게 자신을 '샘물'로 소개했습니다(요 4:14). 사람들의 눈을 피해 물을 길러 나온 여인에게 예수님은 '영생하도록 솟아나는 샘물'이었습니다. 그 여인의 필요에 맞게 자신을 제시하신 것입니다. 오늘 우리 주변에 있는 사람들을 한번 봅시다. 사람마다 처한 상황이 각각 다릅니다. 그러므로 성령이 주시는 지혜의 눈으로 한 사람 한 사람을 바라볼 줄 알아야 합니다. 그런 다음 저 사람에게 예수님은 어떤 의미를 갖는지 말씀을 통해 깊이 깨닫고 찾은 뒤 지혜롭게 적용할 수 있는 능력을 받아야 합니다. 이것이 우리가 오늘을 사는 길이요, 21세기를 구원하는 길입니다.

스데반은 경건하다고 자만하던 유대인들에게서 무서운 완고함과 교만 그리고 하나님을 거역하는 더러운 죄악들을 발견했습니다. 스데반과 같이 우리도 21세기 교회가 안고 있는 문제를 냉철하게 꿰뚫어 볼 수 있어야 합니다. 오늘날 교회의 문제가 무엇입니까? 하나님의 말씀을 가지고 있으며 예수 그리스도를 모시고 있다고 하면서도 우리에게 어두운 구석이 있음을 부인할 수 없지 않습니까?

그런데 스데반에게 주신 성령의 지혜가 왜 오늘 우리에게는 없는 걸까요? 평신도 지도자가 절실한 이 시대에 왜 이렇게 성령의 지혜가 결핍되어 있습니까? 언제든 성경을 볼 수 있고, 혼자 깨닫기 힘들 때 참고할 자료도 얼마든지 있으며 또 교회에서 배울 수도 있는데 말입니다.

우리 사회가 악하다고 욕하지 맙시다. 현대인이 악해져서 그렇다고, 현대문명이 너무나 거세게 밀려와서 그렇다고 변명하지 맙시다. 현대문명의 힘이 거센 만큼 하나님은 우리에게 더욱 큰 은혜를 부어주실 것입니다.

우리는 21세기를 책임지는 스데반입니다. 스데반은 성령의 지혜로 성경의 진리를 깨달았습니다. 스데반은 성령의 지혜로 진리를 자신의 시대에 적용했습니다. 너무 정확하게 적용해서 그는 자기 생명을 잃을 정도로 위기를 당했습니다. 오늘 우리도 죽을 각오, 망할 각오, 손해 볼 각오를 하고 우리의 말과 태도를 통해 예수 그리스도를 나타냅시다.

사도행전 7장

온유는 부드럽고 상냥하고 친절한 것을 말하지 않습니다. 교회 지도자가 갖춰야 할 온유는 교회가 지워준 십자가를 끝까지 짊어질 수 있는 능력을 말합니다. 지도자이기 때문에 져야 할 십자가를 끝까지 질 수 있는 능력, 그것이 온유입니다.

26

'사실이냐'는 질문을 받을 때

대제사장이 이르되 이것이 사실이냐 스데반이 이르되 여러분 부형들이여 들으소서(행 7:1–2 상)

회당에서 전도하던 스데반이 예수 그리스도를 받아들이지 않는 헬라파 유대인들에게 고소를 당했습니다. 스데반의 죄목은 '모세와 하나님을 모독한 죄'입니다. 재판장인 대제사장은 스데반에게 고소 내용의 사실 여부를 신문했습니다. 정말로 예수가 율법이 잘못되었다고 가르쳤는지, 거룩한 성전을 헐어버려야 한다고 선동했는지를 물었습니다. 그리고 다시 한번 이렇게 질문합니다.

··· 이것이 사실이냐(7:1).

이 질문은 낯설지 않습니다. 예수님에게도 똑같이 던져진 질문이었기 때문입니다. 예수님과 스데반이 같은 질문을 받고 각각 어떤 반응을 보였는지 비교해보면 또 하나의 진리를 발견하게 됩니다.

예수님과 스데반이 보인 태도는 극과 극이었습니다. 예수님은 질문에 아무런 답을 하지 않으신 반면 스데반은 꽤 긴 호흡으로 대답합니다. 성경에 기록된 재판석에서의 자기변호 중 아마도 가장 길지 않을까 생각됩니다.

같은 질문, 다른 반응

예수님은 기소 내용이 전혀 근거도 없고 곡해되었음에도 대제사장과 빌라도 앞에서 끝까지 침묵하셨습니다. 전혀 자기변호를 하지 않았습니다. 신문하는 자들이 이상하게 생각할 정도로 침묵을 지키셨습니다. 그 이유가 무엇일까요?

예수님은 하나님의 아들이시기 때문입니다. 하나님의 아들이 인간 앞에서 자기변호를 할 의무는 없습니다. 누구도 예수님께 입을 열라고 명령할 수 없고, 왜 변호하지 않느냐고 따져 물을 수 없습니다. 그런 발언은 피조물이 창조주에게 할 수 없습니다. 재판석에 앉았다고 인간이 예수님보다 높아지는 것이 아니요, 죄인석에 섰다고 해서 예수님이 인간보다 낮아지신 것이 아닙니다. 엄연히 창조주와 피조물, 하나님과 인간이라는 바뀔 수 없는 관계에서 하나님이 인간에게 자기변호를 할 이유가 전혀 없었던 것입니다.

그에 반해 스데반은 말문을 열자마자 일사천리로 조상 아브라함의 역사부터 시작해 창세기, 출애굽기, 레위기, 민수기를 전부 훑고도 모자라 사무엘서와 열왕기서까지 언급했습니다.

그가 이렇게 한 이유는 간단합니다. 스데반은 예수님의 증인이기 때문입니다. 예수님의 증인은 세상이 예수님을 오해할 때 그분 편에 서서 진리를 말해야 할 책임이 있는 사람이요, 누군가 예수님의 진리를 왜곡할 때 그것이 사실이 아님을 목숨 걸고 말할 의무가 있는 사람입니다. 스데반은 예수님의 증인이기에 침묵할 수 없었던 것입니다. 고소된 내용이 전부 잘못됐다는 것을 밝히며 거세게 반박할 수밖에 없었습니다. 어떤 면에서는 칼로 찌르는 것과 같은 격렬한 말이 나올 줄 알면서도 성령께 모든 것을 맡기고, 자기 생명을 내놓고 긴 시간 동안 예수님의 편에서 말한 것입니다.

스데반의 이러한 대답은 사실 변호가 아니었습니다. 우리 인간은 아무도 예수님을 변호할 자격이 없습니다. 감히 인간이 어떻게 하나님을 변호합니까? 하나님은 스스로 존재하시는 분이요, 그 존재 자체가 이미 변호가 필요 없는 분이기에 인간이 그분을 변호할 이유는 없습니다. 단지 증거 하는 것입니다. 보고 들은 대로, 깨달은 대로 스데반은 사실을 이야기한 것뿐입니다.

분명한 '예'와 '아니요'

증인이라면 어떤 상황에서든지 진실을 말해야 합니다. 예수 믿는 사람이 세상에서 예수 그리스도를 증거 하는 것은 우리 자신이 예수님께 속한 사람으로서 드리는 신앙고백이자 세상을 향한 정죄의 외침입니다. 그래서 복음을 전할 때 외면하는 사람은 하나님 앞에 죄인이 됩니다.

교회는 건물이 아니라 세상에 흩어져 사는 모든 하나님의 자녀를 말합니다. 교회인 우리는 스데반처럼 명료하게 대답해야 합니다. 세상 앞에 선 증인으로서 예수 그리스도 편에 서서 그분을 증거 해야 합니다. 입을 열어야 할 때 반대로 입을 다무는 일은 없어야 합니다. 어디를 가든지 우리가 누구에게 속한 자인지를 분명히 밝혀야 합니다. 자신을 핍박하는 사람 앞에서도 스데반처럼 확실하게 그리스도를 전해야 합니다.

> 오직 너희 말은 옳다 옳다, 아니라 아니라 하라 이에서 지나는 것
> 은 악으로부터 나느니라(마 5:37).

예수님이 산상수훈에서 분명히 지적하신 말씀에 유의합시다. '예'라고 대답해야 할 때는 분명히 '예' 할 것이요, '아니요'라고 대답해야 할 때는 '아니요' 하라는 말입니다. 예수 그리스도를 증거 할 때는 이 둘밖에 없습니다. 절충이나 타협 같은 것은 있을 수 없습니다. 누군가 예수님에 대해서 바르게 말할 때는 '옳다'고 해야 하고, 잘못 말할 때는 '아니다'라고 해야 합니다.

모호한 말은 악한 마음에서 나옵니다. 마음이 더러워져 있다는 이야기입니다. 직장에서 얼마만큼 명료하게 신앙을 고백할 수 있습니까? 다른 사람이 여러분의 신앙에 대해 물을 때 얼마만큼 정확하게 대답합니까? 불행하게도 오늘날 한국교회 성도들이 하는 말을 들어보면 '예'인지 '아니요'인지 모호합니다. 분명하지 않습니다.

사업상 할 수 없이 술자리에 끌려가더라도 옆에 앉은 여자에게 "나는 예수 믿는다"라고 한마디만 하면 되는데 그러기 쉽지 않은 게 현실입니다. 술잔을 들고 어정쩡하게 있습니다. 누가 "교회 나가나 보죠?" 하고 물으면 그냥 씩 웃고 적당히 넘어갑니다. '예'도 아니고 '아니요'도 아닙니다. 이렇게 불분명하게 행동하니까 항상 사탄에게 이용당하는 불행한 사람이 되고 맙니다. 손해는 자신이 봅니다. 모호하게 말하면 내 입만 더러워지고 신앙 상태만 흐릿해지고 나중에는 시험에 들고 맙니다. 어디를 가든지 말은 바로 하십시오.

오늘날에는 신앙 때문에 스데반처럼 재판석에 서고, 생명이 어떻게 될지도 모르는 상황까지 가는 경우는 극히 드뭅니다. 예수 믿는 것을 분명히 밝힌다고 해서 당장 직장이 날아가는 것도 아닙니

다. 예수 안 믿겠다고 한마디만 하면 살려주겠다는 식의 곤궁에 처한 것도 아닙니다. 우리는 얼마든지 자기 생각을 말할 수 있는 자유와 평화를 누리며 살고 있습니다.

이런 상황에서 우리의 신앙고백이 그리스도인답지 못하다면, 이는 분명 우리 자신이 영적으로 죽어 있다는 증거입니다. 이러한 상태로는 세상을 이길 수 없습니다. 주님의 증인이 될 만한 자격도 없습니다. 성령은 이런 사람을 사용하시지 않습니다. 수만 명의 성도가 있어도 사용하시지 않습니다. 차라리 순진하고 솔직하게 말할 수 있는 어린아이 하나를 통해 영광받으실 것입니다.

교회가 능력이 있는지 없는지는 그 교회의 성도를 보면 알 수 있습니다. 세상에 흩어져 살아가는 그들의 입에서 어떤 고백이 나오는지에 따라 판가름 납니다. 성도들이 분명한 말 한마디도 하지 못하는 교회라면, 분명한 신앙고백을 하지 못하는 교회라면, 아무리 많은 수가 모여 예배를 드린다 할지라도 성령의 손에 쓰임받는 교회는 안 될 것입니다. 아무리 하나님의 말씀을 사모하고 잘 받아들여도 생활 터전에서 혹은 생명의 위협을 당할 수 있는 곳에서 예수님 편에 서야 할 때 말을 분명하게 하지 않는다면, 신앙생활 전체가 문제를 안고 있다고 볼 수밖에 없습니다.

지금까지 이웃에게 예수 믿는 사람이라는 것을 뚜렷하게 보여주지 못했다면 회개해야 합니다. 사회생활을 하면서 예수 믿는 사람이라는 것을 분명하게 고백하지 못하고, 그리스도를 전하지 못해서 날마다 머뭇거리며 눈치 보는 생활을 했다면 회개와 함께 능력을 구하는 기도를 드려야 할 것입니다.

칼같이 날카로운 메시지

스데반의 분명한 대답 속에는 눈여겨보아야 할 두 가지 논점이 들어 있습니다.

첫째는 '유대인의 조상 아브라함은 유대인과 전혀 다른 사람이었다'는 것입니다. 왜냐하면 유대인들이 스스로를 전부 아브라함의 자손이요 선택받은 백성이라 믿으며, 버티고 앉아 있었기 때문입니다. 스데반은 아브라함의 진면모를 보여주어 아브라함이 그들과는 너무도 다른 사람이라는 것을 입증해야 했습니다.

둘째는 스데반을 잡아 온 사람들이나 재판하는 사람들이 아브라함의 자손이 아니라 '사탄의 자손'이라는 것입니다. 아브라함의 자손이라고 자랑하는 유대인들이 사실은 그의 자손이 아니라는 것은 이미 세례 요한도 지적한 바 있습니다.

> 속으로 아브라함이 우리 조상이라고 생각하지 말라 내가 너희에게 이르노니 하나님이 능히 이 돌들로도 아브라함의 자손이 되게 하시리라(마 3:9).

예수님도 이와 같은 내용을 말씀하신 적이 있습니다. 예수님을 일시적으로 믿고 따르던 유대인들이 자신들의 조상은 아브라함이라고 대답하자 예수님은 그들을 책망하셨습니다.

> … 너희가 아브라함의 자손이면 아브라함이 행한 일들을 할 것이거늘 지금 하나님께 들은 진리를 너희에게 말한 사람인 나를 죽이려 하는도다 아브라함은 이렇게 하지 아니하였느니라(요 8:39-40).

심지어 예수님을 거역하는 유대인들에게 '마귀의 자손'이라고까지 말씀하셨습니다.

> 너희는 너희 아비 마귀에게서 났으니 너희 아비의 욕심대로 너희도 행하고자 하느니라 그는 처음부터 살인한 자요 진리가 그 속에 없으므로 진리에 서지 못하고 거짓을 말할 때마다 제 것으로 말하나니 이는 그가 거짓말쟁이요 거짓의 아비가 되었음이라(요 8:44).

육신의 혈통은 아브라함에게 받아 태어났는지 모르지만 그들의 행태는 마귀의 자식들이었습니다. 얼마나 심각한 문제입니까? 스데반의 결론도 예수님의 말씀과 비슷합니다.

> 목이 곧고 마음과 귀에 할례를 받지 못한 사람들아 너희도 너희 조상과 같이 항상 성령을 거스르는도다 너희 조상들이 선지자들 중의 누구를 박해하지 아니하였느냐 의인이 오시리라 예고한 자들을 그들이 죽였고 이제 너희는 그 의인을 잡아준 자요 살인한 자가 되나니(7:51-52).

여기서 말하는 조상은 누구입니까? 아브라함입니까? 아닙니다. 하나님이 보내신 선지자를 박해하고 죽인 이스라엘 백성을 말합니다. 결국 스데반이 말하고자 한 것은 '아브라함과 너희는 다르며' 그렇기 때문에 '너희는 아브라함의 자손이라 말할 수 없고 마귀의 자손'이라는 것입니다.

그러니 이 말을 들은 유대인들이 이를 갈지 않을 수가 없었습니다. 그러나 스데반의 날카로운 메시지는 계속됩니다.

27

영광의 하나님을 만나다

우리 조상 아브라함이 하란에 있기 전 메소보다미아에 있을 때에 영광의 하나님이 그에게 보여 이르시되 네 고향과 친척을 떠나 내가 네게 보일 땅으로 가라 하시니 아브라함이 갈대아 사람의 땅을 떠나 하란에 거하다가 그의 아버지가 죽으매 하나님이 그를 거기서 너희 지금 사는 이 땅으로 옮기셨느니라(행 7:2하-4)

스데반은 유대인들에게 그들이 조상 아브라함을 닮지 않았다고 강하게 도전했습니다. 아브라함의 어떤 면이 그들과 달랐기에 스데반이 그렇게 말했을까요? 스데반은 아브라함이 전적인 은혜를 받아 살아 계신 하나님을 대면한 사람으로서 유대인들과 달랐다는 것을 지적했습니다. 아브라함은 율법 안에서 배운 '죽은 하나님'이 아니라 살아 계신 하나님을 대면했습니다. 상식적으로 아는 하나님을 믿고 사는 것이 아니라 평생 동행할 수 있는, 살아 계신 하나님을 믿고 살았습니다.

> 스데반이 이르되 여러분 부형들이여 들으소서 우리 조상 아브라함이 하란에 있기 전 메소보다미아에 있을 때에 영광의 하나님이 그에게 보여(7:2).

아브라함이 메소보다미아에 있을 때 만난 하나님은 '영광의 하나님'이었습니다. '영광의 하나님'은 거룩한 보좌에 계신 온 우주의 주인이자, 우주 만물의 찬송과 경배를 받으실 유일한 분입니다. 이런 하나님에 비해 아브라함은 너무나 비천했습니다. 두 존재는 도무지 만날 수 없는 상대입니다. 아니, 만나서는 안 되는 상대입니다. 그러나 영광의 하나님이 비천한 아브라함을 찾아오셨습니다.

빛이 찾아오다

아브라함은 전적으로 수동적이었고, 하나님은 철저히 능동적이셨습니다. 아브라함이 하나님을 찾아서 만난 것이 아니라 그 반대였습니다. 그것도 우상숭배를 하던 아브라함에게 하나님이 찾아오셨다는 것은 놀라운 일입니다.

> 여호수아가 모든 백성에게 이르되 이스라엘의 하나님 여호와께서 이같이 말씀하시기를 옛적에 너희의 조상들 곧 아브라함의 아버지, 나홀의 아버지 데라가 강 저쪽에 거주하여 다른 신들을 섬겼으나(수 24:2).

여호수아 24장 말씀을 보면 아브라함의 조상들은 우상을 숭배했습니다. 하란 땅에 있을 때 그들은 다른 신들을 섬겼습니다. 아브라함도 예외는 아니었습니다. 아브라함이 친족들과는 달리 우상숭배를 하지 않았다는 말은 없습니다. 그도 같은 사람이었습니다. 이런 아브라함에게 하나님께서는 자신을 나타내셨습니다. 심지어 스스로 낮추시고 찾아오셨습니다. '계시'하신 것입니다. 이는 하나님의 '전적인 은혜'입니다. 아브라함은 하나님의 전적인 은혜를 경험한 것입니다. 참 영광스러운 일입니다.

전적인 은혜를 경험한 아브라함에게는 즉각 큰 변화가 일어났습니다. 살아 계신 하나님을 직접 만나고, 그분의 입에서 나오는 말씀을 듣고 나니 사람이 완전히 변했습니다. 자신의 든든한 울타리였던 일가친척을 다 버리고 정처 없이 고향을 떠날 정도로 달라졌습니다. 떠나는 아브라함을 전송하던 사람들은 아마도 "참 불쌍하다. 대책도 없이 무작정 떠나다니, 돌았거나 어디가 잘못됐나 봐" 하고 수군수군했을 것입니다. 또 사람들이 행선지를 물을 때 아브라함은 "글쎄, 나도 잘 몰라요. 그냥 떠나는 거예요" 하고 대답했을지도 모릅니다. 살아 계신 하나님을 만난 아브라함에게 생긴 이런 큰 변화는 어쩌면 당연한 일이었는지도 모릅니다.

스데반을 고소한 유대인들은 살아 계신 하나님을 만나지 못한 자들이었습니다. 만약 그들의 마음이 어린아이와 같아서 하나님의 말씀인 구약을 펴놓고 무릎 꿇고 하나님께 매달렸다면, 아브라함이 만난 하나님을 그들도 분명히 만날 수 있었을 것입니다. 또 살아 계신 하나님을 만난 사람들이라면 예수님을 십자가에 못 박지도 않았을 것이요, 스데반을 향해서 이를 갈지도 않았을 것입니다. 그러나 그들은 하나님을 몰라도 너무 몰랐습니다. 그래서 아브라함과 달라도 너무 달랐습니다.

우리는 어떻습니까? 아브라함의 자손인지 아닌지 한번 점검해봅시다. 우리가 하나님을 찾아서 교회에 왔습니까? 아니면 하나님이 우리를 찾아오셨습니까? 어느 쪽인지 자신 있게 대답할 수 있습니까? 어떤 책에서 본 구절이 생각납니다.

우리가 태양을 볼 수 있는 것은 태양이 가진 빛 때문이다.

평범한 이야기지만 '계시'를 이해하는 데 대단히 도움이 되는 말입니다. 우리가 태양을 볼 수 있는 것은 내 눈 때문이 아니라 태양 자체의 빛 때문입니다. 그러므로 태양이 자기를 내보이지 않으면, 드러내지 않으면 우리의 시력이 아무리 좋다 하더라도 태양을 볼 수 없습니다. 하나님이 스스로 영광의 자리에서 내려와 우리에게 자신을 계시하시기 때문에, 그 영광스러운 하나님의 빛 때문에 우리가 비로소 하나님을 만나고 하나님의 음성을 듣는 것입니다. 하나님이 보여주시지 않으면 불가능한 일입니다.

우리가 예수님을 믿은 것은 스스로 예수 그리스도를 발견했기 때문이 아닙니다. 하나님이 나를 찾아오셨고 하나님이 나를 발견하셨고 하나님이 나를 끌어올리신 것입니다. 우리는 하나님의 전적인 은혜를 통해 구원받았습니다. 하나님이 찾아오셨고 살아 계신 하나님을 마음에 품고 산다는 점에서 우리는 아브라함과 꼭 닮았습니다. 예수 그리스도가 우리 안에 살아 계십니다. 우리는 율법 속에서 죽은 하나님이 아니라 예수 그리스도, 살아 계신 하나님을 만나 그분과 동행하는 아브라함의 후손입니다.

어둠과 결별하다

아브라함은 하나님을 만나자마자 고향을 떠났습니다. 세상과 분리되었습니다.

> 무릇 내게 오는 자가 자기 부모와 처자와 형제와 자매와 더욱이 자기 목숨까지 미워하지 아니하면 능히 내 제자가 되지 못하고(눅 14:26).

아브라함은 이 말씀 그대로 살았습니다. 하나님을 사랑할 것이냐, 고향 땅에 있는 부모와 형제들을 사랑할 것이냐 하는 양자택일의 기로에 섰을 때 그는 두말없이 고향을 버렸습니다. 다 버리고 하나님이 가리키신 곳을 향해 꿋꿋이 걸어갔습니다.

하나님을 만난 사람의 삶에는 거룩한 구별, 즉 성별(聖別)이 따라옵니다. 이것을 중생(重生)이라 부릅니다. 우리는 어둠에서 빛으로 나온 사람들입니다. 하나님이 부르셔서 나왔습니다. 사망의 권세 아래 있던 우리가 생명의 자리로 옮겨갔습니다. 중생을 경험한 것입니다.

누구든지 살아 계신 하나님을 직접 만나서 "나오라"는 음성을 들으면 두말없이 나가게 됩니다. 이전에는 그렇게 소중하던 부모와 형제도 예수님만큼은 중요하지 않게 됩니다. 이전에는 세상이 그렇게 크고 중요해 보였지만, 하나님을 만난 다음에는 떠나온 고향이 어렴풋하듯이 전부가 희미해지는 존재에 지나지 않습니다.

스데반 앞에 있는 유대인들은 이런 아브라함과 너무나 다른 사람들이었습니다. 우리는 어떻습니까? 아브라함을 닮았나요? 아브라함처럼 세상과 구별된 생활을 합니까? 오직 하나님만 따르지 못하고 가족의 상황에 따라 신앙이 좌지우지되기도 합니까? 아브라함은 그렇지 않았습니다. 하나님만 바라보는 순수한 신앙을 가졌습니다. 이것이 거룩한 분리입니다.

> … 누구든지 세상과 벗이 되고자 하는 자는 스스로 하나님과 원수 되는 것이니라(약 4:4).

생각이나 취미나 인생의 목적이 세상에 그대로 뿌리박혀 있다면, 세상을 바라보며 자신의 어떤 만족을 추구한다면 그 사람은 비록 교회에 다닌다 할지라도 근본적으로 세상과 분리된 사람이 아닙니다. 고향을 떠나지 못한 사람입니다. 그런 사람은 아브라함의 후손이라고 말할 수 없습니다. 하나님을 불러야 할 필요가 있을 때만 신앙인답게 행동하고 다시 되돌아가는 삶은 신앙생활이 아닙니다. '구원받을 만한 믿음'을 가진 사람은 아브라함처럼 세상에 둔 미련을 완전히 끊습니다. 마음의 중심을 하나님께만 둡니다. 살아 계신 하나님을 만나고 나면 지금까지 좋았던 것들에 정이 떨어집니다.

이런 변화 없이 어떻게 하나님 나라까지 가겠습니까? 무슨 힘으로 하나님 나라까지 갑니까? 무언가 근본적으로 달라진 게 있으니까 우리가 그래도 저 천성을 향해 한 걸음 한 걸음 내딛는 것 아니겠습니까? 우리의 육신이 이 땅에 발 딛고 서 있는데, 근본적인 마음의 변화 없이 어떻게 이 세상과 구별된 생활을 할 수 있겠습니까? 믿음의 역사는 과거나 오늘이나 변함이 없습니다. 아브라함이 경험했던 믿음의 역사는 오늘 우리에게도 일어날 수 있습니다. 그래서 우리가 아브라함을 '믿음의 조상'이라고 부르는 것입니다.

28

다 버리고 떠나다

아브라함이 갈대아 사람의 땅을 떠나 하란에 거하다가 그의 아버지가 죽으매 하나님이 그를 거기서 너희 지금 사는 이 땅으로 옮기셨느니라 그러나 여기서 발붙일 만한 땅도 유업으로 주지 아니하시고 다만 이 땅을 아직 자식도 없는 그와 그의 후손에게 소유로 주신다고 약속하셨으며(행 7:4-5)

신앙생활을 할 때 무엇을 본보기로 여기고 배울 것이냐, 무엇을 표준으로 삼아 견주어볼 것이냐는 물음에 교과서처럼 제시되는 것이 바로 믿음의 조상들의 일생입니다. 특히 아브라함이 걸어간 길이 우리에게 믿음에 관한 모든 것을 가르쳐줍니다.

아브라함은 살아 계신 하나님을 실제로 만나고 그의 삶 전반에 큰 변화를 경험했습니다. 특히 세상과 구별되는 삶을 살았습니다. 우리가 머리 숙여 하나님 앞에 '아버지' 하고 부를 때 하나님께서는 우리에게 아브라함처럼 세상과 구별된 삶을 살았느냐고 질문하실 것입니다. 만약 그런 질문이 마음속에 전혀 없다면 제대로 신앙생활을 하고 있는지 한번 돌아봐야 합니다.

말씀에 순종하려고 친구를 버렸습니까? 버려야 할 때는 버려야 합니다. 말씀에 순종하려고 고향도 떠났습니까? 떠나야 할 때는 떠나야 합니다. 아직도 그렇게 하기 어렵습니까? 그렇다면 우리의 믿음은 아직 아브라함과 거리가 멉니다. 말씀 앞에서 '버림'과 '떠남'이 이루어져야 비로소 우리는 아브라함의 후손이 될 수 있습니다.

장막의 신앙

거룩한 삶을 살기로 각오하고 세상과 구별된 삶을 선택한 아브라함은 장막생활을 시작했습니다. 아브라함은 잠시 동안 여행하는 사람처럼, 하나님께서 약속하신 땅에서 장막에 거했습니다.

> 그러나 여기서 발붙일 만한 땅도 유업으로 주지 아니하시고 다만 이 땅을 아직 자식도 없는 그와 그의 후손에게 소유로 주신다고 약속하셨으며(7:5).

> 믿음으로 그가 이방의 땅에 있는 것같이 약속의 땅에 거류하여 동일한 약속을 유업으로 함께 받은 이삭 및 야곱과 더불어 장막에 거하였으니(히 11:9).

아브라함이 살던 당시에도 성을 쌓는 민족이 많았고, 좋은 집과 토지를 소유한 사람도 많았습니다. 아브라함 주변의 사람들은 대부분 그렇게 살았습니다. 그러나 아브라함은 '발붙일 만한 땅'도 소유한 일이 없습니다. 세상을 떠난 아내를 장사 지낼 매장지조차 없었습니다. 헷 족속에게 가서 머리가 땅에 닿도록 절하고 "나는 당신들 중에 나그네요 거류하는 자이니 당신들 중에서 내게 매장할 소유지를 주어 내가 나의 죽은 자를 내 앞에서 내어다가 장사하게 하시오"(창 23:4)라고 말할 정도였습니다. 하나님이 약속하신 땅에 살면서도 정작 자기 땅을 갖지 못한 것입니다.

아브라함은 오직 하나님이 인도하시는 대로 오늘은 이곳, 내일은 저곳에서 장막을 치고 생활하는 것에 만족하며 살았습니다. 그는 나그네였기 때문에 스스로를 보호해야 한다는 강박관념에 사로잡힐 수도 있었습니다. '아, 나는 고향을 떠났으니 내 주변에는 나를 보호해줄 만한 사람이 없겠구나! 다른 사람보다 성도 더 튼튼히, 집도 더 크게 지어서 모든 위험으로부터 스스로를 보호해야겠다'라고 생각할 수도 있었을 것입니다. 그러나 아브라함은 정반대로 살았습니다. 그는 오직 하나님만 붙들었습니다. 다윗은 아브라함의 이러한 심정을 "여호와는 나의 요새이시요 나의 하나님은 내가 피할 반석이시라"(시 94:22), "나의 산업과 나의 잔의 소득이시니"(시 16:5)라고 시편 곳곳에서 표현했습니다.

하나님만이 그의 요새였습니다. 적군이 쳐들어와도 하나님이 그의 성이요 방패요 피할 바위가 되셨습니다. 발붙일 만한 땅도 유업으로 주지 않았다는 말씀대로 그는 그저 나그네 생활에 필요한 것만으로 만족하며 살았습니다. 그래서 물질에 애착이 없었습니다. 재산 문제로 조카 롯과 갈등이 생겼을 때 아브라함은 자기의 권리를 깨끗이 포기했습니다. 미련 없이 양보하고 롯과 반대 방향으로 가면서 오직 하나님만 바라보았습니다. 이것이 아브라함의 장막생활 정신이었습니다.

땅의 복은 못 받아도 좋다

성별된 삶을 사는 사람은 모든 마음을 하나님께 둡니다. 그래서 자신의 보물을 하늘에 쌓아둡니다. 땅에는 마음을 두지 않습니다. 땅 위에 무엇을 쌓으려고 하지 않습니다. 땅 위의 어떤 것에도 내 안전을 의뢰하지 않습니다. 이것이 아브라함이 가르쳐준 장막생활 정신입니다.

자본주의 사회에서 가장 물들기 쉬운 것이 물질욕과 소유욕일 것입니다. 그런데 물질을 얼마만큼 가지겠다는 생각 자체는 나쁜 것이 아닙니다. 내가 노력한 만큼 소유하는 것은 성경적인 원리입니다. 그러나 하나님보다 물질에 더 마음이 끌릴 때는 그 물질이 내가 죄를 짓게 만드는 마귀의 도구가 됩니다. 장막생활을 하는 사람이라면 그럴 수 없습니다.

이런 면에서 한국교회 성도들은 회개해야 합니다. 우리나라에 그리스도인이 1,200만이나 되면서도 왜 세상 앞에서 부들부들 떨며 오히려 비판의 대상이 되고 있습니까? 근본적으로 아브라함이 가졌던 장막생활 정신을 잃어버리고 살아가기 때문입니다. 세상에 대한 욕심이 너무나 많습니다. 물질에서 마음이 떠나야 합니다. 얼마를 소유했든 간에 물질에 속박당하고 물질의 노예가 되면 그는 이미 이 땅에 성을 쌓은 사람이요, 땅 위에 곳간을 지은 사람입니다.

예수님을 믿고 하나님 나라를 향해 묵묵히 걸어갈 때 물질이 적어서 남에게 멸시를 당하지나 않을까 두려워하는 성도들이 많습니다. 그것은 무엇을 의미합니까? 하나님 자녀로서의 긍지가 없어졌다는 이야기 아닐까요? 물질을 많이 가져서 남에게 대우받는 것이 하나님 자녀로서의 긍지입니까? 예수 잘 믿는데 물질의 복이 없는 것 같아 부끄럽습니까? 하나님이 인도하시는 대로 움직이는 나그네의 정체성을 상실한 채 이 땅을 영원한 거주지처럼 생각하면서 입으로만 하나님을 부르면 하나님이 은혜 주실 수 있겠습니까? 마음이 땅의 것으로 가득 차 있는데 어떻게 은혜가 들어가겠습니까?

대한민국의 1,200만 성도가 물질에 붙은 마음을 완전히 떼어내고 자유인이 된다면 이 나라에 놀라운 혁명이 일어날 것입니다. 개혁이 시작될 것입니다. 모든 성도가 다 아브라함처럼 장막생활을 각오하고 물질에 묶인 마음을 돌이킨다면, 그래서 하나님만 바라보며 하나님의 뜻대로 살길 원한다면 대한민국은 달라질 것입니다.

아브라함은 헷 자손, 여부스 자손 등 주변 족속들과 공존하며 살았지만 동화되지 않았습니다. 완전히 다르게 살았습니다. 그래서 사람들도 아브라함은 자신들과 다르다는 것, 구별된 삶을 살고 있다는 것을 모두 인식하고 있었습니다.

믿음의 눈으로
멀리 내다보다

아브라함은 세상과 구별된 삶을 살았기 때문에 시종일관 믿음 하나로 승리할 수 있었습니다. 우리가 '믿음, 믿음' 하지만 마음이 깨끗하지 못하면 그 믿음은 힘이 없습니다.

하나님께서 아들 하나 없는 아브라함에게 "이 땅을 너에게 주고 네 자손을 하늘의 별과 같이 많아지게 하겠다"라고 하셨을 때 그는 "아멘" 하고 믿었습니다. 마음이 깨끗하니까 믿을 수 있었습니다. 노년에 간신히 아들 하나 얻어서 금이야 옥이야 키우다가 갑자기 하나님이 바치라고 하셨을 때 어떻게 했습니까? 아낌없이 바쳤습니다. 어떻게 그런 믿음이 가능했겠습니까? 세상과 섞여 흙탕물이 된 마음으로는 어림도 없습니다. 게다가 후손이 나그네가 되어 다른 나라에 가서는 그 땅에서 400년 동안 종살이할 것이라는 말씀을 믿음 없이 받아들일 수 있었겠습니까?

아브라함은 평생 이삭이 태어난 것 외에는 하나님의 약속이 이루어지는 것을 보지 못했습니다. 마지막까지 보지 못했습니다. 그래서 히브리서 11장 13절은 아브라함에 대해 '멀리 내다보고 죽었다'는 표현을 했습니다.

우리도 이런 삶을 살아야겠지만 실제로는 잘 안 되는 게 현실입니다. 뭔가 눈에 보이지 않으면 믿음이 사시나무 떨듯 요동합니다. 내가 구한 것이 금방 이루어지지 않으면 믿음의 뿌리가 흔들립니다. 아브라함의 믿음에 비하면 너무나 경박한 믿음이라 하지 않을 수 없습니다.

아브라함은 눈에 보이지 않아도 오직 믿음으로 살았습니다. 하나님께 구했지만 평생 아무것도 받지 못한다고 할지라도 아브라함처럼 끝까지 믿을 수 있겠습니까? 참 놀라운 이야기입니다. 그러므로 스스로 자신의 믿음을 굉장하다고 자부하지 마십시오. 환경이 바뀌거나 어떤 믿음의 시련을 당하게 되면 내 믿음이 어느 정도 견딜 수 있을지 스스로 검토해보십시오.

아브라함처럼 끝까지 믿음으로 승리하려면 마음의 불순물이 사라져야 합니다. 믿음에 섞여 있는 불순물을 다 걸러내야 합니다. 불순물이 무엇인지는 우리 자신이 가장 잘 알지 않습니까? 회개하며 하나님 앞에서 걸러내야 합니다. 어떤 상황에서도 흔들리지 않는 믿음, 아브라함처럼 눈으로 보지 않고도 끝까지 걸어갈 수 있는 믿음을 가져야 합니다. 그런 믿음이 없다면 우리는 어려움과 시련이 닥쳤을 때 썩은 울타리처럼 맥없이 쓰러지고 말 것입니다.

29

빈손으로 하나님만 붙들다

여러 조상이 요셉을 시기하여 애굽에 팔았더니 하나님이 그와 함께 계셔 그 모든 환난에서 건져내사 애굽 왕 바로 앞에서 은총과 지혜를 주시매 바로가 그를 애굽과 자기 온 집의 통치자로 세웠느니라 그때에 애굽과 가나안 온 땅에 흉년이 들어 큰 환난이 있을새 우리 조상들이 양식이 없는지라(행 7:9-11)

하나님께서 아브라함에게 예언하신 말씀입니다.

> 하나님이 또 이같이 말씀하시되 그 후손이 다른 땅에서 나그네가 되리니 그 땅 사람들이 종으로 삼아 사백 년 동안을 괴롭게 하리라 하시고(7:6).

아브라함의 자손이 다른 땅, 곧 애굽에서 나그네가 되어 400년 동안 종으로 섬기고 그 땅 사람들에게 괴롭힘을 당하리라는 내용입니다. 이 예언은 아들 이삭과 손자 야곱을 지나 4대째에 와서야 비로소 이루어집니다. 바로 요셉이 겪은 사건입니다.

> 여러 조상이 요셉을 시기하여 애굽에 팔았더니 하나님이 그와 함께 계셔(7:9).

요셉의 형제들은 요셉을 은근히 시기하고 아니꼽게 생각했습니다. 아버지의 지나친 편애 때문이기도 했고, 요셉이 다른 형제에 비해 남다른 면이 있었기 때문이기도 했습니다. 게다가 배다른 형제여서 문제가 더 심각했던 것 같습니다. 이유야 어쨌든 형제들의 '질투'는 하나님의 예언이 성취되는 데 결정적인 열쇠가 되었습니다. 이와 함께 애굽과 가나안에 든 흉년은, 야곱 일가를 애굽으로 이주시키는 또 하나의 열쇠가 되었습니다.

하나님이 사용하시는 그릇

이스라엘을 향한 하나님의 원대한 계획은 '질투'와 '흉년' 그리고 '환난'을 통해 시작되었습니다. 하나님이 왜 이러한 계획을 가지고 이스라엘을 인도하셨는지는 아무도 정확히 알 수 없지만, 하나님이 이스라엘을 기뻐하셨기 때문에 그렇게 하신 것만큼은 분명합니다. 어쨌든 예언의 성취는 이렇게 좋지 않은 일을 통해 시작되었습니다.

우리는 시기와 질투를 절대 칭찬하지 않습니다. 그것은 마음이 좁은 사람에게 흔한 감정이요, 결국 자신이 치명적인 손해를 보고 나서야 막을 내리게 되는 감정입니다. 예수 믿는 사람에게 시기와 질투란 어울리지 않고 바람직하지도 않습니다. 그렇다면 하나님은 어떻게 이런 악을 통해서 뜻을 이루셨는가 생각해보지 않을 수 없습니다.

요셉을 향한 형제들의 질투는 하나님의 뜻을 이루는 시작이 되었습니다. 그렇다고 형제들의 질투를 정당화할 수 있을까요? 형제들의 질투를 문제의 중심에 두고 보면 사람들의 죄악이 오히려 하나님의 뜻을 위해 사용될 수도 있다는 결론에 도달하기 쉽습니다.

관점을 바꾸어서 요셉이라는 하나님의 그릇을 중심에 놓고 봅시다. 그러면 이런 해석이 가능합니다. 하나님이 사랑하시고 사용하시는 사람에게 일어나는 모든 일은 그것이 선이든 악이든 간에, 모두 하나님의 뜻을 이루는 수단이 된다는 것입니다.

그렇다면 우리 자신은 어떻습니까? 하나님께서 즐겨 쓰시는 그릇이라고 말할 수 있습니까?

> 큰 집에는 금 그릇과 은 그릇뿐 아니라 나무 그릇과 질그릇도 있어 귀하게 쓰는 것도 있고 천하게 쓰는 것도 있나니 그러므로 누구든지 이런 것에서 자기를 깨끗하게 하면 귀히 쓰는 그릇이 되어 거룩하고 주인의 쓰심에 합당하며 모든 선한 일에 준비함이 되리라(딤후 2:20-21).

그렇습니다. 누구든지 하나님이 귀히 쓰시는 그릇이 될 수 있습니다. '누구든지'에 요셉이나 사도들만 포함되는 것은 아닙니다. 목사나 장로만 속하는 것도 아닙니다. "누구든지 이런 것에서 자기를 깨끗하게 하면"이라는 말씀은 '죄악과 정욕을 멀리하면' 혹은 '아브라함처럼 구별된 생활을 하면'이라는 뜻입니다.

자기를 깨끗하게 하면 주인이 온갖 좋은 일에 요긴하게 쓰는 귀한 그릇이 됩니다. 우리가 하나님이 사용하시는 그릇이라면 우리에게 일어나는 모든 일은 하나님의 뜻을 이루는 하나의 수단이 될 것입니다. 요셉의 인생이 그러했듯이 좋은 일도, 나쁜 일도, 선한 일도, 악한 일도 어느 것 하나 의미 없이 주어지는 일은 없습니다.

형들에게 시기를 받아 노예로 팔려 쇠고랑을 차고 아라비아사막을 가로질러 갈 때 요셉은 얼마나 기가 막혔겠습니까? 그러나 그 사건은 이스라엘 백성을 애굽에 이주시켜 큰 뜻을 이루겠다고 하신 하나님의 약속을 성취하는 시작점이었습니다. 이런 사실을 가만히 생각해보면 우리에게 일어나는 사건에 대해서 좋으냐 나쁘냐를 지나치게 가릴 필요는 없는 듯합니다.

고난으로 형통하다

좋은 일도 나쁜 일도, 유익도 손해도 모두 그 뜻을 이루시기 위해 하나님께서 사용하십니다. 아마 요셉도 그렇게 생각했던 것 같습니다. 나중에 형들이 와서 얼굴을 들지 못하고 흐느끼며 어찌할 바를 몰라 할 때 요셉은 이렇게 말합니다.

> 당신들이 나를 이곳에 팔았다고 해서 근심하지 마소서 한탄하지 마소서 하나님이 생명을 구원하시려고 나를 당신들보다 먼저 보내셨나이다(창 45:5).

형제들의 질투와 흉년이라는 큰 환난을 통해 하나님이 자신의 뜻을 이루어가신 것처럼, 오늘날 우리 인생에도 반드시 그와 같은 일이 있을 것이라 믿습니다.

만약 '합력하여 선을 이루신다'는 원리가 우리 인생에 적용되지 않는다면 '범사에 감사하라'는 말씀만큼 허황된 말이 없을 것입니다. 어떻게 모든 일에 감사할 수 있겠습니까? 그러나 하나님께서 나를 그릇으로 택하시고 예수님의 피로 깨끗하게 하시고 작은 일에든 큰일에든 사용하신다는 믿음이 있을 때에는, 내게 일어나는 모든 일들 속에서 합력하여 선을 이루어가시는 하나님을 만나게 될 것입니다. 심지어 손해 보는 일, 상처 입는 일까지도 말입니다.

만약 원리에 근거해서 모든 것을 생각할 수만 있다면 정말 행복한 사람이 될 것입니다. 우리네 삶 가운데는 불평거리들이 많지 않습니까? 엇나가는 자녀 때문에 고민하는 부모들, 남편 잘못 만나 평생 괴로워하는 아내들, 아내 잘못 만나 고생하는 남편들, 친구 잘못 만나 다시 일어설 수 없을 만큼 피해 보는 이들이 있지 않습니까? 이런 일이 있을 때 이 원리를 기억하십시오.

"나는 하나님이 사용하시는 그릇이다. 그렇다면 이 모든 것도 다 덕이 되게, 은혜가 되게, 하나님의 뜻을 이루도록 사용하실 것이다." 이렇게 생각할 때 "오, 하나님. 내가 손해 본 것도 감사합니다"라는 기도가 나올 수 있을 것입니다. 믿음의 조상들의 삶이 그것을 증명해줍니다. 그렇게만 사십시오. 그러면 인생의 어려운 문제를 다루는 자세도 달라질 것입니다. 이것이 성도의 생활입니다.

30

광야 교회의 온유한 지도자

> 그들의 말이 누가 너를 관리와 재판장으로 세웠느냐 하며 거절하던 그 모세를 하나님은 가시나무 떨기 가운데서 보이던 천사의 손으로 관리와 속량하는 자로서 보내셨으니 이 사람이 백성을 인도하여 나오게 하고 애굽과 홍해와 광야에서 사십 년간 기사와 표적을 행하였느니라(행 7:35-36)

사도행전 7장 38절을 보면 '광야 교회'라는 용어가 나옵니다. 흔히들 교회는 신약시대에만 있고 구약시대에는 없었다고 생각합니다. 그러나 성경을 보면 구약시대 이스라엘 백성의 모임도 '교회'라고 표현된 것을 알 수 있습니다.

모세 시대의 교회를 놓고 '광야 교회'라는 구체적인 표현을 처음 사용한 사람은 스데반입니다. 왜 광야 교회라고 했을까요? 이스라엘 백성이 애굽에서 나와 40년 동안 하나님께 연단받고, 배우고, 기다린 곳이 바로 광야입니다. 스데반은 이스라엘 백성이 광야에서 지낸 시간 전체를 교회 생활로 본 것입니다.

교회가 무엇입니까? 흔히 '택함을 받은 하나님의 백성'을 교회라고 합니다. 이런 의미에서 신약시대의 교회나 구약시대의 교회나 본질은 동일합니다. 구약시대 때는 하나님이 택한 이스라엘 백성의 모임이었고, 신약시대 때는 하나님이 택한 하나님 백성의 모임이기 때문입니다.

단지 한 가지 차이점이 있을 뿐입니다. 구약시대의 교회는 할례로 구별된 아브라함의 혈통을 이어받은 사람들이었습니다. 신약시대의 교회는 성령으로 태어나서 성령 충만으로 세상과 구별된 백성입니다. 간단하게 '혈통의 사람들'과 '중생의 사람들'로 나누어 표현할 수 있습니다.

구약교회는 모세라는 '지도자'와 이스라엘이라고 하는 '회중'으로 구성되어 있었습니다. 사도행전 7장 17절부터 38절까지 모세 이야기가 계속 나오는데, 이것은 이스라엘의 출애굽을 이끌 지도자에 대한 약속이자 광야 교회 리더십에 대한 서술입니다. 모세가 어떤 사람이었는지, 또 그의 리더십이 어떤 성격이었는지를 보여줍니다. 그러고 나서 39절부터 43절까지는 이스라엘 백성에 대한 약속이자 광야 교회 회중에 대한 이야기로 그들의 성향과 모습을 보여줍니다.

광야 교회의 리더인 모세와 광야 교회의 회중인 이스라엘 백성을 각각 한마디로 어떻게 표현할 수 있을까요?

> 이 사람 모세는 온유함이 지면의 모든 사람보다 더하더라(민 12:3).

> 너희는 므리바에서와 같이 또 광야의 맛사에서 지냈던 날과 같이 너희 마음을 완악하게 하지 말지어다(시 95:8).

성경은 모세를 가리켜 '온유하다'고 표현했지만, 이스라엘 백성에 대해서는 '완악하다'고 했습니다. 광야 교회는 한마디로 '온유한 지도자'와 '완악한 회중'이라는 어울릴 수 없는 요소로 구성된 공동체였습니다. 광야 교회와 관련된 기록이 있는 출애굽기, 민수기, 신명기 등은 오늘날 교회 리더십에 대해 많은 교훈을 줍니다. 온유한 지도자를 통해 참다운 리더십을 배울 수 있을 뿐만 아니라 완악한 회중을 통해 우리는 그렇게 되지 말아야겠다는, 살아 있는 진리를 배웁니다.

완악한 회중을 이끄는
온유한 지도자

모세의 온유는 두 가지 뿌리를 가지고 있습니다. 첫째는 하나님의 손에 자아가 완전히 깨지는 훈련을 받은 것입니다. 또 하나는 하나님의 명령으로 지도자의 자리에 섰다고 하는 철저한 소명의식입니다.

모세는 본래 온유한 사람이 아니었습니다. 애굽에서 살 때 그는 의기양양하고 자신감이 넘쳤습니다. 《교회사》를 쓴 역사가 유세비우스에 따르면 모세는 왕위를 물려받을 수도 있는 애굽의 왕자였습니다. 그런데 자부심으로 가득했던 모세가 자신의 혈통을 알고 나서는 어떻게 되었습니까?

> 나이가 사십이 되매 그 형제 이스라엘 자손을 돌볼 생각이 나더니 (7:23).

모세는 자신이 이스라엘 혈통이라는 사실을 알고 나서 노예 생활을 하고 있는 동족을 자신의 힘으로 돌봐야겠다고 생각했습니다. 애굽의 왕자로서 자신이 누리는 모든 특권을 이용해 자기 민족을 구해야겠다는 사명감에 불타올랐습니다.

한 사람이 원통한 일 당함을 보고 보호하여 압제 받는 자를 위하
여 원수를 갚아 애굽 사람을 쳐 죽이니라(7:24).

분명 모세는 온유한 사람이 아니었습니다. 그는 무력으로 자기 백성을 건져보겠다고 덤볐습니다. 하나님이 보내지 않으셨는데도 스스로 '나는 이 백성을 구원해야 한다'라는 야망에 사로잡혀 있었습니다. 이런 사람은 온유해질 수 없습니다. 자아가 살아 있고, 부르심 없이 자기 스스로 이미 영웅이 되어버린 사람은 절대 온유한 지도자가 되지 못합니다.

'나는 그래도 배경으로 보나 여러 가지 재능으로 보나, 이만하면 목사가 될 만하지 않을까?' 혹은 '이 정도면 교회 장로가 될 자격이 있지 않을까?' 하고 생각하는 사람들이 있습니다. 그러나 제대로 훈련을 받아 깨어지지 않은 사람은 목사가 될 수 없고, 장로도 될 수 없습니다. '하나님이 분명히 나를 부르셨다. 그러므로 내 생명을 걸고라도 이 직분에 충성하겠다'라는 뜨거운 소명의식 없이 그저 신학교를 다녔거나 혹은 성도들의 투표로 뽑혔다고 해서 교회 지도자가 되는 것이 아닙니다. 그런 사람들 때문에 교회가 어려움에 처하고 시험에 빠지는 것입니다. 하나님은 그런 사람을 쓰시지 않습니다.

자아를 깨뜨리는 훈련

모세를 보십시오. 어리석은 교만으로 으스대다가 어떻게 되었습니까? 하나님은 모세를 단번에 미디안 광야로 몰아넣으셨습니다. 모세는 거기서 40년 동안 하나님께 자아가 깨어지는 훈련을 받았습니다. 그의 모든 것은 산산조각이 났습니다. 왕자라는 신분, 학문, 과거에 가졌던 황홀한 꿈들이 모두 다 깨어졌습

니다. 왕궁에서 배운 지식과 기술도 모두 녹슬어버렸습니다. 하나님께는 모세가 가진 것들이 필요 없었습니다. 결국 미디안 광야에서 모세에게 남겨주신 것은 온유함뿐이었습니다.

교회의 리더십은 인간적인 것과 다릅니다. 광야에서 하나님은 모세에게 말없이, 끝까지 가르치셨습니다. 떨기나무 불꽃 앞에서 신발을 벗고 엎드린, 초라한 모세를 한번 생각해봅시다. 예전에 왕자 옷을 입고 사람을 쳐 죽이며 지도자 행세를 하던 모세와 비교해보십시오. 우리가 볼 때 광야의 모세는 도무지 지도자 같지 않습니다. 한 사람의 목자, 초라하고 무능한 사람, 실패자, 좌절에 빠진 한 인간으로밖에 볼 수 없는 모세를 드디어 하나님은 쓰십니다. 이스라엘의 지도자로 세워 애굽에 보내십니다. 온유한 사람이 되었기 때문입니다. 자아가 깨어져 하나님 명령에 따라 움직일 수 있는 온유한 지도자로 변화되었기 때문입니다.

십자가를
끝까지 질 수 있는 능력

흔히들 온유에 대해서 오해하는 것이 있습니다. 온유는 부드럽고 상냥하고 친절한 것을 말하지 않습니다. 출애굽기에 나오는 모세를 봅시다. 모세가 상냥하고 부드럽던가요? 예수님도 스스로 온유하고 겸손한 자라고 하셨는데 예수님의 온유가 그렇게 느껴집니까? 그렇지 않습니다. 교회 지도자가 갖춰야 할 온유는 교회가 지워준 십자가를 끝까지 짊어질 수 있는 능력을 말합니다. 지도자이기 때문에 져야 할 십자가를 끝까지 질 수 있는 능력, 그것이 온유입니다.

예수님은 온유하셨습니다. 그래서 모든 죄인이 주님을 거역하는 상황을 끝까지 참으실 수 있었습니다. 모세에게는 완악한 회중이 주는 짐을 감당할 수 있는 능력이 필요했습니다. 하나님은 그 능력을 40년의 미디안 광야 생활 동안 키워주셨습니다. 온유라는 능력이 모세에게 없었다면 광야 교회는 삼분오열되어 말할 수 없을 만큼 비참한 꼴이 되었을 것입니다.

모세는 끝까지 짐을 짊어지셨습니다. 그는 이스라엘의 죄를 한 몸에 지고 호렙산 꼭대기로 올라가 40일간 금식하면서 하나님의 옷자락을 붙들고 매달리며 주께 부르짖었습니다. 이것이 온유입니다. 사람에게 자기감정을 풀지 않고 악을 악으로 대하지 않는 사람, 하나님이 주신 소명을 위해 자아를 완전히 죽이고 순종하는 사람, 기꺼이 십자가를 지는 사람이 온유한 자입니다.

광야 교회 리더십은 이처럼 철저한 온유로 무장한 리더십이었습니다. 자아를 완전히 장례하고 하나님이 맡기신 양 떼 외에는 아무런 생각도 하지 않은 모세의 온유함, 이 능력을 가져야 합니다. 목사와 장로뿐만 아니라 교회와 세상에서 리더십을 발휘해야 하는 모든 평신도가 온유라고 하는 능력을 가져야 합니다. 특히 교회의 지도자들에게는 반드시 온유의 능력이 필요합니다. 인간관계에서 생기는 여러 문제 앞에서 십자가를 지지 못하고 벗어버리는 사람은 제대로 된 지도자가 아닙니다.

하나님께서 교회마다 온유한 지도자를 주셨으면 좋겠습니다. 교회에 세워지는 지도자들은 온유로 무장한 리더십이기를 바랍니다. 오늘 이 시대에 교회가 져야 할 십자가를 누가 끝까지 질 수 있겠습니까? 부흥하는 교회들이 아무 고난 없이 성장한 것 같습니까? 그렇지 않습니다. 왜 문제가 없고 어려움이 없겠습니까?

형통한 교회들을 보면 공통점이 있습니다. 교회가 져야 할 십자가를 지는 평신도 지도자들이 많다는 것입니다. 부흥하는 교회에는 온유한 사람들, 온유한 지도자들이 많습니다. 반면 좀처럼 부흥하지 못하는 교회를 보면, 십자가를 질 만한 힘이 없는 완악한 교회, 문제점을 품고 끝까지 인내할 수 없는 교회, 온유가 결여된 교회인 경우가 많습니다. 성경은 가장 강퍅하고 완악한 회중의 십자가를 짊어진 모세를 '지상에서 가장 온유한 사람'이라 일컫고 있습니다.

31

광야 교회의 완악한 회중

우리 조상들이 모세에게 복종하지 아니하고자 하여 거절하며 그 마음이 도리어 애굽으로 향하여 아론더러 이르되 우리를 인도할 신들을 우리를 위하여 만들라 애굽 땅에서 우리를 인도하던 이 모세는 어떻게 되었는지 알지 못하노라 하고(행 7:39-40)

광야 교회의 회중은 완악하고 강퍅한 자들이었습니다. 성질이 억세고 고집스럽고 사납다는 뜻입니다. 그들은 그래서는 안 된다는 것을 알면서도 일부러 마음 문을 닫았습니다. 신명기 15장에는 완악하다는 뜻을 풀어 설명한 구절이 있습니다.

> 네 하나님 여호와께서 네게 주신 땅 어느 성읍에서든지 가난한 형제가 너와 함께 거주하거든 그 가난한 형제에게 네 마음을 완악하게 하지 말며 네 손을 움켜쥐지 말고 반드시 네 손을 그에게 펴서 그에게 필요한 대로 쓸 것을 넉넉히 꾸어주라 삼가 너는 마음에 악한 생각을 품지 말라 곧 이르기를 일곱째 해 면제년이 가까이 왔다 하고 네 궁핍한 형제를 악한 눈으로 바라보며 아무것도 주지 아니하면 그가 너를 여호와께 호소하리니 그것이 네게 죄가 되리라(신 15:7-9).

'면제년'이란 7년마다 한 번씩 빚을 탕감해주는 안식년을 말합니다. 면제년이 지난 지 얼마 되지 않아 다음 면제년까지 긴 시간이 남았을 때는 돈을 빌려주어도 돌려받을 가능성이 좀 있습니다. 그런데 면제년이 가까운 시점이라면 어떤 상황이 벌어질 수 있겠습니까? 빌린 사람이 배짱을 부리며 잘 갚지 않다가 면제년을 악용할 수도 있지 않겠습니까? 그러니 돈을 빌려주는 사람은 "이제 곧 면제년인데 지금 빌려주면 십중팔구 떼이겠구나" 하는 마음이 들어, 당연히 도와줘야 한다는 것을 알면서도 자꾸만 마음을 닫게 되는 것입니다. 이것이 완악이요, 강퍅입니다.

신명기 15장 9절을 보니 "마음에 악한 생각을 품[는다]"는 표현이 있습니다. 자꾸 좋지 않은 마음을 품어서 마음을 악하게 만드는 것입니다. 손에 비유하면 '손을 움켜쥐는 것'입니다. 펴야 하는데 자꾸 움켜쥐는 것, 이것을 일컬어 완악하다고 합니다. 광야의 이스라엘 백성이 이렇게 완악했습니다. 그들은 불신앙인 데다가 악심을 품어 완악했고, 죄의 유혹으로 인해 완고해졌습니다.

고의로 거절하다

이스라엘 백성이 출애굽을 이끈 모세에게 복종하는 것이 정상입니까, 불복하는 것이 정상입니까? 그들은 복종하는 것이 마땅한 줄 알면서도 복종하기 싫어서 거절했습니다.

> 우리 조상들이 모세에게 복종하지 아니하고자 하여 거절하며 그 마음이 도리어 애굽으로 향하여(7:39).

고의적인 행위입니다. 일부러 그러는 것입니다. 몰라서 안 한 것이 아니라 알면서 안 했습니다. 스스로, 일부러, 고의로 마음 문을 닫았습니다. 그 결과 어떻게 됐습니까? 광야 교회 성도들은 결국 성령을 거역하는 완악한 무리가 되었습니다.

> 목이 곧고 마음과 귀에 할례를 받지 못한 사람들아 너희도 너희 조상과 같이 항상 성령을 거스르는도다(7:51).

우리는 구제 문제에서 완악해질 수 있습니다. 처음에는 '내가 가진 것을 나눠야겠다. 이웃집에 저렇게 고생한다는데 조금이라도 힘이 되어줘야지' 하다가도 하룻밤 자고 나면 '이거 주고 나면 내가 꼭 써야 할 때 못 쓰는데' 하는 생각에 마음을 접어버립니다. 이렇게 자꾸 거절하다 보면 마음이 닫힙니다. 그러다가 나중에는 '가난한 사람들은 도와줘도 끝이 없어. 밑도 끝도 없이 항상 도와줘야 하고 귀찮아 죽겠어. 한번 도와주면 자꾸 손을 벌려. 아예 모르는 체하자'라고 하면서 완악해지고 맙니다.

죄 문제도 마찬가지입니다. 처음엔 누가 옆에서 "당신 그러면 안 돼요. 회개하셔야죠" 할 때는 "아, 그래야죠. 회개해야죠" 하고 수긍합니다. 그런데 결단하지 못하고 자꾸 넘어가다가 또 누군가가 "예수 믿는다면서 그런 거 해결 안 하고 그냥 넘어가면 안 됩니다" 하고 재차 충고하기 시작하면 "자기는 뭐 다 해결했나?" 하면서 마음의 문을 닫아버립니다. 일부러 닫습니다. 그러다가 때가 지나고 나면 진짜 회개를 못 하고, 회개하지 않는 것을 합리화하며 변명하는 완악한 사람이 되어버립니다. 결국 완악한 마음은 불순종이라는 자식을 낳습니다. 이스라엘 백성이 광야에서 그랬습니다. 바른 교훈을 배워도 고의적으로 마음을 닫고 불순종하는 사람들이 되었습니다.

영적 교육 부재의 시대

광야 교회 회중은 왜 알면서도 고의로 불순종하는 완악함을 갖게 되었을까요? 영적 교육의 부재에서 그 원인을 찾을 수 있습니다. 광야에서 스러져간 60만 이스라엘 백성은 애굽에서 나올 때 만 20세 이상인 성인이었습니다. 그들은 애굽에서 노예로 사는 동안 제대로 된 신앙 교육을 받지 못했을 것입니다. 그런 사람들이 갑자기 광야에 나와 교회를 이루었으니 하나님의 명령에 온전히 순종할 수 있었겠습니까?

그에 비해 출애굽할 당시 20세 이하였던 사람들과 광야에서 태어난 2세대는 40년 광야 생활 동안 신앙 교육을 철저히 받았습니다. 그들이 요단 강가에서 여호수아를 따라나섰을 때 얼마나 멋진 군대가 되었습니까? 그들은 철저히 순종했습니다. 요단강으로 들어가라면 두말없이 들어가고, 여리고성을 일곱 번 돌라면 두말없이 돌았습니다. 얼마나 철저히 순종하는 사람들이었는지 모릅니다. 광야에서 제대로 교육받았기 때문입니다. 출애굽 제2세대는 광야에서 자신의 부모가 하나님께 불순종하다가 불뱀에게 물려 죽는 것을 보고, 전염병으로 한순간에 몇천 명이 쓰러지는 비극을 겪고, 그들을 장사 지내는 모세의 눈에서 흐르는 눈물을 보며 산 교육을 받았습니다. 1세대와 달리, 이들의 마음은 완악하지 않았습니다.

마음의 완악함을 피하려면 하나님의 말씀으로 계속 교육받아야 합니다. 인간이 얼마나 더럽습니까? 완악해지기 쉬운 쓴 뿌리를 말씀으로 계속 뽑아내야 합니다.

오늘날 대한민국 교회가 왜 썩은 고목처럼 형식만 갖추고 있습니까? 왜 교회 안에서 생동감 있는 역사들이 일어나지 않습니까? 모세와 같이 온유한 지도자가 없기 때문입니다. 그리고 성도들을 위한 신앙 교육이 부재하기 때문이기도 합니다. 마음이 스스로 완악해지지 않도록 하나님의 말씀으로 훈련합시다. 깨질 것은 깨지고, 다듬어질 것은 다듬어지고, 채워져야 할 것은 채워져서 오늘날 교회가 광야 교회가 되지 않도록 기도합시다.

32

순교의 피가 흐르다

너희 조상들이 선지자들 중의 누구를 박해하지 아니하였느냐 의인이 오시리라 예고한 자들을 그들이 죽였고 이제 너희는 그 의인을 잡아준 자요 살인한 자가 되나니 … 그들이 이 말을 듣고 마음에 찔려 그를 향하여 이를 갈거늘(행 7:52, 54)

우리 중에 예수 믿는 젊은이가 자신의 믿음 때문에 돌에 맞아 죽는 장면을 본 사람은 거의 없을 것입니다. '예수 믿는다'는 죄목으로 나무에 묶여 화형당하는 처참한 광경을 목격한 일도 없을 것입니다. 우리는 주님을 위해 죽도록 충성하겠다는 찬송을 부르지만, 짐승에게 몸이 찢겨 순교당하는 장면을 목격한 일도 없고 우리 자신이 그런 위험에 처한 일도 없습니다. 그래서 스데반의 순교 이야기는 사실 우리가 읽기에 대단히 부담스러운 말씀입니다.

이 말씀으로 설교 준비를 할 때 수일간 망설였습니다. 저 스스로 자격이 없다고 느꼈기 때문입니다. '스데반의 흉내라도 낼 수 있어야 설교할 텐데, 잘 먹고 잘 입고 편히 자고 조금 걷는 것도 힘들다고 자동차를 타고 다니는 내가, 복음을 위해 돌에 맞아 죽는 스데반의 이야기를 감히 강단에서 할 수 있을까?'

이런 말씀은 겸허한 자세로, 회개하는 자세로, 은혜를 사모하는 마음으로 받아야 합니다. 기독교 2,000년 역사 동안 헤아릴 수 없이 많은 순교자들의 거룩한 피가 끊임없이 흘러내렸습니다. 지금도 지구상에는 무명의 남녀노소 신자들이 단지 '예수 믿는다'는 죄목 때문에 자신의 생명을 아낌없이 던지는 거룩한 순교의 광장이 있습니다. 그들은 예수님을 위해 자신의 생명을 죽음과 바꾸지 않으면 안 되는 상황에 놓일 때 서슴없이 생명을 던지고 있습니다.

그러나 그들의 모습을 바라보는 주변 사람들은 "왜 그렇게 지혜롭지 못할까? 조금만 지혜롭게 대답하면 위기를 면할 수 있을 텐데, 꼭 저렇게 극단적인 태도를 취해야 할까?" 하면서 순교자의 마음을 이해하지 못합니다. 그래서 순교는 오늘날 그리스도인들이 기피하는 일이 되고 말았습니다.

기독교는 피의 종교

세상이 편해질수록, 환경이 좋아질수록 순교라는 것은 옛날이야기 속에나 나오는 사건처럼 여겨질 수 있습니다. 그러나 우리는 기독교가 '피의 종교'라는 사실을 기억해야 합니다. 예수님이 피를 흘려 기독교의 주춧돌을 놓으신 것처럼 오늘 주님을 따르는 하나님의 자녀라면 자의든 타의든 피 흘림을 외면할 수 없습니다. 이것이 기독교의 운명입니다. 만약 기독교가 피 흘리기를 거부했다면 오늘날 우리에게 복음이 전파되지 못했을 것이며, 나사렛 예수 그리스도의 능력이 지금처럼 이렇게 우리의 마음을 사로잡을 수 없었을 것입니다. 피 흘리기를 주저하지 않는 용기 때문에, 생명을 아끼지 않고 던지는 놀라운 믿음 때문에 이 세상은 서서히 복음으로 물들어가고 있습니다.

주님은 이 땅 위에 기독교가 존재하는 한, 피 흘리며 순교하는 일이 끊이지 않는다는 사실을 사도 요한에게 분명히 계시하셨습니다. 그러므로 지금도 순교의 피는 흐르고 있습니다. 앞으로도 그럴 것입니다. 과거 한반도에도 수없이 많은 순교의 피가 흘렀습니다. 아마 그것으로 끝이 아닐지도 모릅니다. 언젠가는 또다시 흐를지도 모릅니다. 자자손손 주님이 오시는 그날까지 흐르게 될지도 모릅니다. 기독교가 만약 피 흘리기를 주저한다면 그 생명은 끝날 것입니다.

> 다섯째 인을 떼실 때에 내가 보니 하나님의 말씀과 그들이 가진 증거로 말미암아 죽임을 당한 영혼들이 제단 아래에 있어 큰 소리로 불러 이르되 거룩하고 참되신 대주재여 땅에 거하는 자들을 심판하여 우리 피를 갚아주지 아니하시기를 어느 때까지 하시려 하나이까 하니(계 6:9-10).

하나님의 보좌 앞 제단 아래에는 '하나님의 말씀'과 '가진 증거'로 인하여 죽임을 당한 사람들이 있습니다. 그들은 믿음을 지키려다가 순교한 영혼들입니다. 아마 스데반도 그들 중에 있을 것입니다. 그리고 그 영혼들은 오늘날까지 이 제단 앞에서 "오, 거룩하고 참되신 대주재여, 내가 땅 위에서 흘린 피를 언제 신원해주시려 하십니까? 어서 심판해주십시오" 하고 부르짖을 것입니다. 바울의 피, 베드로의 피, 야고보의 피, 폴리캅의 피, 이그나티우스의 피, 그 외 수많은 순교자들의 피가 2,000년 넘도록 이 제단 앞에서 하나님께 부르짖고 있을 것입니다.

우리나라에도 지금까지 이름 없이 빛도 없이 스러져간 조선 말기의 순교자들, 일제강점기와 공산주의 아래서 피 흘린 성도들이 있습니다. 그들의 영혼이 오늘도 하나님의 제단 앞에서 기도하고 있습니다. 과연 언제까지 그들의 기도가 계속되고, 순교의 피가 흐를까요?

> 각각 그들에게 흰 두루마기를 주시며 이르시되 아직 잠시 동안 쉬되 그들의 동무 종들과 형제들도 자기처럼 죽임을 당하여 그 수가 차기까지 하라 하시더라(계 6:11).

흰 두루마기는 예수님이 주시는 의의 옷을 상징합니다. 또한 놀라운 의의 생명을 상징합니다. 주님은 흰 두루마기를 주시며 '잠시 동안 쉬고 있으라'고 말씀하십니다. 애석하게도 하나님은 '잠시'라고 하십니다. 우리 인간에게는 몇천 년인데, 하나님은 잠시라고 하십니다. 언제까지입니까? '그 수가 차기까지'입니다.

하나님이 정하신 순교자의 수가 있습니다. 몇 명인지는 모르겠습니다. 앞으로 순교의 피를 대한민국 교회에서 얼마나 받으실지, 중국에서는 얼마나 받으실지, 동남아시아에서는 얼마나 받으실지 우리는 알 수 없습니다.

순교자의 수가 차기까지 기독교는 끝없이 피를 흘리게 되어 있습니다. 우리는 이 사실을 분명히 인식하고 예수님을 믿어야 합니다. 지금은 우리가 우리의 생명을 주님 앞에 산제사로 드리고 있지만, 언젠가는 정말 목숨을 제단에 올려놓아야 할 때도 있을 것입니다.

죽을 각오로 살라

사실 순교자의 영광은 아무에게나 주어지는 것이 아닙니다. 하나님께서 특별히 은혜 주신 자에게만 가능한 일입니다. 우리는 비록 순교자의 대열에 참여하지 못할지라도 스데반을 통해 기독교가 피 흘리는 종교임을 알아야 합니다. 기독교는 생명을 바치는 종교입니다. 예수 믿는다는 말은 나 자신을 완전히 주님께 제물로 바친다는 뜻입니다. 이런 각오로 예수를 믿는다면 두렵지 않습니다. 죽을 각오로 살면 두려울 것이 하나도 없습니다.

참된 신앙생활을 하려면 날마다 죽을 각오로 살아야 합니다. 나 자신을 당장 제단에 올려질 순교자의 제물로 생각할 때 비로소 순수한 신앙생활이 가능하지, 내가 살겠다고 애쓰면 신앙생활을 제대로 할 수 없다는 것을 알아야 합니다. 이처럼 스데반의 첫 순교로부터 하나님이 정하신 순교자의 수가 차기까지 우리는 참다운 그리스도인이 되기 위해 매일 순교를 각오해야 합니다. 그래야만 신앙의 순수성을 유지할 수 있고, 하나님의 손에 쓰임받을 수 있습니다.

스데반이 죽음으로 내몰린 진짜 이유

스데반은 어떤 이유로 죽었습니까? 이런 질문을 한다는 것이 좀 이상하게 보일지 모릅니다. 그러나 한번쯤 생각해볼 만한 가치가 있습니다. 7장 54절을 보면 이 사건의 흐름을 대충 짐작할 수 있습니다. 스데반을 세워놓고 신문하는 사람들과 그 광경을 지켜보는 군중들의 심리가 어떻게 흐르고 있습니까?

> 그들이 이 말을 듣고 마음에 찔려 그를 향하여 이를 갈거늘(7:54).

그들이 들은 "이 말"은 세 가지입니다. 첫째 "성전은 이제 하나님이 떠나신 집이다. 그러므로 성전을 우상시하지 말라"는 것이고, 둘째 "너희 조상들과 너희들은 꼭 같다. 너희 조상들이 성령을 거슬러 행한 것처럼 너희들도 성령을 거슬러 행한다"는 것이며, 셋째 "너희 조상들이 메시아를 예언하는 선지자들을 죽인 것처럼 너희들은 예수님을 죽였다"는 것입니다.

이 말은 유대인들의 가슴을 치는 질책이요, 그들의 양심을 찌르는 무서운 정죄였습니다. 아무리 양심이 굳었다 해도 찔릴 수밖에 없는 말입니다. 사탄의 지배를 받고 있던 군중은 스데반을 향해 이를 갈았습니다. 그러나 그 이상의 행동은 하지 못하고 이만 갈았습니다. 스데반이 이쯤에서 입을 딱 다물고 태도를 누그러뜨렸다면 돌에 맞아 죽는 지경까지는 가지 않았을지도 모릅니다. 군중이 그런대로 자제하는 모습을 보였기 때문입니다. 그들은 이만 갈고 앉아 있었습니다. 그러니 엄격하게 말하면, 스데반이 죽은 직접적인 원인은 따로 있었다고 할 수 있습니다.

> 스데반이 성령 충만하여 하늘을 우러러 주목하여 하나님의 영광과 및 예수께서 하나님 우편에 서신 것을 보고 말하되 보라 하늘이 열리고 인자가 하나님 우편에 서신 것을 보노라 한대(7:55-56).

스데반은 이를 가는 유대인들에게 기름을 끼얹는 결정적인 한마디를 더했습니다. 예수님이 살아 계신다고 증거 한 것입니다. 예수님을 죽였다는 책망에 대해서는 유대인들도 변명할 여지가 없었습니다. 불과 얼마 전에 있었던 일이니까요. 그런데 스데반의 입에서 더 이상 참을 수 없는 말이 나왔습니다. 스데반이 하늘을 우러러 이렇게 말한 것입니다. "인자가 하나님 우편에 서신 것을 보노라!"

'인자'(人子)라는 말은 누가 가장 많이 사용했습니까? 예수님이 평소 자신을 가리킬 때 즐겨 사용한 호칭이 아닙니까? 성령이 이렇게 말하도록 하신 것이 분명합니다. 군중이 '인자'라는 말을 들었을 때

신경이 얼마나 날카로웠을지 짐작이 가고도 남습니다. "인자가 하나님 우편에 서신 것을 보노라"는 "너희들이 십자가에 못 박아 죽인 예수가 죽은 것이 아니라 지금 저기 하나님 옆에 살아 계신다"는 뜻으로 결국 예수님의 부활을 증거 하는 것이었습니다.

이 말을 듣고 사람들은 큰 소리를 지르며 발악했습니다. 마치 귀신 들린 사람이 예수님을 보자마자 거품을 입에 물고 법석을 떨었던 것과 꼭 같은 모양입니다. 마귀에게 사로잡힌 인간들이니 예수님이 살아 있다는 말을 듣자 완전히 이성을 잃고 귀를 막은 채 스데반에게 달려들어 돌로 쳤습니다. 예수님이 살아 계신다고 말한 것 때문에 그는 결국 돌에 맞았습니다. 이것이 무엇을 의미하는지 깊이 생각해보기 바랍니다.

스데반의 일이 있기 전, 꼭 같은 자리에서 예수님은 "인자가 구름을 타고 오는 것을 보리라"고 하셨습니다. 그리고 지금, 스데반은 그 인자가 하나님 우편에 서 계신다고 했습니다. 예수님의 증거와 스데반의 증거가 일맥상통합니다. 한마디로 말하면 "예수님은 메시아요, 만왕의 왕이요, 하나님이요, 살아 계신 구주"라는 것입니다.

유대교의 지도자들과 폭도들은 더 이상 참지 못했습니다. 우리는 사탄의 본성을 알아야 합니다. 사탄은 예수가 죽었다는 사실까지는 긍정합니다. 그러나 한 발짝 더 나아가면 기를 쓰고 반대합니다. 곧 죽은 예수가 다시 살아서 하늘과 땅의 권세를 가진 메시아요, 왕이요, 구주가 되셨다는 진실은 악을 쓰고 거부합니다. 이것이 사탄의 본성입니다.

33

사울의 가슴에
스데반의 피가 번지다

스데반이 성령 충만하여 하늘을 우러러 주목하여 하나님의 영광과 및 예수께서 하나님 우편에 서신 것을 보고 말하되 보라 하늘이 열리고 인자가 하나님 우편에 서신 것을 보노라 한대 … 성 밖으로 내치고 돌로 칠새 증인들이 옷을 벗어 사울이라 하는 청년의 발 앞에 두니라(행 7:55-56, 58)

부활의 증인이 된다는 것은 순교자가 된다는 것과 같은 의미입니다. '순교자'와 '증인'은 헬라어 원어 '마르투스'로 같습니다. 예수님이 우리의 구주요, 부활하여 살아 계신다는 것을 전하는 일은 생명을 건 싸움입니다. 예수 믿으라고 권하는 것은 표면적으로는 별일 아닌 듯하지만, 보이지 않는 영적 세계에서는 큰 싸움입니다. 사탄은 그 소리를 죽어도 듣기 싫어합니다. 핍박 때 같으면 당장 달려들어 목을 조를 것입니다. 믿지 않는 사람에게 예수님이 살아 계신 하나님의 아들이요 그분을 믿지 않으면 멸망한다고 전도하는 것은, 듣는 사람을 두고 사탄과 나 사이에 근본적인 싸움이 시작됨을 의미합니다. 예수님은 살아 계신 하나님이요 구주이심을 증거 하고 있습니까? 이는 분명 생명을 내놓는 것이나 다름없습니다. 죽을 각오를 하고, 예수님이 살아 계신다는 소식을 전하는 자를 위해 주님은 오늘도 하나님 우편에 서 계십니다.

**보좌에서 일어나
기다리시는 예수님**

스데반이 하늘을 바라보았을 때 주님은 보좌에서 일어나 서 계셨습니다. 어거스틴은 "예수님이 하나님 우편에 앉아 계신다고 말할 때는 심판자를 의미하고, 서 계신다고 말할 때는 변호자와 중보자를 의미한다"라고 해석했습니다. 좋은 해석입니다. 그러나 칼빈은 "중보자다, 심판자다 그렇게 구분하는 것은 인간적인 생각에서 나온 해석 같다. 예수 그리스도가 서 계시든 앉아 계시든 간에 주님이 하나님 우편에 계신다는 것은 그가 바로 하나님이요, 모든 생사를 주관하시는 주요, 모든 역사의 열쇠를 쥐고 계시는 주권자라는 것을 의미한다"라고 주장했습니다.

저는 어거스틴의 해석이 좀 더 마음에 듭니다. 서 계신 주님을 발견했을 때 스데반은 큰 위로를 받았을 것입니다. 주님은 복음을 위해 생명을 던지는 스데반을 그냥 앉아서 영접하실 수가 없으셨는지 일어나 두 팔을 벌리고 맞이하실 준비를 하셨습니다. 기독교 최초의 순교자 스데반을 영접하신 주님이 서 계셨다면, 마지막 수를 채우는 순교자가 하나님 나라에 입성하는 그 순간까지도 주님은 서서 그들을 영접하실 것입니다.

세상이 보기에 순교자는 너무나 비참하고 허무한 인생을 살다 가는 사람일지 모르지만, 하나님 나라에서는 이처럼 놀라운 영광이 기다리고 있습니다. 이것이 순교자가 누리는 영광입니다. 세상에서 아무리 영화롭게 살면 무엇합니까? 고대광실 좋은 집에 살면 무엇하며, 왕좌에 앉아서 세계를 호령한들 그게 무슨 소용입니까? 죽고 나면 모든 것이 꿈같이 지나가고 그다음에는 무서운 심판이 기다리고 있음을 생각해보십시오. 누가 그 사람을 일컬어 행복하다 말할 수 있으며 성공했다 말할 수 있겠습니까?

그러나 이 세상에서는 스데반처럼 돌무더기에 깔려 죽거나, 베드로처럼 십자가에 거꾸로 못 박혀 비참하게 죽거나, 바울처럼 칼날에 목이 날아갈 수도 있지만 그 순간이 지나면 바로 우리 주님이 두 팔 벌리고 서서 영접해주시는 영광을 누린다고 생각해봅시다. 그다음에 누릴 영원한 행복과 영광을 한번 상상해봅시다. 어느 것을 선택하겠습니까? 우리에게는 이런 꿈이 있어야 합니다.

"주님, 세상적으로 볼 때는 예수 믿는 것 때문에 남에게 멸시도 당할 수 있고, 가난할 수도 있고, 때로는 너무나 초라한 삶을 살게 될지도 모르지만, 이런 과정이 끝난 다음 주님 앞에 서는 순간부터 하늘 영광이 나를 둘러싸고 주님의 팔이 나를 안아주신다면, 땅의 것을 한순간에 다 포기하고 고난을 택하겠습니다."

미래의 꿈과 영광을 사모하는 간절함을 잃어버린다면 더 이상 기독교가 아닙니다. 이미 세속화된 종교입니다. 스데반처럼 돌에 맞아 죽을 위기까지는 아니라 할지라도, 부활의 증인이 되어 욕도 먹고 조롱도 받고, 어떤 때는 물바가지를 뒤집어쓰는 모험도 한번 겪어봅시다. 부활의 증인으로서 그런 일을 당할 각오를 하고, 그것을 오히려 기쁘게 여길 정도로 내세의 영광을 바라보는 눈이 있다면 세상은 우리를 감당하지 못할 것입니다.

**스데반을 거두시고
사울을 그 자리에**

스데반이 죽은 이유와 함께 생각해볼 것은 스데반을 죽인 사람이 누구인가입니다. 사울과 그의 추종자들이 바로 그 장본인입니다. 사울이 그 일을 지휘하고 있었습니다. 그는 새파란 청년이었습니다. 스스로 이스라엘 중의 이스라엘이요, 아브라함의 자손이라 자처할 만큼 교만한 사람이었고, 가말리엘 문하에서 고등교육을 받은 엘리트였으며, 유대교를 위해서는 무슨 짓이라도 할 수 있는 골수분자였습니다.

하나님께서는 유대교의 엘리트 사울과 기독교의 엘리트 스데반을 바꾸셨습니다. 우리 생각 같으면 스데반을 사용하시는 것이 하나님께 더 영광이요, 스데반과 같은 사람이 일해야 마땅할 것 같은데, 하나님은 스데반을 거두어가시고 그 자리에 사울을 세우셨습니다. 그리고 놀라운 역사를 시작하셨습니다. 왜 그렇게 하셨을까요? 하나님의 깊은 뜻을 누가 깨달을 수 있겠습니까? 누가 그 진리의 깊고 오묘함을 헤아릴 수 있겠습니까?

스데반은 바울을 낳기 위해 죽은 것입니다. 순교자의 피는 절대 헛되지 않습니다. 순교자의 피는 소리 없이 흘러도 거기에는 반드시 열매가 있습니다. 순교자의 피는 결국 하나님의 뜻을 이루고 맙니다. 스데반은 헛되이 죽은 것이 아닙니다. 자기보다 더 위대한 복음 전도자를 남겨놓고 대신 죽은 것입니다.

사도행전을 기록한 사람은 바울의 주치의인 누가입니다. 누가는 바울에게 전도를 받았고 일생 동안 그를 따라다니며 선교에 동역한 제자였습니다. 스데반이 돌에 맞아 죽는 마지막 장면, 스데반이 마지막까지 예수 그리스도를 증거 하던 감동적이고 인상적인 장면을 누가는 누구에게 상세히 듣고 기록했을까요? 아마 바울에게서 들었을 것입니다. 바울은 그 사건을 처음부터 마지막까지 생생히 목격했으며 평생 동안 한시도 잊지 않고 살았던 것 같습니다. 주님을 만나고 복음 전도자가 된 바울이 "나는 죄인 중의 괴수라"고 자주 말했던 것으로 보아 스데반을 죽인 죄인이라는 의식이 그의 가슴 깊이 새겨져 있었던 것 같습니다.

바울이 옥에 갇히고 매를 맞고, 그야말로 조난과 굶주림과 강도의 위험을 당하면서도 모든 쓴잔을 달게 마시며 아무리 무거운 십자가라도 끝까지 지기를 기뻐했던 그 마음 바닥에는, 스데반의 몫까지 감당하겠노라는 강한 책임감이 있었으리라고 봅니다.

순교자의 피는 강합니다. 순교자의 피는 죽어도 소리치고 있습니다. 아벨의 피가 땅에서 하늘을 향하여 소리친 것처럼 스데반의 피는 사울의 가슴속에서 그의 심장 박동과 함께 소리치고 있었습니다. 대한민국 교회가 이처럼 성장한 이유는 순교자들의 피가 오늘도 하나님 앞에서 소리치고 있기 때문입니다.

목숨이여 안녕, 죽음이여 오라

우리는 순교자가 되지는 못한다 할지라도 그 정신만큼은 이어받아야 합니다. 어디를 가든지 사람을 두려워하지 말고 예수 부활의 증인이 되어야 합니다. 날마다 죽기 위해 사는 순교의 정신이 필요합니다. 또한 하나님이 원하시면 순교의 대열에 서겠다는 각오도 필요합니다. 하나님이 받기를 원하시면 아무도 피할 수 없습니다. 반대로 아무리 순교자가 되고 싶어도 하나님이 받지 않으시면 순교자가 될 수 없습니다.

로마제국에 '줄리타'라고 하는 귀족 여성이 있었습니다. 줄리타가 독실한 그리스도인이 되었을 때 황제가 그를 불렀습니다. 황제는 줄리타에게 로마 신에게 절하지 않는다면 자신뿐만 아니라 로마법도, 재판관들도 그를 보호해주지 못하며 결국 생명까지 위험해질 것이라고 경고했습니다. 이에 줄리타는 이렇게 대답했다고 합니다.

"목숨이여 안녕, 죽음이여 오라. 부귀여 안녕, 가난이여 오라."

그는 예수 그리스도께 사악하고 불경스러운 말을 하느니 차라리 자신이 가진 모든 것을 다 버릴 각오가 되어 있었습니다. 결국 줄리타는 순교했습니다.

지금 평안하다고 안심하지 맙시다. 안일한 생활만 바라고 어떻게 해서든 그저 무난하게 넘어가기만을 바라는 사고방식으로는 장차 닥칠지 모를 어려운 때를 견뎌낼 수 없습니다.

그러나 성령은 우리를 썩게 놔두지 않으십니다. 성령의 능력은 환난 때나 평안할 때나 한결같이 자녀들을 순수하게 보전하십니다. 우리 자신을 그 능력에 맡깁시다. 스데반처럼 성령 충만한 사람이 되면 아무리 세상이 평안하다 할지라도, 줄리타처럼 부유하게 산다 할지라도 절대 부패하지 않을 것입니다. 우리는 성령 충만한 사람이 되어야 합니다. 의지와 감정으로 예수 믿지 말고 성령의 능력으로 예수 믿게 해달라고 기도합시다.

사도행전 8장

하나님께서는 이 일을 천사들에게 맡기지 않으셨습니다. 위대한 영물이나 특정 그룹에게 맡기지도 않으셨습니다. 오직 사람의 입을 통해, 먼저 들은 자를 통해 전파되게 하셨습니다. 그 외에 다른 길은 없습니다. 결국 복음은 먼저 받은 사람이 전할 책임을 지는 것입니다.

34

교회를 위해
교회를 흩으시다

사울은 그가 죽임 당함을 마땅히 여기더라 그날에 예루살렘에 있는 교회에 큰 박해가 있어 사도 외에는 다 유대와 사마리아 모든 땅으로 흩어지니라(행 8:1)

사도행전 8장은 교회사의 신기원이 담긴 역사적인 페이지입니다. 사도행전 1장 8절에서 예수님은 승천하시기 전에 복음이 전파되는 순서를 말씀해주셨는데, 첫 단계인 '예루살렘'의 복음화는 사도행전 7장에서 마무리됩니다. 8장부터는 다음 단계인 '온 유대와 사마리아'에 예수 그리스도의 이름이 전해집니다. 복음 전도의 무대가 예루살렘에서 유대와 사마리아로 넘어가는 것입니다.

그렇다면 어떻게 복음이 땅 끝까지 전해질 수 있을까요? 하나님께서는 이 일을 천사들에게 맡기지 않으셨습니다. 위대한 영물이나 특정 그룹에게 맡기지도 않으셨습니다. 오직 사람의 입을 통해, 먼저 들은 자를 통해 전파되게 하셨습니다. 그 외에 다른 길은 없습니다. 결국 복음은 먼저 받은 사람이 전할 책임을 지는 것입니다.

복음을 가장 먼저 들은 이들은 말할 것도 없이 예루살렘교회 성도들입니다. 그들은 누구보다도 먼저 예수님을 믿고 구원받았습니다. 주님 안에서 변화되어 새사람이 되었습니다. 육신의 정욕으로 살던 사람이 성령의 소욕으로 사는 거룩한 자로 바뀌었습니다. 성품이 바뀌었습니다. 성격도 바뀌었습니다. 생활도 바뀌었습니다. 인생의 목적과 의미도 이전과 달라졌습니다. 예수님 때문에 근본적인 변화가 일어났습니다. 이렇게 복음을 먼저 받은 예루살렘교회에는 그만큼 무거운 책임이 주어졌습니다. 온 유대와 사마리아와 땅 끝을 향해 복음을 들고 나아가는 것입니다.

우리도 마찬가지입니다. 가족 중에서 가장 먼저 복음을 받았습니까? 그만큼 무거운 책임이 있다는 것을 알아야 합니다. 우리의 입을 통하지 않고는 가족에게 복음이 전해지지 않기 때문입니다. 우리의 입을 통해 예수님이 증거 되지 않으면 우리 부모, 형제, 자녀는 구원을 못 받습니다. 특정 지역에서 어느 교회 성도들이 먼저 복음을 받고 하나님 말씀을 배웠다면 그만큼 그들의 어깨가 무겁습니다. 소돔 같은 지역을 구원해야 할 책임이 바로 그들에게 있기 때문입니다. 받았기 때문에 그만큼 책임이 있습니다.

핍박을 통해 흩으시다

예루살렘교회도 복음을 먼저 받았기 때문에 중대한 책임이 있었습니다. 그런데 그들은 스데반의 순교와 함께 무서운 핍박을 받았습니다. 이 핍박은 비록 짧은 기간에 자행되었지만 얼마나 거센지 갑자기 휘몰아치는 폭풍우처럼 정신을 차릴 수 없었습니다. 조그마한 핍박이 아니라 '큰 핍박'이었습니다. 8장 3절의 '잔멸할새'라는 표현을 보면 정도를 가늠할 수 있습니다. 사울이라는 자가 앞장서서 교회를 뿌리째 뽑아버리려고 달려들었습니다. 그는 가가호호 샅샅이 수색하며 맹렬한 핍박을 퍼부었습니다.

그러나 예루살렘교회의 핍박은 길게 가지 않았습니다. 핍박에 담긴 하나님의 뜻이 이뤄졌기 때문입니다. 이 교회에 임한 핍박의 이면에는 하나님의 특별한 목적, 분명한 목적이 있었습니다. 이 교회를 흩어버리는 것이었습니다. 3-4절을 보면 핍박 때문에 일부는 감옥에 갇혀 고생하지만, 나머지 사람들은 흩어져서 사방에 두루 다니며 복음을 전한 것을 알 수 있습니다. 하나님은 그들이 복음을 들고 흩어지게 하신 것입니다. 이 일을 두고 어떤 성경학자들은 이렇게 해석합니다. "예루살렘교회 성도들이 은혜 받고 예수를 먼저 믿었으면 그만큼 전해야 할 책임이 있는데도 날마다 성도들끼리 모여 떡을 떼고 기도하며 흩어질 생각을 하지 않았기 때문에, 하나님께서 핍박이라는 도구를 통해 흩으신 것이다."

이 해석을 전적으로 받아들이는 데는 무리가 따릅니다. 과연 성도들이 하나님의 뜻을 어기면서까지 흩어지지 않으려고 했을까요? 사도들 밑에서 하나님의 말씀을 받고 성령의 특별한 기름 부음을 받아 예수님의 제자가 된 사람들이 복음을 땅 끝까지 전하라는 그분의 뜻을 몰라서 혹은 복음을 전하기 싫어서 끝까지 버티고 있었을까요? 핍박이라는 무서운 매를 맞을 때까지 그들이 불순종했다는 해석은 조금 지나치다는 생각이 듭니다.

예루살렘교회 성도들은 복음을 전하고 싶은 마음이 굴뚝같았습니다. 그들이 얼마나 하나님 말씀을 담대하게 전하길 원했습니까? 단지 지금은 예루살렘에 복음을 더 전해야 하며 아직 사마리아나 유대 전 지역으로 나아갈 단계가 아니라고 생각했던 것뿐입니다. 이처럼 인간이 하나님의 때를 정확히 맞추기란 쉽지 않습니다.

땅 끝까지 흩으시다

우리에게도 복음을 전해야 한다는 불같은 마음이 있지만 적당한 때는 알지 못합니다. 하나님께서 어떤 계시로 우리를 움직이실지, 어떤 방법으로 보내실지는 잘 모릅니다.

예루살렘 성도들도 마찬가지였을 것입니다. 그들이 흩어지지 않으려고 했기 때문에 하나님이 억지로 흩으셨다고 말하기에는 무리가 있어 보입니다. 하나님이 충성스러운 그들을 흩어놓는 방법으로 핍박이라는 도구를 사용하신 것뿐입니다. 핍박은 모든 것을 다 내버린 채 뒤도 돌아보지 않고 흩어지게 할 수 있는 가장 좋은 방법이었습니다. 만약 사람들이 서로 "너는 사마리아로 가라", "너는 유대로 가라" 이렇게 의논했다면 시간이 얼마나 걸렸겠습니까? 핍박은 폭탄처럼 한번 터뜨리면 싹 흩어버릴 수 있는 강력한 방법이었습니다. 그렇게 발을 뗀 예루살렘 성도들은 사마리아뿐만 아니라 유대와 땅 끝까지 가게 되었습니다.

> 그때에 스데반의 일로 일어난 환난으로 말미암아 흩어진 자들이 베니게와 구브로와 안디옥까지 이르러 유대인에게만 말씀을 전하는데(11:19).

스데반의 사건 뒤에 일어난 환난으로 흩어진 사람들이 어디까지 갔습니까? 사마리아뿐만 아니라 베니게, 구브로, 안디옥까지 갔습니다. 구브로는 지금의 터키 아래쪽에 자리한 큰 섬입니다. 즉, 이방 지역까지 간 것입니다. 안디옥은 이방 선교의 전초기지가 되었던 곳으로 이곳 역시 이방 땅입니다. 사마리아도 아니고 유대도 아닌 저 바깥 지역까지 사람들이 가서 복음을 전한 것입니다.

얼마나 많은 사람이 흩어졌기에 이토록 멀리까지 복음이 전파되었을까요? 가만히 생각해봅시다. 예루살렘에 있는 감옥이 얼마나 컸는지는 모르지만 몇백 명 들어가면 다 차고 말았을 것입니다. 예루살렘에 예수 믿는 사람이 몇 명이었다고 기록되어 있습니까? 2장 40절에서 3,000명, 4장 4절에서 5,000명이 믿게 되었으니 이들만 최소 8,000명입니다. 더구나 이 숫자는 남자들만 헤아린 것이니 부인들까지 더한다면 1만 명이 훨씬 넘었을 것입니다. 그 많은 사람들이 싹 흩어졌으니 복음이 얼마나 세차게 퍼져나갔을까요? 하나님께서 참 기가 막히게 역사하셨습니다.

흩어짐이 복의 통로가 되다

핍박은 우리에게 대단히 두려운 것이지만 하나님은 더 큰 복을 내리는 통로로 사용하시기도 합니다. 몇 가지 역사적인 예를 들 수 있습니다. 흉노족이 로마제국을 침범했을 때 많은 여자들이 포로로 잡혀가서 노예와 첩이 되었지만, 그들은 흉노족과 살면서 예수 그리스도의 복음을 전했습니다. 그들 때문에 심지어 몽골에도 복음이 들어갔습니다. 또 하나 예를 들면, 영국국교회의 핍박을 견디다 못한 청교도들이 아메리카 대륙으로 건너가서 오늘날 세계 선교의 주역인 미국을 세웠습니다. 이것이 다 핍박 때문에 일어난 일입니다.

우리나라의 경우 일제강점기 때 정치적, 종교적으로 핍박을 받아 쫓기고 쫓기다가 결국 만주까지 간 사람들이 있었습니다. 그래서 오늘날 만주 지역에 교회가 얼마나 많습니까? 모두 핍박을 피해 이주한 사람들이 이루어낸 일입니다.

우리는 가끔 '하나님은 너무 잔인하시다. 어떻게 이런 방법을 통해 복음을 전하려고 하실까?'라는 생각을 하게 됩니다. 물론 우리 입장에서는 그렇게 볼 수 있지만, 하나님의 지혜는 우리와 차원이 다르다는 것을 기억해야 합니다. 바람이 세차게 불면 민들레 씨앗이 바람을 타고 먼 곳으로 흩어져 싹을 틔웁니다. 하나님께서는 바로 이런 방법을 사용하십니다.

물론 핍박은 어디까지나 사탄의 역사입니다. 하나님께서 핍박을 복음 전파의 기회로 사용하시기는 하지만, 핍박의 주도권을 쥐고 있는 세력은 사탄입니다. 핍박이 시작될 때는 사탄이 교회를 이기는 것 같습니다. 스데반을 죽이고, 교회를 잔멸하기 위해 집집마다 뒤져서 예수 믿는 자를 다 끌어내며 성도들을 흩어버릴 때는 사탄의 앞잡이 노릇을 하던 사울이 승리한 것처럼 보입니다. 그러나 이후에 일어난 일들을 보십시오. 사탄은 하나님의 지혜를 결코 이길 수 없습니다. 상황이 완전히 역전됩니다.

사탄은 교회를 없애기로 작정하고 핍박했으며, 상황은 사탄의 의도대로 흘러가는 것처럼 보였습니다. 하지만 엉뚱하게도 교회는 사방으로 흩어져 새로운 교회를 낳았습니다. 예루살렘에만 있던 교회가 다른 지역에도 생겨났고, 그 일은 하나님의 큰 뜻이 이루어지는 계기가 되었습니다. 사탄이 훼방을 놓으려고 달려들었지만 오히려 하나님의 뜻이 성취되었습니다. 가장 앞장서서 교회를 핍박하던 사울이 결국 어떻게 되었습니까? 복음을 위해 일하는 바울로 바뀌었습니다. 하나님의 나라는 반드시 승리합니다.

사탄은 예수를 죽이면 하나님의 계획이 완전히 무너질 거라 생각했지만, 사탄의 예측은 완전히 빗나갔습니다. 도리어 예수 한 분을 죽임으로 온 인류가 구원받는 길이 열렸습니다. 이처럼 사탄의 일이 제대로 된 게 있습니까? 하나도 없습니다. 많은 순교자가 피를 흘리면 교회가 뿌리째 뽑히리라 기대했지만, 엉뚱하게도 복음의 역사는 더욱 불같이 일어났습니다.

흩어져 썩는 밀알

교회가 해야 할 중요한 일은 복음 전파입니다. 증인이 되는 것입니다. 예수님 때문에 핍박을 받아 모든 것을 잃어버린 자들을 보십시오. 집도 생업도 포기하고 가족이 뿔뿔이 흩어져 나그네가 되었습니다. 세상의 눈으로 보면 완전히 패배자가 된 것 같지만, 그들은 가는 곳마다 복음 전하는 일에 열중하는 증인이 되었습니다.

그렇습니다. 우리는 복음 전파를 최우선으로 두어야 합니다. 세상적으로는 성공했지만 행복하지 않고, 몸은 건강하지만 마음은 병들어 있고, 돈은 벌었지만 삶이 공허한 사람들, 공부는 많이 했는데 인생의 목적과 의미를 찾지 못한 사람들, 겉으로는 허세를 부리지만 속으로는 부들부들 떨고 있는 사람들, 죽음 앞에서 사시나무 떨듯 하는 사람들… 하나님께서는 그들을 구원하기 원하십니다.

예수 믿고 영원한 생명을 얻었습니까? 그렇다면 복음의 증인이 되어야 합니다. 교회가 이 땅 위에 존재하는 이유는 예수 그리스도를 몰라 영원한 멸망의 자리로 떨어지는 수많은 사람을 건져 올리기 위함입니다. 초대교회 성도들은 핍박으로 흩어져 나그네가 되어도 복음 전하는 일에 열심이었습니다.

> 내가 진실로 진실로 너희에게 이르노니 한 알의 밀이 땅에 떨어져
> 죽지 아니하면 한 알 그대로 있고 죽으면 많은 열매를 맺느니라
> (요 12:24).

예루살렘교회 성도들은 한 알의 썩는 밀알이 되었습니다. 덕분에 사마리아에서 수많은 열매가 맺혔습니다. 그들은 또한 유다 각지는 물론이고 구브로와 안디옥에서도 풍성한 열매를 거두었습니다.

35

흩어진 자와 남은 자

그 흩어진 사람들이 두루 다니며 복음의 말씀을 전할새 빌립이 사마리아성에 내려가 그리스도를 백성에게 전파하니 무리가 빌립의 말도 듣고 행하는 표적도 보고 한마음으로 그가 하는 말을 따르더라(행 8:4-6)

사도행전을 읽다 보면 한 가지 이상한 점을 발견하게 됩니다. 하나님이 예루살렘교회를 흩으시는 중에도 예루살렘을 떠나지 않은 사람들이 있었습니다.

> … 교회에 큰 박해가 있어 사도 외에는 다 유대와 사마리아 모든 땅으로 흩어지니라(8:1).

열두 사도는 핍박을 받으면서도 흩어지지 않고 예루살렘에 남아 있었습니다. 이는 어떤 면에서 해석하기가 퍽 어려운 문제입니다. 여기에 대한 몇 가지 의견이 있습니다. 우선 왜 사도들이 핍박을 받으면서도 예루살렘에 남아 있었나 하는 의문에 대한 해석입니다. 당시 예루살렘교회는 본토박이 성도와 교포 성도, 즉 유대파와 헬라파로 구성되어 있었습니다. 스데반은 교포로 살다가 예루살렘에 온 유대인이었는데, 당시 예루살렘에는 스데반 같은 교포 신자들이 오순절을 지키기 위해서 많이 와 있었습니다. 핍박은 이 두 파 중 스데반이 포함된 헬라파 성도들에게 집중됐습니다. 그래서 유대파인 사도들에게는 핍박이 미치지 않았을 것이라는 해석입니다. 이런 이유로 사도들이 예루살렘에 남아 있었다고 해석합니다.

그러나 이 해석은 받아들이기 어렵습니다. 성경에 보면 "사도 외에는 다" 흩어졌다고 했는데(8:1), 헬라파와 유대파가 다른 처지였겠습니까? 분명히 다 흩어졌다고 성경에 기록되어 있습니다.

둘째는 사도들의 권위와 덕망이 예루살렘에서 두드러졌기 때문에 핍박자들이 그들에게는 감히 손을 대지 못했다는 해석입니다. 이 해석도 받아들이기 어렵습니다. 역사적으로 볼 때 가장 먼저 핍박의 대상이 되는 사람들은 대부분 지도자입니다. 지도자를 꺾으면 그 세력은 힘을 잃고 흩어지기 때문입니다. 아무리 사도들의 권위가 대단하고 덕망이 높았다고 할지라도 핍박자들이 그들에게 손을 대지 않았을 것이라는 생각에는 동의하기 어렵습니다.

셋째, 가말리엘이 특별 배려를 해서 사도들의 신변을 지켜주었다는 해석입니다. 가말리엘은 당시 유대인 지도자들 중에서 가장 큰 영향력을 가진 사람이었습니다. 율법교사인 그는 바울의 스승이기도 합니다. 그러나 이 해석은 도무지 근거가 없습니다.

**사도들,
죽기를 각오하고 남다**

가장 건전하게 받아들일 수 있는 해석은 사도들이 죽기를 각오하고 예루살렘을 떠나지 않았다는 해석입니다. 그들이 핍박을 받지 않았다는 말은 없습니다. 모두가 예수 그리스도의 이름 때문에 고난을 당해야 했습니다. 그리고 핍박에 위협을 느낀 성도들이 밤중에 몰래몰래 흩어졌습니다. 그러나 사도들은 예루살렘교회를 사수하기 위해, 또 감옥에 잡혀 들어간 수많은 성도들을 생각해서 예루살렘을 떠날 수 없었던 것 같습니다. 그들은 죽을 각오를 하고 남아 있었습니다.

북한에서 한창 공산당의 핍박이 있을 때 많은 성도들, 교회 지도자들이 남한으로 넘어왔지만 "나는 이 교회를 사수하다 죽겠다"라면서 끝까지 버티다가 결국에는 순교하신 분들이 있습니다. 사도들도 그런 자세로 남아 있었다고 생각합니다. 그렇다고 해서 핍박을 피해 흩어진 사람들이 잘못했다는 것은 물론 아닙니다. 오히려 하나님의 뜻을 이루는 도구가 되었습니다. 또한 감옥에 들어간 사람들이 흩어진 사람들보다 더 경건했다고 말할 수도 없습니다. 사도들은 자기 양심과 교회를 위해 나름대로 결단을 내렸던 것입니다.

우리나라의 모든 목회자가 교회에 어려움이 있을 때 교회를 끝까지 지키고 양 떼를 위해 헌신하는 목자가 되었으면 합니다. 오늘날 목회자의 이미지는 자기 가족의 안전이나 자식의 성공, 혹은 자신의 목적 달성을 위해 다른 사람보다 한 걸음 앞서 처신하는 사람으로 인식되어 있습니다. 한마디로 영적 권위가 많이 떨어졌습니다. 사도들처럼 자기 생명을 내놓고 교회를 위해 흔들림 없이 지도자의 위치를 지키는 이들이 많아져야 합니다.

전도자 빌립 집사

한 가지 더 생각할 것은 8장 5절에 등장하는 전도자 빌립입니다. 21장 8절을 보면 빌립에게 '전도자'라는 호칭을 사용한 것을 볼 수 있습니다. 이 사람은 예수님의 제자 빌립이 아니라 일곱 집사 중 한 사람입니다. 그는 스데반처럼 헬라파 신자였습니다. 교회에서 집사라는 역할을 맡았지만 구제하는 일에 머무르지 않고 복음 전도를 최우선에 두고 살았기 때문에 "전도자 빌립"이라는 별명을 얻게 되었습니다.

선택받은 일곱 집사 중 한 명인 빌립은 6장 3절에 소개된 것처럼 세 가지 면에서 탁월한 인물이었습니다. 첫째, 평판이 좋은 사람이었습니다. 그는 예루살렘교회에서 칭찬을 들었습니다. 둘째, 성령의 능력을 가진 사람이었습니다. 빌립이 하는 일에는 큰 열매가 따랐습니다. 성령이 주신 능력이 있었기에 그가 전도하면 사람들이 예수를 믿었습니다. 셋째, 지혜가 충만한 사람이었습니다. 그는 뱀처럼 지혜로웠습니다.

예수님의 복음을 생활 속에서 전하고 싶어 하는 평신도나, 또 빌립처럼 전문적으로 전하기를 원하는 전도자에게는 '좋은 평판'과 '성령의 능력' 그리고 '지혜', 이 세 가지가 필수 조건입니다. 전도자가 인격이나 삶에 있어서 다른 사람들에게 칭찬과 존경의 대상이 되지 못한 채 예수를 전할 수 있겠습니까? 성도들의 눈에 목사의 잘못된 부분이 분명 보이는데 목사 입에서 나오는 말씀이 귀에 들리겠습니까? 안 들립니다. 전도자로 서기 위해서는 뼈를 깎는 노력이 수반되어야 합니다. 감정이 가는 대로 화를 내면 그 사람은 예수님을 전하지 못합니다. 봉사하는 일에 몸을 사리면 그 사람은 절대 전도할 수 없습니다. 옆에 있는 가난한 사람을 돕는 일에 한 푼도 내놓지 않고 과연 전도가 되겠습니까? 이웃에 어려운 일이 생겨도 한번 찾아가서 위로할 줄 모르고 그저 무관심하게 남의 일처럼 생각하는 사람의 입을 통해 그리스도가 전해질 수 있겠습니까? 장사할 때 한 푼이라도 더 남기려고 거짓말하는 등 양심에 거리끼는 생활을 한다면 전도할 수 있겠습니까?

전도하지 못하는 근본 이유가 무엇입니까? 주님 앞으로 사람들을 인도할 만한 감화력이 없는 이유가 어디에 있습니까? 주변 사람들이 예수 믿는 우리를 보고도 매력을 느끼지 않고 오히려 뒤에서 욕하는 이유가 어디에 있습니까? 스스로 냉정하게 생각해봅시다.

남들이 꺼리는 곳에 가다

빌립은 남들이 가기 싫어하는 전도지를 택했습니다. 유대인치고 사마리아에 가고 싶어 하는 사람은 하나도 없었을 것입니다. 복음서에 나오듯이 사마리아인은 유대인을 싫어했고 유대인도 사마리아인을 개처럼 취급했습니다. 그런 곳으로 전도하러 가야겠다고 생각한 사람은 없었습니다. 그러나 빌립은 남들이 꺼리는 곳, 전도하기 어렵다고 생각되는 곳을 찾아가 복음을 전했습니다. 만약 선교지와 전도할 대상을 자신의 기호대로 선택한다면 우리는 한 명도 전도하지 못할 것입니다.

선교를 금지하는 나라에 들어가 목숨 걸고 전할 지도자가 필요합니다. 또 복음 듣기를 꺼리는 사람들, 사람 사귀기를 싫어하는 사람들, 사회적으로 평판이 좋지 않은 사람들을 찾아갈 전도자도 필요합니다. 교회는 그렇게 해야 합니다.

사마리아를 찾아간 빌립은 오직 예수님만 전했습니다. 다른 말은 하지 않았습니다. 복음의 증인은 예수님 외에 다른 것은 자랑하지 않습니다. 우리 모두 빌립처럼 어디를 가든지 복음의 증인이 되어 큰 소리로 나팔을 불 수 있다면, 분명히 복음의 역사는 일어날 것입니다

36

성령세례에 관한
몇 가지 오해

이는 아직 한 사람에게도 성령 내리신 일이 없고 오직 주 예수의 이름으로 세례만 받을 뿐이더라 이에 두 사도가 그들에게 안수하매 성령을 받는지라(행 8:16-17)

사도행전 8장은 성경 전체를 놓고 볼 때 조금 어려운 부분입니다. 성경을 연구하는 신학자들이나 목사들 사이에서 이 본문은 늘 섭씨 100도입니다. 논쟁과 토론이 끊이지 않고 여러 견해들이 상충되어 항상 뜨겁게 달궈져 있습니다.

누구든지 이 본문으로 설교할 때는 상당 부분 자신의 신학적 견해와 확신, 또 직접적인 체험을 토대로 나름의 주관적인 해석을 담아서 말하게 된다는 사실을 이해해야 합니다. 다시 말해 교파마다, 목사마다 해석상 차이가 생길 수 있다는 점을 감안해야 합니다. 그러므로 성도들도 각자가 "이 견해가 옳다"라고 확신하면서 본문을 받아들일 수밖에 없습니다. 그러나 주의할 것은 그 가운데 분명 잘못된 해석이 있다는 사실입니다. 잘못된 몇 가지 해석을 정리하기에 앞서, 본문을 살펴보겠습니다.

빌립이라는 전도자가 사마리아에 처음으로 가서 예수 그리스도의 복음을 전할 때 하나님의 놀라운 능력이 그와 함께하셔서 큰 부흥이 일어났습니다. 많은 사람이 예수님을 믿고 세례를 받았습니다. 온 성에 기쁨이 충만했습니다. 성령의 역사가 얼마나 강했던지 그 성의 영적 지도자격인 마술사 시몬까지도 형식적으로나마 회개하고 돌아와 빌립의 추종자가 되었습니다.

사마리아의 부흥 소식은 예루살렘에 있는 사도들에게까지 전해졌습니다. 사도들은 이 놀라운 소식을 듣고 사마리아에 새로 탄생한 교회를 방문하기로 결정했습니다. 이에 따라 사마리아를 찾은 베드로와 요한은 그곳 사람들이 은혜 받는 것을 보고 찬양하며 하나님께 감사드렸습니다. 그런 가운데 아주 특별한 사건이 일어났습니다. 바로 성령의 임재입니다.

> 그들이 내려가서 그들을 위하여 성령 받기를 기도하니 이는 아직 한 사람에게도 성령 내리신 일이 없고 오직 주 예수의 이름으로 세례만 받을 뿐이더라 이에 두 사도가 그들에게 안수하매 성령을 받는지라(8:15-17).

이 말씀을 보면, 베드로와 요한이 이미 물세례를 받은 이들에게 성령세례를 받게 했습니다. 두 사도가 사마리아인들에게 안수를 하자 그들 모두 성령을 받고 하나님께 영광을 돌렸습니다. 이 일은 실제로 일어난 사실입니다. 이 말씀 속에 담긴 하나님의 뜻을 찾는 것은 잠시 뒤로하고, 먼저 이 본문을 근거로 한 위험스러운 견해들을 살펴보겠습니다.

물세례 따로 성령세례 따로?

첫째, 물세례와 성령세례는 구별된다는 견해입니다. 성부와 성자와 성령의 이름으로 세례를 받았다 하더라도 2차 성령 체험을 해야만 한다는 것입니다. 2차 성령 체험이 없으면 물로 세례를 받아보았자 소용이 없다고 주장합니다. 하지만 이는 성경적이지 않으며, 근본적으로 잘못된 견해입니다.

세례 요한이 물로 세례를 주면서 '뒤에 오시는 이'는 무엇으로 세례를 준다고 했습니까? '성령'입니다. 예수님의 이름으로 주는 세례는 성령세례 외에 없습니다. 만약 예수님의 이름으로 주는 세례에 물세례가 따로 있고, 성령세례가 따로 있다고 해석한다면, 예수님이 성령으로 세례를 주시는 분이라고 한 성경 말씀에 위배됩니다. 요한의 이름으로 물세례를 주고, 예수님의 이름으로 성령세례를 따로 준다면 말이 되지만, 예수님의 이름으로 물세례를 주면서 성령세례가 따로 있다고 주장하는 것은 잘못된 견해입니다.

> 베드로가 이르되 너희가 회개하여 각각 예수 그리스도의 이름으로 세례를 받고 죄 사함을 받으라 그리하면 성령의 선물을 받으리니(2:38).

베드로는 예수 그리스도의 이름으로 세례를 받으라고 했습니다. 그리하면 성령의 선물을 받을 것이라는 말도 했습니다. '그리하면'이라는 말 때문에 세례와 성령의 선물이 별개로 보이지만, 세례와 성령의 선물은 동시에 주어집니다. 베드로의 설교를 듣고 돌아온 3,000명에게 물세례와 성령세례가 별개로 주어졌다는 말은 성경 어디에도 없습니다. 또한 물로 세례를 받은 다음 성령세례를 받기 위해서 별도의 의식을 행했다는 기록도 전혀 없습니다. 그러나 그 3,000명이 모두 성령의 충만함을 입었다는 데 이의를 제기하는 사람은 없을 것입니다. 그 3,000명은 세례를 받음과 동시에 성령 충만한 사람들이 되었습니다.

예수의 이름으로 받는 세례는 철저하게 성령세례를 의미합니다. 성부와 성자와 성령의 이름으로 받는 세례에는 하나님의 모든 약속이 들어 있습니다. '성령을 받는다', '중생한다', '죄 씻음을 받는다', '하나님의 자녀가 된다', '한 몸으로 교회의 지체가 된다'라는 뜻이 전부 포함되어 있습니다. 이미 그 안에 하나님의 모든 약속이 포함되어 있으므로 물세례와 성령세례를 나눌 수 없습니다.

> 우리를 구원하시되 우리가 행한 바 의로운 행위로 말미암지 아니하고 오직 그의 긍휼하심을 따라 중생의 씻음과 성령의 새롭게 하심으로 하셨나니(딛 3:5).

예수님의 피를 상징하는 물을 머리에 뿌리든지, 온몸을 물에 담그는 침례를 하든지, 형식이 어떻든지 간에 세례를 베풀 때는 성령께서 역사하십니다. 죄 사함 받은 우리의 부정한 것을 씻어주시는 작업을 우리 안에서 하십니다. 성령 없는 물세례는 존재하지 않습니다. 성령을 떼어놓고 물세례만 있다면 아무런 의미가 없습니다. 중생도 불가능하고, 죄 씻음도 불가능하고, 하나님의 자녀가 되는 것도 불가능합니다. 물세례를 단순히 하나의 의식으로만 보고 성령세례를 따로 받아야 한다고 주장하는 것은 성경을 무시하는 잘못된 해석입니다.

안수를 받아야 성령을 받는다?

또 하나 잘못된 해석은 '안수'를 성령 받는 수단으로 보는 것입니다. 사도행전에서 누군가에게 성령을 받게 하려고 안수하는 장면은 이 본문과 19장 6절 두 곳뿐입니다. 성령은 안수 없이도 모든 믿는 자에게 임하셨습니다. 오순절에 마가의 다락방에 모인 120명에게도, 이방인 고넬료에게도 안수 없이 성령이 임했습니다.

성경에 기록되지 않은 모든 성도가 일일이 다 안수를 통해 성령을 받았다고 한다면 큰일이 벌어질 것입니다. 안수를 마치 자신들의 독점물처럼 생각하고 행하는 사람들이 있기 때문입니다. 가톨릭에서는 사도 베드로의 계승자인 교황, 혹은 신부가 안수하는 것을 특별한 권위로 보는 잘못된 해석이 있습니다. 개신교 일각에서도 성령을 받게 한다는 명목으로 안수를 전문적으로 하는 사람이 있으며, 어떤 이들은 반드시 안수를 통해야만 성령이 임한다고 가르칩니다. 그래서 세례식과 성찬식처럼 마치 안수식을 하나의 성례식처럼 행하기도 합니다. 이것은 성경적으로 모순이고, 자칫 엉뚱한 방향으로 성도들을 이끄는 잘못된 해석입니다. 성령은 무엇으로 받습니까? 조건은 하나입니다. 오직 믿음입니다. 오직 예수 그리스도를 믿음으로 성령을 받습니다. 세례도 마찬가지입니다. 오직 예수 그리스도를 믿는 것만이 세례의 조건입니다. 학습을 받고 6개월 후에 세례를 받는 것은 교회가 정한 질서일 뿐, 절대적인 성경의 원칙은 아닙니다. 성령은 믿는 자에게 역사하십니다. 만약 이 원리를 부정한다면 우리는 신약성경을 덮어야 할 것입니다.

안수를 교회의 의식으로 행할 수는 있지만, 성령이 안수를 통해서만 임할 수 있고 안수 받은 자를 통해서만 역사한다고 보는 것은 무서운 영적 독재라 할 수 있습니다. 현대 교회에서 안수 때문에 일어나는 부작용은 순수한 성령의 역사가 아닙니다. 우리는 성령을 가장해서 역사하는 사탄의 세력을 철저히 분석하고, 악한 영과 참된 영을 분별할 줄 알아야 합니다.

방언은 성령 받은 증거다?

또 주의해야 할 잘못된 견해는 성령 받은 증거가 방언이라고 가르치는 것입니다. 이같이 주장하는 사람들은 시몬이 성령 받는 것을 '보았다'는 말씀을 근거로, 그가 본 것이 '새 방언'이라고 해석합니다. 사람들이 새 방언을 했기 때문에 시몬이 그것을 보고 성령 받은 것으로 생각했다는 이야기입니다. 이 해석은 옳을 수도 있고 그렇지 않을 수도 있습니다.

사마리아에서 일어난 성령 사건의 특수성을 염두에 둔다면 이 해석은 타당할 수도 있습니다. 오순절 다락방에서 모든 사람이 새 방언으로 하나님을 찬양할 때 성령강림을 깨달았듯이, 사마리아에서도 같은 일이 반복되었을 것이라는 견해입니다. 그러나 이 해석은 옳지 않을 수도 있습니다. 시몬이 본 것이 '방언'이라고 성경에 단적으로 기록되지 않았기 때문입니다. 성령 충만한 증거는 방언이 아닌 다른 형태로 나타날 수 있습니다.

성령 받은 사람이 방언을 했다는 기록은 성경에서 세 곳에 불과합니다. 그것도 사도행전에서만 나타날 뿐입니다. 이렇듯 특수하게 나타나는 예를 근거로 삼아 성령이 임하는 보편적인 증거를 방언이라고 자꾸 고집하면 '방언이 없으면 성령세례 못 받은 것'이라는 결론이 나고 맙니다. 그러나 아름다운 신앙을 가진 믿음의 사람이나 성령 충만하여 하나님의 이적 기사를 나타내는 큰 인물 중에는 방언을 받지 못한 분도 많습니다. 따라서 성령과 방언을 동일시해서는 안 됩니다.

하나님께서 방언을 주셨으면 감사함으로 받고 교회의 덕을 세우는 데 사용해야 합니다. 또 자신의 영적 성숙을 위해 더욱 기도의 사람이 되어야 합니다. 방언을 받지 못했다면 하나님께서 주신 다른 은사를 찾아 봉사해야 합니다. 항상 하나님의 은혜 안에서 이것이든 저것이든 감사하는 것이 가장 좋은 자세입니다. 방언을 체험한 사람이나 체험하지 못한 사람이나 마음에 예수를 따르고자 하는 믿음이 있다면 모두 성령의 사람입니다.

37

사마리아에
성령이 임하시다

예루살렘에 있는 사도들이 사마리아도 하나님의 말씀을 받았다 함을 듣고 베드로와 요한을 보내매 그들이 내려가서 그들을 위하여 성령 받기를 기도하니 이는 아직 한 사람에게도 성령 내리신 일이 없고 오직 주 예수의 이름으로 세례만 받을 뿐이더라 (행 8:14-16)

앞서 다루었던 성령세례에 관한 잘못된 해석을 염두에 두고 이제 이 본문을 어떻게 해석할 것인지 살펴보겠습니다.

사도행전에 기록된 성령세례 사건을 보면, 오늘날 우리가 경험하는 것과 차이가 있음을 알 수 있습니다. 초대교회, 그야말로 복음의 첫 꽃망울이 터지던 그때, 하나님 나라의 영광이 첫 서광으로 환하게 비치던 그때는 오늘날과 다르게 성령이 임하시는 역사가 계속 눈에 보였습니다. 그런데 사마리아에서는 조금 다른 인상을 주는 말씀이 등장합니다.

> 이는 아직 한 사람에게도 성령 내리신 일이 없고 오직 주 예수의
> 이름으로 세례만 받을 뿐이더라(8:16).

이제까지 세례를 받을 때 함께 임했던 성령이 사마리아에서는 임

하지 않은 것입니다. 예수님의 이름으로 세례는 받았지만 성령이 임하지 않았습니다. 왜 이와 같은 예외적인 일을 기록하고 있을까요? 하나님의 어떤 특별한 뜻이 이 사건에 작용하고 있었던 것일까요?

예외적인 사건

성경에 기록된 말씀 가운데 보편적인 일이 예외가 되었을 때는 거기에 분명히 하나님의 특별한 뜻이 있습니다. 이것이 신학적인 해석이요, 성경적인 해석입니다. 사마리아에서의 예외적인 사건도 마찬가지입니다.

우선 빌립이 세례를 줄 때 성령의 역사가 일어날 수 있었음에도 하나님은 예루살렘에서 사도들이 도착할 때까지 기다리셨던 것을 눈여겨봅시다. 빌립에게 어떤 결함이 있어서 그랬을까요? 혹은 세례 받는 사람들에게 결함이 있습니까? 그렇지 않습니다. 빌립은 성령의 역사와 무관한 사람이 아닙니다. 뒤에 나오는 에디오피아 내시 사건을 보면 확실히 알 수 있습니다. 수레를 타고 가며 이사야서를 읽던 내시가 빌립의 도움을 받아 예수님을 믿고 그리스도로 고백합니다. 그런 다음 물 있는 곳에 이르러 빌립에게 세례를 받습니다. 이때 성령이 그들과 함께하셨습니다.

> 둘이 물에서 올라올새 주의 영이 빌립을 이끌어간지라 내시는 기쁘게 길을 가므로 그를 다시 보지 못하니라(8:39).

세례를 주고 물에서 올라온 빌립을 누가 데리고 갔습니까? 주의 영이었습니다. 빌립은 주의 영이 충만한 사람이었습니다. 성령의 사람인 빌립이 세례를 베풀었을 때 성령이 특별히 임하는 역사가 따르지 않았다면 그것은 말이 안 되는 이야기입니다. 물세례를 주었을 때 어떤 일이 일어났다는 기록은 없지만 분명히 물세례와 함께 성령세례가 내시에게 임한 것이 사실이며, 그 결과 내시는 구원 얻은 큰 기쁨을 안고 고국으로 돌아갔습니다.

그런데 사마리아에서는 빌립의 세례에 성령이 임하신 외적 증거가 보이지 않습니다. 세례와 성령 임재는 항상 동시에 일어나는 일이었는데, 사마리아에서는 물세례만 있고 성령 임재의 증거가 없습니다. 이 부분을 어떻게 해석해야 할까요? 완전한 해석은 할 수 없다고 생각합니다. 다만 연구하며 갖게 된 확신을 통해 말씀을 해석해보려 합니다. 그러나 이 확신 또한 변할 수 있다는 것을 전제해야겠습니다. 왜냐하면 그만큼 어려운 본문이기 때문입니다.

**성령의 역사 없는
물세례는 없다**

하나님이 특별히 의도적으로 사마리아에서 물세례와 성령세례를 떼어놓으신 이유는, 앞으로 성경을 읽는 모든 교회에게 물세례와 성령세례는 하나요 동시적이라는 것을 분명하게 알려주시기 위해서입니다. 즉, 물세례와 성령세례는 구분될 수 없다는 것을 보여주셨습니다. 베드로, 요한 두 사도가 사마리아에서 일어난 현상을 보고 '이것은 정상이 아니요, 예외적'이라고 받아들인 것을 보면 알 수 있습니다.

오늘날도 마찬가지입니다. 물세례와 성령세례를 따로 구분하는 것은 정상이 아닙니다. 하나님께서 이 교훈을 교회에 주시고자 사마리아에 예외적인 사건을 허락하셨다고 봅니다. 마치 어머니가 일부러 음식과 소금을 따로 내놓고 간을 보라고 하는 것과 비슷한 경우입니다. 자녀들은 이때 음식의 맛과 소금은 불가분의 관계가 있다는 걸 배웁니다. 하나님께서 초대교회 여러 사건 중에 유독 이 부분에서만 물세례와 성령세례가 따로 나뉜 것처럼 보이게 하신 이유는 물세례를 받을 때 성령이 임하는 것이 정상이라는 것을 교훈하시기 위해서라고 봅니다. 물세례와 성령세례는 따로 존재할 수 없습니다. 외적으로 보이는 어떤 증거가 있든지 없든지 상관없이, 성부와 성자와 성령의 이름으로 세례를 받아 죄 사함을 얻고, 중생의 사람이 되며, 교회와 한 몸이 되는 사람에게 성령이 세례와 함께 임한다는 것을 이 말씀은 분명히 보여줍니다. 물세례를 받은 사람에게는 이미 성령이 임하신 것입니다.

같은 복음, 같은 성령

하나님께서 사마리아의 성령 사건을 의도하신 이유가 또 하나 있습니다. 사마리아는 복음이 이방으로 전파되는 요충지였습니다. 성령의 임재로 큰 권능을 받은 사람들이 예루살렘에서 온 유대를 거쳐 땅 끝에 이르기 전에 꼭 거쳐야 하는 관문이었습니다. 유대와 이방 사이를 연결하는 문턱과 같은 역할을 하고 있었습니다.

당시 유대인들은 '사마리아인에게는 구원이 없다'라고 생각할 정도로 그 지역 사람들을 무시했습니다. 10장에 나오는 고넬료 사건에서 보듯이 이방인은 성령의 선물을 받을 수 없다고 생각했습니다. 그만큼 유대인들은 사마리아인을 향해 높은 벽을 세워놓았습니다. 그러나 하나님께서는 이런 유대인의 생각과는 달리 예루살렘의 오순절 역사를 사마리아 성도들에게도 나타내셨습니다. 그것도 사도 중의 사도로 인정받은 베드로와 요한에게 뚜렷하게 보여주심으로

써 복음 앞에서는 유대인이나 헬라인이나 모두 평등하다는 것을 입증하셨습니다.

예수님은 예루살렘에서 예배하는 자나 사마리아 그리심산에서 예배하는 자나 하나님께 성령 받은 자의 예배는 동일하다는 것을 가르쳐주셨습니다. 혈통적으로는 유대인이 될 수 없지만 예수님의 피로 하나님의 백성이 될 수 있음을 확증해주셨습니다. 이것이 바로 요엘의 예언처럼 남종과 여종에게, 자녀에게, 늙은이에게, 젊은이에게 골고루 임하게 될 성령의 선물이 아니겠습니까?

> 그 후에 내가 내 영을 만민에게 부어주리니 너희 자녀들이 장래 일을 말할 것이며 너희 늙은이는 꿈을 꾸며 너희 젊은이는 이상을 볼 것이며 그때에 내가 또 내 영을 남종과 여종에게 부어줄 것이며(욜 2:28-29).

하나님은 예루살렘교회, 특별히 사도들에게 복음 앞에서는 모두가 평등하다는 것을 교훈하시고자 이 사건을 일부러 일으키신 것입니다. 이런 오순절 체험은 성경 몇 곳에서 다시 반복됩니다. 처음에는 예루살렘에서, 두 번째는 사마리아에서, 세 번째는 이방인 고넬료의 집이 있는 가이사랴에서, 마지막으로 에베소가 있는 소아시아 지역에서입니다.

성령 체험이 없어도 성경이 확증한다

오늘날에는 왜 세례 받을 때 이런 성령의 역사, 눈에 보이는 증거들이 잘 나타나지 않을까요? 성경이 완성되었기 때문입니다. 성경이 완성되기 전에는 성령이 세례와 함께 임하신다는 것을 하나님이 눈으로 보여주시는 것 외에 다른 방도가 없었습니다. 성도들은 눈으로 보고 직접 체험해야만 성령이 함께하신다는 것을 믿고 확인할 수 있었습니다.

그러나 성경이 완성된 다음에는 체험이 따르지 않아도 진리를 알 수 있게 되었습니다. 세례 받을 때 성령이 함께하시고 성령 받는 역사가 내적으로 일어난다는 것을 성경은 여러 번 증언합니다. 그러므로 성경을 손에 쥔 사람에게는 눈에 보이는 무언가를 제시할 이유가 없습니다. 눈에 보이는 증거가 없어도, 귀에 들리는 증거가 없어도 말씀을 통해 성령이 나와 함께하심을 확신할 수 있습니다. 이와 함께 하나님께 어떤 특별한 섭리와 뜻이 있을 때에는, 오늘날에도 세례 받을 때 성령이 눈에 보이게 임하시는 역사가 나타날 수 있다는 것을 간과해서는 안 됩니다.

38

거짓 믿음이 드러나다

시몬이 사도들의 안수로 성령 받는 것을 보고 돈을 드려 이르되 이 권능을 내게도 주어 누구든지 내가 안수하는 사람은 성령을 받게 하여주소서 하니 베드로가 이르되 네가 하나님의 선물을 돈 주고 살 줄로 생각하였으니 네 은과 네가 함께 망할지어다
(행 8:18-20)

마술사 시몬에 대한 이야기가 성경에서 언급된 곳은 본문뿐입니다. 그래서 시몬이 어떤 인물이었는지, 또 이 본문에 나타났다가 사라진 뒤 그에게 어떤 일이 일어났는지를 살피기에는 자료가 부족합니다.

자료가 많든지 부족하든지 간에 한 가지 확실한 것은 시몬이 그다지 좋은 인상을 주는 사람은 아니라는 사실입니다. 역사가들과 교부(敎父)들이 말하듯이, 사마리아에서는 예수 믿는 것같이 행세했지만 나중에는 이단이 되어 교회에 해악을 끼친 사람으로 생을 마감했을지도 모릅니다.

사도행전 8장의 두 말씀을 비교해보면 성령에 사로잡혀서 예수 그리스도의 진리를 전하는 사람 빌립과 악령에 사로잡혀서 이적 기사를 행하고 거짓된 교훈을 전하는 사람 시몬의 차이가 나타납니다. 모든 영광을 하나님께 돌리느냐 아니면 자기가 취하느냐입니다.

빌립이 하나님 나라와 및 예수 그리스도의 이름에 관하여 전도함을 그들이 믿고 남녀가 다 세례를 받으니(8:12).

그 성에 시몬이라 하는 사람이 전부터 있어 마술을 행하여 사마리아 백성을 놀라게 하며 자칭 큰 자라 하니 낮은 사람부터 높은 사람까지 다 따르며 이르되 이 사람은 크다 일컫는 하나님의 능력이라 하더라(8:9-10).

빌립은 사마리아에 가서 예수 그리스도만을 전했습니다. 예수 그리스도가 드러날 때 하나님께서 그에게 능력으로 역사하셨습니다. 그러자 사마리아 사람들이 예수님을 믿고 세례도 받았습니다. 사마리아성에 기쁨이 충만했습니다.

시몬도 예외 없이 은혜의 역사 가운데 있었습니다. 13절을 보면 시몬은 예수님을 믿었습니다. 세례도 받았을 뿐만 아니라 누구보다 열심을 갖고 전도대를 따라다녔습니다. 또 "그 나타나는 표적과 큰 능력을 보고 놀라니라"(8:13)에서 볼 수 있듯이 시몬은 감격도 잘하는 사람이었습니다. 어떤 기록에는 "원래 눈물이 많은 사람"이라고도 나옵니다.

게다가 마술사라는 그의 경력은 많은 사람들에게 관심의 대상이 되었을 것입니다. 다른 사람도 아닌 마술사가 회개하고 전도자가 되었다고 하니 그 영향력이 얼마나 컸겠습니까? 예수 믿기 전에 악한 일을 했던 사람일수록 예수 믿고 돌아왔을 때 감화력이 더 크고, 간증거리가 대단하고, 많은 사람에게 선한 영향을 줍니다. 그러나 이들 중에는 끝이 좋지 않은 경우가 꽤 있습니다. 가끔 농담 삼아, 혹은 불평 비슷하게 이런 말을 하는 사람들이 있습니다. "나도 과거에

못된 짓을 많이 했거나 좋지 못한 경력이 있다면 간증을 해도 많은 사람에게 감동을 줄 수 있을 텐데, 예수 믿는 집안에 태어나서 덥지도 않고 차지도 않으니 간증거리가 없네."

단호히 말하건대, 이런 이야기는 절대로 하면 안 됩니다. 좋지 않은 경력을 가진 사람이 회개하고 새사람이 되면 그만큼 위험 요소가 많다는 것을 알아야 합니다. 내게 마술사 시몬과 같은 위험 요소가 있지는 않은지 각자 성령이 조명하시는 은혜 안에서 자신을 돌아볼 필요가 있습니다.

누구나 이기적인 동기로 시작하지만

마술사라고 하는 시몬의 경력은 빌립의 전도에 쉽게 응할 만큼 충분한 동기가 되었을 것이라고 봅니다. 마술사는 영적인 면에 상당히 예민하고 밝습니다. 그래서 어떤 사람과 영적으로 대결할 때 자기보다 강한 영력을 갖고 있다 싶으면 상대방에게 쉽게 굴복합니다. 시몬은 성령의 능력을 입고 복음을 전하며 이적 기사를 행하는 빌립을 만나자마자 자기는 도무지 상대할 수 없다는 사실을 알아차렸을 것입니다. 그래서 쉽게 굴복해버렸습니다. 빌립의 능력을 인정한 것입니다.

예수님 당시에도 많은 사람들이 표적을 보고 그분을 믿었습니다. 그런데 예수님은 그런 자들의 마음을 꿰뚫어 보시고는 그들에게 몸을 의탁하지 않으셨습니다. 그들을 신뢰하지 않으셨기 때문입니다.

> 유월절에 예수께서 예루살렘에 계시니 많은 사람이 그의 행하시는 표적을 보고 그의 이름을 믿었으나 예수는 그의 몸을 그들에게

의탁하지 아니하셨으니 이는 친히 모든 사람을 아심이요 또 사람에 대하여 누구의 증언도 받으실 필요가 없었으니 이는 그가 친히 사람의 속에 있는 것을 아셨음이니라(요 2:23-25).

표적을 보고 예수님을 믿는다고 하는 사람들의 믿음은 거짓일 가능성이 많습니다. 또 이들은 마음에 근본적인 변화가 일어날 확률이 다른 사람보다 낮습니다. 말세에 사탄이 자기 때가 얼마 남지 않은 것을 알고 더욱 발악하여 이적 기사를 행하면, 근본적인 마음의 변화가 없는 이들은 쉽게 현혹되어 넘어갈 수밖에 없습니다. 이는 불 보듯 뻔한 일입니다.

마술사 시몬이 예수님을 믿는다고 쉽게 고백하게 된 또 다른 동기는 시몬을 신처럼 떠받들던 사람들이 시몬보다 강한 빌립이 나타나자 전부 그를 따라간 데 있었습니다. 추종자들을 놓치지 않기 위해서라도 그들과 같이 행동할 수 밖에 없었을 것입니다.

이처럼 시몬의 동기와 관심을 살펴볼 때 참 믿음과 거짓 믿음의 한계를 어느 정도 알 수 있습니다. 우리는 어떤 동기로 예수님을 믿었습니까? 그 동기가 계속 유지되고 있습니까? 처음에는 이기적인 동기로 예수님을 믿었다 하더라도, 얼마 안 가 처음 동기는 사라지고 새로운 동기로 주님을 따르고 있다면 괜찮습니다. 이는 분명히 감사할 내용입니다. 그러나 불순한 동기로 예수님을 믿기 시작했고 아직도 그 동기가 변하지 않았다면 그의 믿음은 하나님 앞에서 다시 점검을 받아야 합니다.

6·25 전쟁 때 교회를 통해 구호물자가 쏟아져 나오자 많은 사람들이 교회를 찾았습니다. 시간이 흐르면서 그들 중 상당수는 예수 그리스도를 만나 변화되었습니다. 그러나 끝까지 변하지 않고 그

대로인 사람들도 많았습니다. 심지어 예수님의 이름을 팔면서 고아원 후원금을 착복하는 등 신앙인다운 인격과 삶이 끝까지 정립되지 않은 사람들도 있었습니다. 예수님을 믿은 동기가 끝내 변하지 않은 것입니다.

일제강점기 때는 독립운동을 하려고 교회에 들어온 사람들이 있었습니다. 그들은 결국 광복 후에 교회를 떠나버렸습니다. 요즈음은 선거철에 입후보자들이 슬그머니 교회로 들어옵니다. 전부 동기가 불순합니다.

처음부터 주님 앞에 나올 때 순수한 동기로 나온 사람은 아무도 없습니다. 모두 자신의 이기적인 동기를 가지고 나오기 마련입니다. 하지만 그런 동기는 말씀 앞에서 반드시 깨어져야 합니다.

믿음의 리트머스, 회개

참된 믿음은 두 가지 특징을 보입니다. 바로 '회개'와 '그리스도 중심'입니다. 예수님을 믿고 수년이 흘러도 회개가 뭔지, 자기가 왜 죄인인지조차 전혀 모르는 사람들이 있습니다. 자신이 죄인이라는 것을 마음속 깊은 데서부터 깨닫지 못하고, 하나님과의 관계를 어둡게 만든 자신의 잘못을 회개하는 마음이 생기지 않는다면 그 믿음은 문제가 있습니다.

아무리 기뻐하고 감사하고 삶 속에 감격이 넘친다 할지라도, 자신이 죄인이라는 것을 깨닫지 못하고 회개하지 않는다면 아무런 소용이 없습니다. 예수 그리스도의 십자가를 발견하면 '내가 그동안 하나님이 미워하시는 생활을 해왔구나!' 하고 깨닫지 않습니까? 비록 예수님을 믿고 모든 죄가 다 깨끗하게 되었음을 확신할지라도, 일단 자신이 죄인이라는 사실을 알게 됩니다. 내 생활이 하나님의 뜻에 너무나 어긋나 있었음을 뼈저리게 느끼지 않습니까? 그래서 때로는 하나님 앞에서 부끄러워하기도 하고, 그런 일을 다시 반복하면 염치도 없이 눈물을 흘리며 회개하는 것 아닙니까?

이와 같은 근본적인 회개가 없다면 그 믿음은 아직 바로 서지 못했습니다. 시몬을 보십시오. 회개했다는 말이 어디 있습니까? 사도들이 회개하라고 하는데도 되레 "아이고, 하나님의 벌이 임하지 않도록 날 위해 기도를 좀 해주시오"라고 말했습니다. 마술사 시몬은 세례를 받고 전도도 했지만, 정작 해야 할 진정한 회개는 하지 않았습니다.

믿음의 리트머스, 예수 그리스도

믿음의 핵심은 항상 '예수 그리스도'입니다. 관심이 지나치게 성령 쪽으로만 기울어져서 예수 그리스도를 잊어버렸다면 그는 이미 탈선한 사람입니다. 물론 성령도 하나님이십니다. 그러나 성령은 예수 그리스도를 증언하기 위해 오셨습니다. 성령의 은혜를 받은 사람이라면 마음의 중심이 항상 예수 그리스도께 가 있습니다. 여기에서 조금이라도 벗어나 중심이 다른 쪽으로 쏠려 있다면 믿음이 변질된 것입니다.

예수 중심의 믿음을 가져야 합니다. 살아도 주를 위해 살고, 죽어도 주를 위해 죽고, 먹든지 마시든지 무엇을 하든지 주를 위해 해야 합니다. 모든 것이 그리스도 중심입니다. 빌립은 오순절 성령강림을 체험했지만 사마리아에 가서 다른 소리는 하지 않았습니다. 오로지 예수 그리스도의 복음만 전했습니다. 이것이 하나님 나라까지 가는 가장 안전한 믿음의 방패막이입니다.

성령 체험을 한다면 정말 좋습니다. 병 고침은 얼마나 은혜로운 일입니까? 나를 통해 다른 사람이 큰 은혜를 입는 것도 좋습니다. 그러나 이 모든 것은 일시적이고 부수적인 사건일 뿐입니다. 결국은 예수님만 바라는 믿음이 우리를 구원에 이르게 합니다. 그런데 시몬에게는 믿음이 없었습니다.

사도들이 안수하는 것과 성령이 임하는 것을 본 시몬은 욕심이 났습니다. '빌립이 이적 기사를 행한 원천이 바로 이것이구나. 그 능력을 좀 얻을 수 없을까?'라고 생각했을지도 모릅니다. 그는 돈으로 성령을 사려고 했습니다. 시몬(Simon)이라는 이름과 돈(money)이라는 단어를 합성하면 성직을 매매한다는 의미의 'simony'가 됩니다. 목사직을 돈 받고 팔아먹는 사람들, 돈으로 신학교 졸업장을 얻고 안수를 받아 목사가 된 사람들은 모두 시몬의 후예입니다.

돈만 있으면 땅에 있는 것이나 하늘에 있는 것이나, 육신의 일이나 영적인 일이나 모든 것을 좌우할 수 있다고 믿는 것은 사탄의 마음입니다. 예수님 앞에 사탄이 나타나서 자기에게 절하라고 하면서 내민 것이 돈이었습니다. 전 세계의 부를 눈앞에 보여주며 원한다면 절하라고 했습니다.

오늘날 이단이나 진리를 왜곡해서 가르치는 사람들의 공통점이 무엇입니까? 결국 돈과 결부되어 있습니다. 거룩한 것을 돈으로 다룰 수 있다는 생각은 철저하게 뿌리 뽑아야 할 무서운 악입니다. 그러니 농담으로라도 "돈 없으니 교회도 못 가겠더라"와 같은 말은 하지 마십시오. 우리가 그렇게 말할 때마다 뱀이 혀를 날름거리듯이 사탄이 우리 옆에서 좋아합니다. 설혹 교회가 부패해서 돈 있는 사람만 행세하는 곳으로 전락하더라도 하나님의 나라는 그렇지 않다는 것을 확실히 기억하십시오.

성령의 은혜를 맛보고
떠난 사람

베드로와 요한이 안수할 때 일명 '사마리아인의 오순절' 역사가 있었습니다. 사람들이 새로운 방언을 하며 하나님을 찬양했습니다. 예루살렘에서 일어났던 오순절 성령강림이 사마리아에서도 일어난 것입니다.

베드로와 요한이 안수할 때 시몬이 옆에서 구경만 하지는 않았을 것입니다. 시몬의 기질로 봐서는 "나도요!" 하고 머리를 내밀었을 것입니다. 욕심 많은 시몬이 그런 일에 빠질 리 없습니다. 그렇다면 안수 받은 시몬도 다른 사람들처럼 성령을 체험했을까요?

시몬도 분명히 성령 체험을 했다고 봅니다. 어떻게 성령이 그런 사람에게도 임할 수 있느냐고 이상히 여길 수 있습니다. 그러나 구약성경을 보면 성령은 사울왕에게도 임했습니다. 사울왕처럼 마음의 중심이 자신을 향한 사람에게도 성령이 임했습니다. 이런 사람은 결국 성령의 은혜를 맛보고 떠나게 됩니다.

> 한 번 빛을 받고 하늘의 은사를 맛보고 성령에 참여한 바 되고 하나님의 선한 말씀과 내세의 능력을 맛보고도 타락한 자들은 다시 새롭게 하여 회개하게 할 수 없나니…(히 6:4-6).

이런 사람들도 예언을 할 수 있습니다. 방언을 할 수 있습니다. 신유의 은사를 행할 수 있습니다. 그러나 이들은 은혜에 잠깐 참여하지만 오히려 그것 때문에 더 무서운 지경에 빠집니다. 참으로 안타까운 일입니다.

베드로는 마술사 시몬에게 "네 마음에 악독이 가득하고 불의에 매여 있으니 회개하고 주께 기도하라. 혹 마음에 품은 것을 사해주실지도 모른다"라고 말합니다. 그러나 시몬은 회개는커녕 하나님이 벌주신다는 말에 놀라 자신을 위해 기도해달라고 하면서 정작 자신은 기도도, 회개도 하지 않았습니다. 그리고 성경은 더 이상 시몬에 대해 언급하지 않습니다. 그는 회개할 기회를 얻었음에도 잘못했다는 말 한마디 없이 성경에서 사라졌습니다.

형제여 내가 어찌할꼬

시몬이 진정한 은혜를 받은 사람이었다면 사도 베드로의 다리를 부여잡고 "형제여 내가 어찌할꼬" 하며 매달리지 않았겠습니까? 성경은 좋은 결과가 따라오면 꼭 그것을 이야기하고 넘어가는데, 아무런 기록이 없는 것을 보면 시몬의 이야기는 불행하게 끝났음을 짐작할 수 있습니다.

얼마나 많은 사람이 거짓 믿음을 가지고 교회를 드나들까요? 겸손하게 주님 앞에서 자신의 믿음을 한번 검토해봅시다. 세례 받았다고 안심하지 마십시오. 입으로 신앙고백 잘한다고 자만하지 마십시오. 시몬의 마음에 있던 악독이 우리에게는 없습니까? 다 있습니다. 불의에 매인 사람이 시몬뿐이겠습니까?

예수 믿고 십자가를 발견한 다음에는 그 무서운 악의 뿌리가 뽑히고 불의에서 해방됩니다. 진리가 아니면 만족할 수 없고 선한 일이 아닌 것에 관심이 가지 않을 만큼 마음에 변화가 일어난 사람이 진짜 거듭난 사람입니다. 예수 그리스도로 옷 입은 새사람입니다.

이 정도는 되어야 스스로를 판단할 수 있지 않겠습니까? 이 정도야 우리가 성경 앞에 앉으면 성령의 엑스레이로 확실히 들여다볼 수 있지 않겠습니까? 내가 정말 변화를 받은 사람인지 아닌지, 그 정도쯤은 하나님 앞에 기도로 매달리면 분명히 가르쳐주십니다. 우리 안에 거하시는 성령은 변화된 삶이 어떤 것인지 분명히 가르쳐주시며, 그 증거를 하나하나 열매로 보여주십니다. 이런 열매가 전혀 없다면 하나님 앞에 기도해야 합니다. 시몬처럼 회개하지 않으면 안 됩니다. 이런 악순환이, 이런 위선적인 신앙생활이 반복되지 않게 해달라고 하나님 앞에 진정으로 기도하면 하나님께서 그 사람을 바꾸어놓으실 것입니다. 마술사 시몬의 비극이 우리에게 반복되지 않도록 에베소서 말씀에 귀 기울입시다.

> 그러므로 내가 이것을 말하며 주 안에서 증언하노니 이제부터 너희는 이방인이 그 마음의 허망한 것으로 행함 같이 행하지 말라 그들의 총명이 어두워지고 그들 가운데 있는 무지함과 그들의 마음이 굳어짐으로 말미암아 하나님의 생명에서 떠나 있도다 그들이 감각 없는 자가 되어 자신을 방탕에 방임하여 모든 더러운 것을 욕심으로 행하되 오직 너희는 그리스도를 그같이 배우지 아니하였느니라 진리가 예수 안에 있는 것같이 너희가 참으로 그에게서 듣고 또한 그 안에서 가르침을 받았을진대 너희는 유혹의 욕심을 따라 썩어져가는 구습을 따르는 옛사람을 벗어버리고 오직 너희의 심령이 새롭게 되어 하나님을 따라 의와 진리의 거룩함으로 지으심을 받은 새사람을 입으라(엡 4:17-24).

사도행전 9장

급격하든 완만하든 회심의 공통점은 주위에서 인식할 정도의 변화가 나타난다는 것입니다. 예수님을 믿는다고 고개는 끄덕이는데 가치관도 변하지 않고 생활 습관도 변하지 않고 세상을 보는 눈도 변하지 않는다면, 그는 아직 회심하지 않은 사람입니다.

39

회심과 변화

사울이 길을 가다가 다메섹에 가까이 이르더니 홀연히 하늘로부터 빛이 그를 둘러 비추는지라 땅에 엎드러져 들으매 소리가 있어 이르시되 사울아 사울아 네가 어찌하여 나를 박해하느냐 하시거늘 대답하되 주여 누구시니이까 이르시되 나는 네가 박해하는 예수라(행 9:3-5)

사울이 예수님을 믿고 돌아온 일은 기독교 역사상 최고의 회심 사건이라 하겠습니다. 성경에는 이에 비견될 만한 회심 이야기가 없습니다. 그래서인지 사울의 회심 사건은 성경 여러 곳에 기록되어 있습니다.

주님을 만나기 전 사울은 예수를 향한 적개심으로 가슴이 얼마나 끓어올랐던지, 그리스도인들을 눈에 보이는 대로 잡아 옥에 가두고 핍박했습니다. 그러던 중 상당수의 그리스도인들이 예루살렘에서 도피하여 다메섹에 머물고 있다는 사실을 알게 되었습니다. 그들을 잡아 오기 위해 먼 거리도 마다하지 않고 다메섹으로 달려가던 사울에게 놀라운 일이 일어났습니다. 갑자기 하늘에서 환한 빛이 그를 둘러 비추었습니다. 사울은 그 빛 앞에서 한마디 말도 못 하고 거꾸러졌습니다. 그리고 거기서 주님을 만났습니다.

'회심'(conversion)은 '가다가 돌아선다'는 뜻입니다. 기독교에서

'회심'이라고 하는 것은 '중생'(rebirth)과 다른 의미를 갖습니다. '회개'(repentance)와도 다릅니다. 회심은 우리나라에서 흔히 쓰지 않는 말입니다. 보통 회개와 비슷한 의미로 이 단어를 쓰고, 어떤 복음주의 단체는 중생과 같은 말이라고 생각하기도 합니다. 그러나 이들 사이에는 차이점이 있습니다.

특별히 사울에게는 중생과 회개의 역사가 한순간에 일어났습니다. 이런 급격한 체험을 일컬어 회심이라고 말합니다. 회심은 마음의 변화인 동시에 외적으로 나타나는 생활의 변화, 인격의 변화까지 포함된 것입니다.

진짜인가, 가짜인가

벌코프의 《조직신학》에 따르면 몇 가지 회심의 예가 있습니다. 먼저, 국가적인 회심입니다. 이런 일은 주로 구약시대에 이스라엘 백성이 체험했습니다. 히스기야처럼 위대한 믿음의 왕이 나왔을 때 전 국민이 우상을 내던지고 일제히 하나님 앞에 돌아온 역사가 그 예입니다. 국가적인 회심은, 간혹 그중에 개인적으로 하나님 앞에서 변화된 사람이 있다 하더라도 대체로 피상적인 돌이킴에 지나지 않았습니다. 따라서 하루아침에 변할 수 있으며 신뢰하기 어렵습니다. 히스기야가 죽고 므낫세라는 악한 왕이 통치하기 시작했을 때 온 나라가 한순간에 하나님을 버리고 우상을 숭배한 것을 보면 알 수 있습니다.

신약시대에는 일시적인 회심이 있었습니다.

> 믿음과 착한 양심을 가지라 어떤 이들은 이 양심을 버렸고 그 믿음에 관하여는 파선하였느니라 그 가운데 후메내오와 알렉산더가

> 있으니 내가 사탄에게 내준 것은 그들로 훈계를 받아 신성을 모독
> 하지 못하게 하려 함이라(딤전 1:19-20).

후메내오와 알렉산더는 양심을 버리고 믿음까지 깨어져, 결국에는 교회를 떠났습니다. 일시적으로 회심한 사람들이 보이는 결과입니다. 또 히브리서에 기록된 내용처럼 성령의 은혜와 복음의 은혜를 맛본 사람이 타락해서 이단의 우두머리가 되거나 교회를 핍박하는 자가 되는, 아주 기가 막힌 상황이 벌어집니다. 이런 사람은 일시적으로 회심했다고 봐야 합니다.

> 한 번 빛을 받고 하늘의 은사를 맛보고 성령에 참여한 바 되고 하나님의 선한 말씀과 내세의 능력을 맛보고도 타락한 자들은 다시 새롭게 하여 회개하게 할 수 없나니 이는 그들이 하나님의 아들을 다시 십자가에 못 박아 드러내놓고 욕되게 함이라(히 6:4-6).

가룟 유다가 대표적인 예입니다. 물론 가룟 유다가 처음부터 악했다고는 보지 않습니다. 일시적으로는 예수님께 감동을 받은 것이 사실이고, 예수님이 메시아라는 나름의 확신도 있었을지 모릅니다. 그러나 결국에는 모든 것이 마귀의 역사로 끝나버리지 않았습니까? 그의 회심은 일시적이었던 것입니다.

가룟 유다처럼 일시적인 회심을 한 사람에 대해 예수님은 가라지 비유로 교훈을 주셨습니다. 교회 안에는 반드시 가라지가 함께 자랍니다. 일시적으로 회심한 사람이 교회에서 큰 역할을 담당할 수도 있습니다. 하지만 핍박이 닥치거나 교회가 큰 십자가를 져야 할 상황이 되면 본색이 드러나고 맙니다.

일시적인 회심은 본인에게도 비극이요 교회에게도 비극입니다. 성도 중에서 입으로 '주여, 주여' 하는 일시적인 회심자가 많으면, 그 교회의 앞날은 불을 보듯 뻔합니다. 목사도 예외일 수 없습니다. 성도들에게 성경을 가르치고, 그럴듯하게 목회를 하는 것같이 보여도 하나님과의 관계에서 진실성이 결여되면 목사 역시 가라지가 될 수 있습니다.

> 그러므로 나의 사랑하는 자들아 너희가 나 있을 때뿐 아니라 더욱 지금 나 없을 때에도 항상 복종하여 두렵고 떨림으로 너희 구원을 이루라(빌 2:12).

구원받았다는 확신도 좋고, 중생하여 하나님의 자녀가 되었다는 확신도 좋지만 그런 확신은 마귀도 얼마든지 할 수 있습니다. 어떤 사람이 끝까지 인내하며 주님의 자녀로 남을 수 있습니까? 겸손한 사람, 하나님과 진실한 관계를 맺는 사람입니다.

눈에 띄는 변화가 있는가

회심은 신분의 변화가 아니라 신앙인으로서 갖춰야 할 모든 조건의 변화를 의미합니다. 그렇다면 논리적으로 중생과 회심 중 어느 것이 먼저일까요? 태어나기도 전에 변화가 일어나지는 않습니다. 하나님의 씨로 거듭나야 자라납니다. 싹이 틉니다. 줄기가 뻗어 오릅니다. 요한일서 3장 9절처럼 하나님의 씨가 우리 속에 있으면 절대로 죄를 가까이하지 못합니다. 죄는 하나님을 닮지 못하게 우리를 망쳐놓기 때문입니다. 중생이란 죄를 멀리하고 하나님을 닮게 하는 씨앗이 우리 안에 심기는 것입니다. 사람으로 말하면 아기가 태어나는 순간을 중생이라고 합니다.

중생은 대부분 무의식적으로 일어납니다. 자신도 모르게 태어나는 것입니다. 복음을 전할 때 상대방이 "그래, 나 믿어볼게"라고 말하면 벌써 그 사람의 마음에는 하나님의 씨가 떨어져 있습니다. 그리고 자기도 모르게 거듭납니다. 가치관이 변하고 취미도 변하고 삶의 습관도 변합니다. 이런 변화가 어떤 사람에게는 한순간에 일어나 사람이 싹 달라지기도 합니다. 이를 일컬어 '급진적인 회심'이라고 합니다.

반면 소걸음처럼 느릿느릿 변하는 사람도 있습니다. 이런 사람에게 언제 회심했느냐고 물으면 대부분 "어, 나는 잘 모르겠는데"라고 대답합니다. 좀 느려서 그렇지 변하기는 합니다. 이것도 회심입니다. '완만한 회심'이라고 할 수 있습니다.

급격하든 완만하든 회심의 공통점은 주위에서 인식할 정도의 변화가 나타난다는 것입니다. 확실히 회심한 사람들은 다른 사람이 보기에도 무언가 다릅니다. 그것이 진정한 회심입니다. 예수님을 믿는다고 고개는 끄덕이는데 가치관도 변하지 않고 생활 습관도 변하지 않고 세상을 보는 눈도 변하지 않는다면, 그는 아직 회심하지 않은 사람입니다.

급진적인 변화에 따른 진통

중생하지 못한 사람은 회심을 기대할 수 없습니다. 회심은 중생에 뿌리를 둡니다. 거듭나서 하나님의 씨가 뿌려졌기 때문에 거기서 자라는 새 생명이 삶의 모든 영역을 변화시키는 것입니다. 중생은 전적으로 하나님이 역사하시는 영역인 반면, 회심에는 하나님의 역사하심과 동시에 인간이 반응해야 하는 부분이 있습니다. 바로 하나님의 선하신 뜻에 동의하여 자신을 복종시키는 것입니다.

사울이 경험한 회심은 매우 특별했습니다. 그는 다메섹에서 예수님을 만나고 사흘 동안 식음을 전폐한 채 기도했습니다. 그 시간 사울에게는 상당한 진통이 있었을 것입니다.

"내가 지금 진짜 예수를 만난 것인가? 예수가 과연 메시아인가? 내가 예수께 완전히 승복할 것인가, 아니면 지금까지 배우고 믿어온 대로 메시아를 계속 기다릴 것인가?"

사울은 계속 진통했을 것입니다. 진통 끝에 사울은 드디어 하나님의 뜻을 받아들입니다. 그리고 때마침 찾아온 아나니아의 기도를 통해 성령 충만을 받았습니다. 눈에 덮여 있던 비늘이 벗겨지면서 시력을 회복하고 새사람이 되었습니다.

만약 사울이 끝까지 하나님께 동의하지 않았다면 어떻게 되었을까요? 아무리 하나님께서 변화를 주시려고 해도 회심은 일어나지 않았을 것입니다.

예수 믿은 지 아주 오래되었는데도 근본적인 변화가 일어나지 않는 것은 성령께 순종하지 않기 때문입니다. 마음속에 무언가 남겨둔 것이 있어서 버티고, 재고, 비판하며 시간만 보냅니다. 남이 볼 때 교회에 드나드는 것 외에는 도무지 예수 믿는 흔적이 보이지 않는 생활을 10년, 20년 합니다. 진짜 회심을 하려면 하나님의 뜻에 동의해야 합니다.

회심은 의식적인 것입니다. 이론적으로 보면 단 한 번 변화된 후에 성화(聖化)의 과정으로 들어가는 일 같지만, 경험적으로 보면 반복되는 측면이 있습니다. 우리의 모습을 보면 변화된 후에도 탕자처럼 슬그머니 세상 속으로 미끄러져갑니다. 그러고는 매 맞고 다시 돌아와 또 변화를 경험합니다. 논리적으로는 맞지 않는 이야기지만, 경험적으로 볼 때 회심은 반복해서 일어납니다. 회심에는 몇 가지 유형이 있는데, 사울처럼 급진적인 회심을 맛보는 경우에는 일반적으로 하나님의 큰 역사가 따릅니다. 하나님께서 어떤 일을 맡기시기 위해 처음부터 강하게 성령으로 이끄시는 것입니다. 그래서 이런 은혜를 받은 사람은 일도 독특하게 합니다.

사울을 봅시다. 하나님께서는 "그가 내 이름을 위하여 얼마나 고난을 받아야 할 것을 내가 그에게 보이리라"(9:16) 하셨습니다. 특별한 회심 이후 몽둥이로 얼마나 맞았습니까? 돌팔매질을 몇 차례나 당했습니까? 일생을 떠돌이처럼 살면서 굶주리고 헐벗고 태장으로 맞는 날이 계속 이어졌습니다.

오래 믿어왔지만
변화가 없다면

그런가 하면 말씀을 통한 회심도 있습니다. 이런 경험을 하는 분들을 보면 오랫동안 이런 모양 저런 모양으로 교회와 관계를 맺어왔지만 마음에 강하게 와닿는 것이 없어 그저 형식적인 모습만 보입니다. 그래서 신앙생활이나 일상생활이나 별 차이가 없다가 하나님의 말씀을 배우는 어느 순간, 강단에서 선포되는 하나님의 말씀을 듣는 어느 순간, 스스로 하나님의 말씀을 읽는 어느 순간, 하나님께서 마음을 꽉 잡아주시는 역사가 일어납니다. 그리고 달라진 모습을 보입니다.

중생은 반드시 회심을 통해 입증되는 것이 좋습니다. 간혹 목회자 가정이나 믿음의 가정에서 성장한 젊은이들을 보면 신앙생활이 그저 밥 먹는 것처럼 평범한 일이라 별다른 자극도 없고 스스로 깨닫는 일도 드뭅니다. 그저 '이런 게 믿음인가 보다' 하면서 미지근하게 살아갑니다. 교회는 이런 성도들이 회심할 수 있도록 인생의 중요한 순간마다 붙잡아주어야 합니다. 성도가 회심하지 못하고 회의론자가 되어 교회를 떠나는 것을 방관하면 안 됩니다.

예수를 오래 믿었는데도 사울처럼 완전히 변했다고 자신 있게 말하지 못한다면 하나님 앞에서 내 삶을 진지하게 검토해보아야 합니다. 회심의 역사가 일어나면 하루아침에 세상이 달라지는 것을 경험하게 될 것입니다. 또한 하나님이 얼마나 나를 사랑하시는지 알게 됩니다. 이미 회심의 경험이 있는 사람은 처음 사랑을 잃어버리지 말아야 하겠습니다.

저는 중학교 3학년 때 큰 기쁨에 넘쳐 살았습니다. 성경을 보면 그렇게 좋을 수 없었습니다. 말씀이 머릿속에 쏙쏙 들어왔습니다. 친구들과 어울릴 때는 성경 이야기를 나누고 때로는 설교도 하면서 주님께 온전히 사로잡혀 살던 그 시절이 참 좋은 기억으로 남아 있습니다. 그런데 한편으로는 그때를 추억하며 아쉬움을 느낍니다. 왜 목사가 된 다음에는 그처럼 순수한 첫맛이 잘 우러나지 않을까…. 신앙도 많이 자랐고, 성경 지식도 많이 쌓았고, 신학적인 관점도 정립했고, 경험도 많고, 모든 면에서 그때보다 잘 갖추었는데 예수님을 발견한 기쁨, 변화된 삶이 나의 인격을 통해 드러날 때 느끼던 매력을 지금은 느끼지 못하는 것 같습니다. 그래서 혼자 아쉬워할 때도 있습니다. 하지만 그런 나에게 우리 주님은 나무라지 않으시고 이렇게 말씀하십니다.

"얘야, 갓난아이일 때 토실토실한 게 좋지, 커서도 그러면 뭐 보기 좋겠니? 마찬가지야. 너, 회심하고 기뻐했을 때 얼마나 포동포동하고 예뻤니? 그런데 너 지금은 늙지 않았니? 한 가지 분명한 것은 너는 내 자식이란 사실이고, 그 세월만큼 네 믿음은 자란 거야. 비록 지금은 처음과 같은 기쁨을 누리지 못하는 것 같아도 잔잔한 기쁨이 네 마음속에 충만하잖니?"

40

전적인 은혜를
부어주시다

사울이 길을 가다가 다메섹에 가까이 이르더니 홀연히 하늘로부터 빛이 그를 둘러 비추는지라 땅에 엎드러져 들으매 소리가 있어 이르시되 사울아 사울아 네가 어찌하여 나를 박해하느냐 하시거늘(행 9:3-4)

사도행전 9장은 참 충격적인 말씀 중 하나입니다. 무섭게 기독교를 핍박하던 사울이 한순간 꺾이는 장면을 봅니다. 하나님의 능력이 얼마나 위대합니까? 하나님의 뜻이 작용하면 아무리 거세게 하나님을 대항하는 자라도 마치 지푸라기가 꺾이듯 힘없이 거꾸러지는 것을 봅니다. 하나님의 능력 앞에 인간이 얼마나 나약하며 아무것도 아닌 존재인지 깊이 깨달을 수 있습니다.

사울이 예수 믿고 돌아온 사건을 특징짓는다면, 첫째로 전적인 은혜에 의한 역사라고 할 수 있습니다. 사울이 한 일은 하나도 없습니다. 오히려 주님을 거역하기만 했지 자기가 구원받으려고 노력하지 않았습니다. 주님을 찾아 헤매지도 않았습니다. 무엇인가 알아보려고 애쓴 적도 없습니다. 이처럼 사울의 구원은 전적으로 하나님의 은혜였습니다.

사울도 그것을 알았습니다. 그랬기에 서신서 여러 곳에서 자신이 예수 믿게 된 것을 간증할 때 오직 '은혜'라는 말만 사용했습니다.

> 모든 성도 중에 지극히 작은 자보다 더 작은 나에게 이 은혜를 주신 것은 측량할 수 없는 그리스도의 풍성함을 이방인에게 전하게 하시고(엡 3:8).

> 그러나 내 어머니의 태로부터 나를 택정하시고 그의 은혜로 나를 부르신 이가 그의 아들을 이방에 전하기 위하여 그를 내 속에 나타내시기를 기뻐하셨을 때에…(갈 1:15-16).

> 그러나 내가 나 된 것은 하나님의 은혜로 된 것이니…(고전 15:10).

에베소서에서 사울은 모든 성도 중 지극히 작은 자신에게 하나님이 은혜를 주셨다고 고백합니다. 받을 자격이 없는 자가 거저 받았다는 말입니다. 또 갈라디아서에서도 은혜로 자신을 부르셨다고 말합니다. 아무 수고도 공로도 없는데 주님이 일방적으로 자신을 불러서 구원해주셨다는 뜻입니다. 그러고는 '아들을 내 속에 나타내시기를 기뻐하신 하나님'이라고 덧붙였습니다. 예수 그리스도가 자기 안에 나타나 살아 계심을 보게 하신 분은 하나님이지 자신이 노력한 대가가 아니라는 뜻입니다.

그래서 그의 신학을 일컬어 '은혜신학'이라고 합니다. 은혜신학을 그대로 이어받은 어거스틴과 종교개혁자 루터 역시 은혜를 강조하며 교회사에 큰 발자국을 남겼습니다.

불가항력적인 사건

　　　　　　사울의 회심은 초자연적인 경험이라고 말할 수 있습니다. 하나님은 초자연적인 능력으로 사울이 예수님을 믿도록 끌어들이셨고 이것은 사울에게 불가항력적인 사건이었습니다. 어거스틴의 회심도 이와 비슷한 데가 있었습니다. 그는 믿음 좋은 어머니 밑에서 자랐지만 지적 허영으로 똘똘 뭉친 도도하고 교만한 사람이었습니다. 그는 지능이 높고 학문이 깊었지만, 영적으로는 어둠의 구렁텅이에 빠진 젊은이에 불과했습니다.

　그러던 어느 날 내적인 고뇌가 절정에 올랐을 때, 밀라노의 한 정원에서 드디어 하나님이 초자연적으로 어거스틴을 부르셨습니다. 이는 사울의 회심을 연상하게 합니다.

　사실 어거스틴에게는 사전 작업이 있었습니다. 그는 밀라노의 주교인 암브로시우스의 설교에 감동을 받았습니다. 또한 어머니 모니카의 눈물 어린 기도가 그의 마음속에서 되살아났습니다. 뿐만 아니라 키케로와 플라톤의 철학을 깊이 연구한 바 있고 이사야서와 로마서를 탐독하기도 했습니다.

　하지만 그것만 가지고는 주님 앞으로 완전히 돌아서지 못했습니다. 그러던 어느 날, 밀라노의 한 정원에서 몸부림치면서 자기 죄와 연약함 때문에 고뇌할 때 드디어 그의 귀에 "펴서 읽으라, 펴서 읽으라" 하는 주님의 음성이 들렸습니다. 그 음성을 듣고 그가 읽은 본문이 바로 이 구절입니다.

> 또한 너희가 이 시기를 알거니와 자다가 깰 때가 벌써 되었으니 이는 이제 우리의 구원이 처음 믿을 때보다 가까웠음이라 밤이 깊고 낮이 가까웠으니 그러므로 우리가 어둠의 일을 벗고 빛의 갑옷

을 입자 낮에와 같이 단정히 행하고 방탕하거나 술 취하지 말며 음란하거나 호색하지 말며 다투거나 시기하지 말고 오직 주 예수 그리스도로 옷 입고 정욕을 위하여 육신의 일을 도모하지 말라(롬 13:11-14).

지금은 자다 깰 때가 되었으니 육신의 정욕을 다 벗고 예수 그리스도로 옷 입자는 말씀 앞에서 어거스틴은 완전히 새사람이 되었습니다. 한순간의 사건이요, 예측하지 못했던 사건이요, 오직 하나님만이 일하신 사건이요, 사람의 손길 하나 빌리지 아니한 사건이었습니다. 그래서 사울이 하나님의 은혜, 주님의 은혜를 강조한 것처럼 어거스틴도 '오직 은혜'를 얼마나 강조했는지 모릅니다.

루터도 마찬가지였습니다. 그는 에르푸르트 대학에서 법학과 신학을 공부하던 학생 시절, 여행 도중 폭풍우를 만나 친구가 죽는 일을 당했습니다. 너무나 소름이 끼쳐 자신도 모르게 "성 안나여, 성 안나여 도우소서. 그리하면 내가 수도사가 되겠나이다" 하고 서약했다고 합니다. 당시는 구교의 영향 아래에서 신앙생활을 했기에, 급할 때 예수 그리스도를 부르지 않고 성자를 불렀습니다.

루터는 그렇게 서약한 뒤 법학 공부를 중단하고 어거스틴 수도회에 들어가 수도사가 되었습니다. 그러다가 1508년, 드디어 "오직 의인은 믿음으로 말미암아 살리라"(롬 1:17) 하신 주의 음성을 듣고는, 마음을 짓누르던 무거운 짐에서 해방되었습니다. 그는 아무 공로 없이 오직 하나님의 은혜로 구원받고, 죄를 용서받으며, 예수의 피로 하나님의 자녀가 된다는 데 깊은 감명을 받았습니다. 마침내 그는 1517년 종교개혁을 시작하는 데까지 이르렀습니다.

값없이 주시는 은혜

사울과 어거스틴과 루터는 생각지도 못한 사건을 통해 구원을 받았습니다. 그들이 끝까지 감사하고 감격한 것은 값없이 주시는 은혜 때문이었습니다. 오늘날 우리는 은혜신학을 이어받은 후예라고 할 수 있습니다. 특히 장로교, 그중에서도 개혁신학이 더욱 그렇습니다. 오직 은혜로 말미암은 것입니다.

내가 구원받은 것이 나의 노력 때문이라고, 혹은 내가 다른 사람보다 더 나은 점이 있어서 하나님이 나를 인정해주셨기 때문이라고 오해하지 마십시오. 전적으로 성경과 거리가 먼 생각입니다. 우리에게 선한 것이 있으면 얼마나 있겠습니까? 잘한 일이 있으면 그게 얼마나 대단하며, 자랑할 것이 있다 하더라도 하나님께 무슨 가치가 있겠습니까? 한낱 지푸라기와 같을 뿐입니다.

오직 은혜로 사울도 구원받았고, 오직 은혜로 어거스틴도 구원받았고, 오직 은혜로 루터도 구원받았고, 오직 은혜로 우리도 구원받았습니다. 값없이 받은 은혜입니다.

완전히 돌아서다

사울은 회심 후 완전히 달라졌습니다. 전혀 다른 것이 섞이지 않았습니다. 우왕좌왕하지 않았습니다. 머뭇머뭇하는 일도 없습니다. 얼마나 확실하고 분명하게 변했던지 다시는 뒤돌아보지 않았고, 다시는 후회하지 않았고, 다시는 회의에 빠지지도 않았습니다. 이는 어거스틴의 생애를 봐도 마찬가지입니다. 루터의 생애를 봐도 마찬가지입니다. 은혜로 구원받았다는 것을 깨달은 위대한 믿음의 선배들은, 하나님의 자녀가 된 다음 두 번 다시 그 사실을 의심하지 않았습니다. 흔들리지 않고 끝까지 하나님의 자녀로 살다가 죽었습니다.

그러나 불행하게도 교회 안에는 예수 믿고 구원받았다며 한참 동안 기뻐하고 감격스러워하다가 나중에 회의에 빠지는 사람이 있습니다. 또 얼마 지나지 않아 주저앉는 사람도 있습니다. 얼마나 답답하고 가슴 아픈 일인지요. 바울은 이런 갈라디아 성도들에게 안타까운 심정으로 말합니다.

> 어리석도다 갈라디아 사람들아 예수 그리스도께서 십자가에 못 박히신 것이 너희 눈앞에 밝히 보이거늘 누가 너희를 꾀더냐(갈 3:1).

주님을 바라보고도 그렇게 주저앉고, 의심하고, 뒤로 빠지고, 세상으로 갔다가 다시 돌아왔다가 합니까? 그것은 진정한 회심이 아닙니다. 회심이라는 것은 완전히 돌이키는 것입니다. 다시는 원래 자리로 돌아가지 않는 것입니다. 우리 주님은 과거를 묻지 않으십니다. 앞으로 어떻게 하느냐가 문제입니다.

절대주권자의 선택

사울의 회심 사건에는 하나님의 절대주권이 작용했습니다.

임금들 앞에서나 이방인들, 유대인들 앞에서 예수 그리스도를 전하는 명예로운 직책을 하나님께서는 왜 아나니아가 아닌 사울에게 맡기셨을까요? 어느 모로 보아도 사울은 아나니아와 비교도 안 되는 인물이었습니다. 아나니아는 이미 구원받은 거룩한 성도였습니다. 그에 반해 사울은 살기등등한 핍박자였습니다. 사람이 보기에는 아나니아가 명예를 얻어야 마땅하지만 주님은 아나니아가 아닌 사울을 이방의 사도로 선택하셨습니다. 하나님이 왜 그렇게 하셨는지 모르겠습니다. 절대주권이라고밖에는 달리 말할 수 없습니다.

부활하신 예수를 목격하다

사울의 회심은 예수 부활의 결정적 증거가 된다는 데서 중요한 의의를 갖습니다. 교회사학자 필립 샤프(Pilip Schaff)는 예수님의 부활을 목격한 사도들의 증언과 함께 사울이 다메섹 도상에서 주님을 만난 사건이 예수 부활의 절대적인 증거가 된다고 말했습니다.

사울이 육체의 눈으로 보았는지 영의 눈으로 보았는지는 알 수 없습니다. 사실 그가 육체의 눈으로 보았다고는 말하기 어려울 것입니다. 왜냐하면 주님의 영광을 보고 견뎌낼 사람이 없기 때문입니다. 주님이 승천하시기 전에는 제자들이 육신의 눈으로 주님을 볼 수 있었습니다. 하지만 승천하신 다음에는 하늘과 땅과 모든 권세를 가진 영광스러운 자리에 앉으셨기 때문에, 인간의 시력으로 예수님을 직접 보기란 태양 열 개를 보는 것보다 어려웠다고 생각됩니다. 그러니 바울이 주님을 보았다고 할 때는 눈으로 본 것 그 이상이라고 할 수 있습니다.

바울의 회심은 예수 그리스도가 살아 계심을 입증하는 증거 중의 증거입니다. 마찬가지로 우리가 회심하게 된 것 역시 예수 그리스도가 살아 계시다는 확실한 증거입니다.

41

복음의 그릇으로
택하시다

주께서 이르시되 가라 이 사람은 내 이름을 이방인과 임금들과
이스라엘 자손들에게 전하기 위하여 택한 나의 그릇이라 (행 9:15)

예수님을 만난 사울은 이제껏 자신을 붙들고 있던 모든 의미와 신념, 신앙과 고집과 분노가 한순간에 꺾이는 것을 경험합니다. 그리고 육체적으로는 눈이 멀었습니다. 그래서 다른 사람의 손을 의지하여 다메섹에 들어갔습니다.

예수님은 사울에게 자신이 그리스도라는 것을 가르쳐주시는 데 그치지 않았습니다. 또한 십자가 앞에 무릎 꿇게 하시는 데 그치지 않았습니다. 예수님은 자신의 계획대로 그를 위해 일하셨습니다. 예수님은 먼저 제자 아나니아를 환상 중에 부르셨습니다. 그리고 사울을 찾아가 안수할 것을 명령하셨습니다. 그때 아나니아는 깜짝 놀랐습니다.

사울이 살기등등하여 다메섹으로 향할 때 아마도 그의 손에는 체포자 명단이 있었을 것입니다. 그중에 아나니아는 1순위가 아니었을까 생각됩니다. 어디까지나 추측이지만 약간의 근거는 있습니다.

사도행전 22장을 보면 아나니아는 다메섹에 사는 모든 유대인에게 칭찬받는 자요 율법을 따라 사는 경건한 사람이었습니다. 즉, 사울에게 가장 먼저 희생될 위치에 있는 사람이었습니다. 그런 아나니아더러 사울을 찾아가라고 하시니, 그도 사람인지라 당황하지 않을 수 없었던 것입니다.

아나니아를 설득하시는 예수님

당황한 아나니아에게 주님은 이유를 설명해주십니다. 주님의 말에는 "아나니아야, 걱정하지 말고 가라"라는 의미가 담겨 있습니다. 여기에서 주님의 은혜로운 손길을 다시 한번 느낄 수 있습니다. 주님은 사랑하는 자녀에게 무거운 일을 맡기실 때 마치 종을 부리듯이 무조건 명령하시지 않습니다.

주님은 어떤 사람을 불러 뜻을 이루고자 하실 때, 부름받은 사람이 준비가 안 되어 있거나 주님의 명령을 납득하지 못할 경우 친절하게 설명해주시고 그가 받아들일 때까지 기다려주십니다. 하나님은 우리 인간을 자유의지를 가진 고등동물로 창조하셨습니다. 때문에 무엇이든지 마음에서 우러나와 자원하는 심령으로 하기를 바라십니다. 그래서 아나니아가 납득할 수 있도록 설명하시고, 스스로 일어나 사울을 찾아가도록 하신 것입니다.

오늘날 교회 안에서도 주님은 꼭 같은 방법을 쓰신다고 믿습니다. 소를 끌고 가듯 무엇을 억지로 시키지 않으십니다. 어떤 때는 고집을 피우고, 어떤 때는 선뜻 발걸음을 내딛지 못해 괴로워할 때도 주님은 기다려주십니다. 그분이 뜻하신 곳에 이를 때까지 기다려주시는 자비로우신 주님, 인자하신 주님, 우리의 처지를 잘 아시는 주님이십니다. 아나니아에게도 그렇게 하셨습니다. 한마디로 "가라!" 하시면 그만일 텐데 그가 이해할 수 있도록 긴 설명을 해주셨습니다. 참 놀라운 주님입니다.

천사 가브리엘이 처녀 마리아에게 나타나서 메시아를 잉태할 것이라고 전하는 대목을 성경은 간결하게 기록하고 있지만, 제가 볼 때는 천사와 마리아 사이에 상당한 대화가 오갔을 것입니다. 그와 같은 일을 단박에 납득할 만한 사람은 하나도 없을 테니 말입니다. 아무리 하나님의 명령이라도 그 일은 인간의 상식을 초월했습니다. 그러나 나중에는 마리아가 천사의 말을 납득하고, "주의 여종이오니 말씀대로 내게 이루어지이다" 하며 순종했습니다. 하나님께서 마리아에게 주신 은혜가 아니고서는 그렇게 말할 수 없었을 것입니다.

이런 예수님을 사랑합니다. 우리의 연약한 체질을 아시고, 기다려주시고, 설득시키시는 우리 주님을 사랑합니다. 귀로 들리는 음성으로 말씀하시지는 않지만 나의 이성과 지성을 통해 받아들일 수 있도록 해주시고, 가벼운 일이든 무거운 일이든, 중요한 일이든 사소한 일이든 내게 맡겨주시는 우리 주님을 찬양합니다.

아나니아의 '형제'가 된 사울

아나니아는 주님의 명령대로 사울에게 갔습니다. 가서 "형제 사울아" 하며 머리에 손을 얹은 뒤 "주께서 나를 보내 너로 보게 하시고 성령 충만하게 하신다"라고 기도할 때 두 사람이 성령 안에서 하나 되는 역사가 일어났습니다.

이 과정을 기록한 본문을 보면 세 가지 용어가 나옵니다. 10절에서 아나니아를 '제자'라 칭하고, 13절에서 '성도'라고 합니다. 그리고

17절에서 '형제'라는 말이 나옵니다. 짧은 본문 안에 제자, 성도, 형제라는 세 가지 명칭이 나옵니다. 아마도 당시 예수 믿는 사람들에게 통용되던 용어가 아니었나 싶습니다.

'제자'라는 말은 헬라어로 '마데테스'인데 이는 '배운다'라는 뜻입니다. 무엇을 배우는 것입니까? 스승을 배우는 것입니다. 예수님을 배우는 것입니다. '성도'라는 말은 '하기오스'인데 여러 가지 뜻이 있지만 조금 강한 의미로는 '한쪽에 결별을 선언하고 다른 쪽과 교제한다'입니다. 성도는 더러운 세상과 결별하고 거룩하신 주님과 교제하는 사람, 주님과 동행하는 사람을 일컫습니다. 또한 신약에서 언급되는 '형제'는 막연한 이웃이 아니라 "네 형제를 위하여 목숨을 버리는 것이 마땅하니라" 하신 말씀처럼 예수의 피로 하나 된 사람, 신앙으로 하나 된 사람을 일컫습니다.

아나니아는 예수님의 삶과 인격을 닮아가기로 작정한 '제자'였습니다. 그런 그가 경건한 '성도'의 신분으로, 원수 된 사울을 찾아가 '형제여' 하고 부르며 기도해줄 수 있었던 것은 예수 안에서만 가능한 드라마, 성령 안에서만 체험할 수 있는 감동입니다.

사울처럼 길에서 만났든지, 성경을 통해 만났든지, 아니면 교회를 오래 다닌 경험을 통해 만났든지 간에, 예수 그리스도를 믿는 사람을 만난다면 누구라도 '형제'라고 부를 수 있는 마음이 우리에게 있습니다.

내가 택한 나의 그릇이라

> 주께서 이르시되 가라 이 사람은 내 이름을 이방인과 임금들과 이스라엘 자손들에게 전하기 위하여 택한 나의 그릇이라(9:15).

사울의 일생을 계획하시고 목적하신 하나님을 생각하면 그저 놀라울 따름입니다. 주님은 사울에 대한 계획을 아나니아에게 들려주시며 사울을 가리켜 '나의 그릇'이라고 하셨습니다. 어떤 의미로 '그릇'이라는 표현을 쓰셨을까요? 두 가지 의미가 있다고 봅니다.

첫째, 그릇은 자기 선택권이 없습니다. 주인이 쓰는 대로 사용될 뿐입니다. 하나님께서는 사울의 생각이 어떤지 물어보지도 않으셨습니다. 마치 부엌에 들어가 원하는 그릇을 선택해 마음대로 사용하듯 사울을 그렇게 택하셨습니다. 하나님의 주권, 하나님이 원하시는 대로 사용하신다는 의미에서 '그릇'이라고 표현하신 것입니다.

둘째, 하나님이 주시는 것을 담는다는 의미에서 '그릇'이라는 말을 쓰셨습니다. 하나님은 질그릇에 보배를 담으십니다. 사울이라는 연약한 그릇에 하늘의 지혜와 보화를 담으셨습니다. 그 선물을 받아든 사울은 사도 바울이 되어 이방인과 임금들과 유대인들 앞에 나아가 그대로 전해주었습니다.

아나니아나 바울이나 꼭 같이 하나님 앞에 쓰임받는 종이었지만 그들을 향한 하나님의 계획은 각각 달랐습니다. 어느 쪽이 더 좋은지 비교할 필요가 없는 것은 하나님이 기뻐하시는 대로 두 사람을 사용하셨기 때문입니다.

그릇이 원한다고 해서 스스로 큰 그릇이 될 수 없고, 스스로 좋은 것을 담을 수 없는 것처럼, 아무리 우리가 바울처럼 되게 해달라고 해도 하나님이 택하지 않으시면 그렇게 될 수 없고, 아무리 우리가 아나니아 노릇만 하겠다고 할지라도 하나님께서 많은 해를 받을 그릇으로 택하셨으면 아나니아처럼 다메섹에 머물러 있을 수 없습니다. 하나님이 택하신 대로 일하는 것이 하나님의 백성입니다.

우리 모두 '하나님의 그릇'이라는 소명을 가져야 합니다. 우리는 하나님께서 택하시고 사용하시는 그릇입니다. 각자 받은 은혜의 분량대로 일을 맡을 때 큰일이 있고 작은 일이 있을 수 있습니다. 그러나 하나님은 그중에 어느 것은 귀하고 어느 것은 천하다고 말씀하시지 않습니다. 집사입니까? 순장입니까? 주일학교 교사입니까? 찬양대원입니까? 하나님께서 나를 택하셔서 이 일을 맡겨주셨다는 사명을 갖기 바랍니다.

이렇게 사명감과 소명 의식을 갖고 움직일 때는 불평이 없습니다. 힘이 들어도 기쁨으로 감당할 수 있습니다. '나는 이 일을 하도록 주님이 택하신 그릇이기 때문에 하는 것이지, 사람이 시켜서 하는 것이 아니다'라는 생각만 있으면 사울처럼 아무리 많은 해를 받아도 끝까지 주님 앞에서 성실할 수 있습니다. 그러나 하나님이 택하셨다고 하는 확신이 없으면 끝까지 충성하기가 어렵습니다.

하나님께서 사울의 일생만 작정하신 것이 아닙니다. 우리 각자의 일생도 작정하셨습니다. 그러므로 어떤 길을 걸어가든지 이것은 내 마음대로 선택해서 가는 길이 아니라 하나님이 계획하시고 목적하신 대로 가고 있다는 확신을 갖기 바랍니다. 이럴 때 우리 인생의 걸음이 우왕좌왕하지 않습니다.

42

스데반의 뒤를 잇다

음식을 먹으매 강건하여지니라 사울이 다메섹에 있는 제자들과 함께 며칠 있을새(행 9:19)

사울은 예수 믿는 사람으로 완전히 바뀌었습니다. 그에게 성령이 충만하게 임했습니다. 주님의 은혜로 시력을 다시 찾았습니다. 음식을 먹고 육체의 건강도 다시 찾았습니다. 이제 그는 하나님의 자녀요, 복음의 그릇이 되었습니다.

제자들과 교제하다

사울은 다메섹에서 제자들과 함께 며칠을 보내며 확연히 달라진 모습을 보였습니다. 예수 그리스도를 통해 변화된 사울은 우선 교제하는 대상이 달라졌습니다. 사울은 더 이상 바리새인이 아니었습니다. 이제 다메섹에 있는 제자들, 예수 믿고 하나님의 거룩한 백성이 된 제자들과 깊은 교제를 나누는 사람이 되었습니다.

구원받은 사람이 제일 먼저 변하는 영역은 교제권입니다. 친구가 달라집니다. 그렇다고 믿지 않는 사람들과 교제하지 말라는 말은 아닙니다. 다만 그들과의 관계에서는 불가능한, 영적으로 깊은 교제를 나눌 수 있는 사람들이 주변에 생긴다는 뜻입니다.

성도들 간에 깊은 영적 교제가 이루어지면 자연히 그쪽으로 더 가까워지며 몰입하게 됩니다. 따라서 다른 쪽은 멀어질 수밖에 없습니다. 예수 믿고 교회 다닌다고 하면서도 친구 관계는 달라진 것이 없고, 여전히 술잔을 기울이며 기분 내는 친구들과 어울린다면 세상과 구별된 그리스도인이라고 말할 수 있을까요?

예수 믿고 교회에 열심히 다니니까 세상 친구들이 많이 떨어져 나갑니까? 그래서 괴로운 마음이 듭니까? 사실 아쉬운 마음이 드는 것은 당연합니다. 10년, 20년을 같이한 친구, 흉허물 없이 술 한잔 걸치면 '만사 오케이'인 친구들이 갑자기 멀어지니 답답하고 외로운 마음도 들 것입니다. 그러나 그들이 떠난 자리에 이미 예수님을 모셨고, 세상 친구들 대신 예수 그리스도의 피로 한 형제 된 영적 지체들이 주변에 있다는 걸 기억하십시오. 사울은 세상이 탁월하다고 인정하는 가말리엘 문하의 바리새인이었습니다. 따라서 자기의 위치에 어울리는 사람들과 주로 교제했을 것입니다. 하지만 예수 믿고 변화되자 한순간에 주변 사람들이 바뀌었습니다. 내가 정말 예수 믿는 사람이라고 자부하고 싶다면 내 주변에 어떤 친구들을 둘 것인지 정확하게 선택해야 합니다. 이것이 그리스도인이라는 증거 중의 증거입니다.

스데반과 닮은꼴

예수님을 만나 복음의 증인으로 변화된 사울은 주저하지 않았습니다. 이제까지 자신과 함께 기독교를 핍박해

온 동료들에게 예수 그리스도야말로 하나님이 약속하신 메시아라는 사실을 전하기 시작했습니다. 사울의 변화에 놀란 유대인들은 그를 죽이려고 음모를 꾸몄습니다. 사울은 다행히 이 사실을 미리 알고 다메섹에서 탈출하여 예루살렘으로 갔습니다. 예루살렘에 도착해서도 다메섹에서 했던 것처럼 예수 그리스도야말로 하나님의 아들이라고 증언했습니다. 그랬더니 그곳에서도 사울을 죽이려는 움직임이 일어났습니다.

짧은 분량의 말씀에 다메섹과 예루살렘 두 곳에서 사울을 죽이려고 공모했던 사건이 기록되어 있습니다. 사울이 가는 곳마다 그를 죽이려고 하는 사람들이 생겼습니다. 악의를 차서, 그를 만나기만 하면 가만두지 않겠다고 다짐한 사람들이 자꾸만 늘어났습니다. 어떻게 사울은 가는 곳마다 이렇게 살기등등한 분위기를 만들었을까 하는 의문이 듭니다. 베드로도 같은 복음을 전했지만 그렇게까지 주변을 자극하지는 않았습니다. 다른 제자들 역시 가는 곳마다 예수 그리스도를 전하기는 했지만 그들을 죽이려고 공모하는 사람들은 없었습니다. 그런데 사울은 가는 곳마다 극단적인 살해 음모에 시달렸습니다. 그 이유가 무엇인지 한번 생각해봅시다.

사울은 두 가지 면에서 다른 사도들과 달랐습니다. 우선, 갑자기 신앙을 바꾸었다는 점입니다. 사울의 급격한 변화는 그때까지 동료라고 생각했던 사람들에게 배신감을 주었을 것이고, 동시에 사울에게 핍박당한 기억이 생생한 사람들에게도 그리 좋은 인상을 주지는 못했을 것입니다. 게다가 더 큰 문제는 사울의 전도 방법입니다.

> 사울은 힘을 더 얻어 예수를 그리스도라 증언하여 다메섹에 사는 유대인들을 당혹하게 하니라(9:22).

다메섹에서 전도하던 사울은 사람들에게 예수를 그리스도라고 증언했습니다. '증언하다'는 '변론하다'와 같은 단어입니다. 사울은 예수님을 증언하는 과정에서 기어코 상대방을 굴복시켰으며 유대인들을 당혹하게 만들었습니다. 굉장히 도전적인 방법입니다. 사도행전 9장 29절을 보아도 마찬가지입니다.

> 또 주 예수의 이름으로 담대히 말하고 헬라파 유대인들과 함께 말하며 변론하니 그 사람들이 죽이려고 힘쓰거늘.

예루살렘에서 복음을 전할 때 사울은 주 예수의 이름으로 담대히 말했습니다. 소극적인 자세를 보이지 않았습니다. 남들이 무어라 하든지 말든지 담대하게 전했습니다. 게다가 헬라파 유대인들에게 복음을 변론하기까지 했습니다. 상당히 도전적인 모습이 아닐 수 없습니다. 이론적으로 따지는 사람에게는 이론으로 끝까지 맞서서 상대방이 굴복하도록 만들어버렸습니다. 구약성경을 신봉하는 자에게는 끝까지 구약으로 증명해가면서 상대방의 주장을 꺾어버렸습니다. 사울은 변론하기를 좋아하고, 증명하기를 좋아하고, 상대방을 굴복시켜야만 직성이 풀리는 전도자였습니다. 그러니 가는 곳마다 원수가 생기지 않을 수 없었습니다.

그런데 사울의 이러한 점이 낯설어 보이지 않습니다. 누구와 닮은 것 같습니다. 누구한테 배운 것 같습니까? 바로 그가 죽인 스데반입니다. 사울의 변론 스타일은 스데반을 꼭 닮았습니다.

사울은 스데반에게서 상당히 깊은 인상을 받았을 것입니다. 별로 지식이 없어 보이는 스데반의 입에서 나왔던, 도무지 대항할 수 없는 열변과 구약성경을 통달하여 거리낌 없이 하나님의 진리를 선포하던 빛나는 자세를 그는 평생 잊을 수 없었을 것입니다. 피투성이가 된 채로 돌 더미에 쓰러진 스데반의 입에서 나온 말들을 생생하게 기억했던 것입니다.

사울이 예수 믿고 스데반이 가졌던 자세를 이어받은 다음부터 그의 마음속에는 아마도 이런 각오가 있지 않았을까 생각해봅니다. "나 같은 죄인, 스데반을 죽인 나 같은 죄인, 그가 못다 말한 모든 복음을 내 생명 걸고 끝까지 말하리라." 그래서 사울은 겁이 없었습니다. '죽으면 죽으리라'는 식이었습니다. 변론 스타일도, 거침없는 용기도, 끝까지 인내하는 자세도 스데반과 꼭 닮은꼴이었습니다.

사울이 받은 전도 훈련

우리가 만약 사울의 방법을 따른다면 어떤 결과가 빚어질까요? 가정에서나 회사에서나 한번 물었다 하면 끝까지 놓지 않고, 어느 한편이 꺾여야 비로소 끝을 내는 스타일로 전도한다면 어떻겠습니까? 사울을 생각하며 한 가지 꼭 알아야 할 점은, 전도를 획일적인 방법으로 하겠다고 생각하는 것이 결코 지혜롭지 못하다는 사실입니다. 사울도 시종일관 과격했던 것은 아닙니다. 변화를 받은 초기의 전도 스타일이 그랬던 것입니다.

성령께서 우리를 사용하실 때 우리의 성격과 성향을 있는 그대로 사용하시는 것은 사실입니다. 그러나 어떤 환경에서 어떻게 접근할지, 어떻게 복음을 전할지는 성령께서 우리에게 가르쳐주시는 것이라고 믿습니다. 간혹 지나치게 과격한 방법으로 복음을 전하는 사람을 봅니다. 그런 사람들은 주변의 권고에도 아랑곳하지 않고 끝까지 그 방법을 고수합니다. 그런데 상식이 없어 보이고 교양도 없어 보이지만, 나중에는 그의 방법이 이기는 경우를 왕왕 보게 됩니다. 결국 그의 행동에는 하나님의 뜻이 있었음을 긍정하게 됩니다.

또 어떤 경우는 남편의 전도를 위해 기도하면서 너무나 오랜 세월 동안 미지근하고, 소극적인 모습으로 복음을 전하는 것을 봅니다. 그래서 '저래 가지고 남편을 구원할 수 있을까' 의구심이 들기도 합니다. 그러나 마침내 어깨가 축 처진 남편이 아내를 따라 교회에 나오는 걸 볼 때면 '아, 역시 하나님께서 저렇게 하라고 마음속에 지시하셨구나!' 하며 깨닫게 됩니다.

하나님의 말씀을 깊이 묵상하고 기도하고 성령의 뜻을 따르려는 사람은 대부분 성령께서 인도하시는 방법대로 전도하게 됩니다. 전도하기에 앞서 대상을 놓고 기도하기 시작합니다. 계속 기도하다가 그를 만나면 나도 알 수 없는 이상한 반응이 나올 때가 있습니다. 전혀 준비한 것도 아니고, 그렇게 하겠다고 계획을 세운 것도 아닌데, 그를 만나자마자 나도 모르게 말이 좀 과격하게 나온다든지, 무언가 생각 밖의 행동이 나타납니다. 그러고 나면 은근히 걱정합니다. '아, 그 사람 마음이 몹시 상했을 텐데 어떻게 하지? 이젠 전도하기 틀렸구나.' 그러나 참 희한하게도 강하게 찌른 말이 그를 주님 앞으로 나오게 하는 결정적인 역할을 하기도 합니다. 성령께서 우리를 통해 그처럼 인도하신 것이라고 믿습니다.

사울도 아마 그랬을 것입니다. 다메섹과 예루살렘에서 보여준 그의 전도 스타일도 성령께서 인도하신 결과일 것입니다. 그런데 하나님께서 사울이 처음부터 도전적인 방법으로 복음을 전하게 하신 것은, 다메섹과 예루살렘에서 누군가를 구원하려는 목적 때문이 아닌 듯합니다. 그보다는 사울을 이방을 위한 복음의 그릇으로 연단하시고자 그런 방법으로 이끄신 것 같습니다. 그가 가야 할 길에는 무수한 해와 핍박이 기다리고 있었기 때문입니다.

영적 자녀를 낳다

사울이 음모를 피해 다메섹을 탈출하는 장면이 나옵니다. 사도행전보다는 고린도후서의 말씀이 더 자세하고 실감 나게 당시 상황을 기록하고 있습니다.

> 그 계교가 사울에게 알려지니라 그들이 그를 죽이려고 밤낮으로 성문까지 지키거늘 그의 제자들이 밤에 사울을 광주리에 담아 성벽에서 달아 내리니라(9:24-25).

> 다메섹에서 아레다왕의 고관이 나를 잡으려고 다메섹성을 지켰으나 나는 광주리를 타고 들창문으로 성벽을 내려가 그 손에서 벗어났노라(고후 11:32-33).

여기서 '아레다왕의 고관'이라는 표현이 나옵니다. 그는 당시 다메섹 지역을 통치하던 인물입니다. 아마도 사울을 죽이려고 한 유대인들은 권력을 등에 업고 움직였던 것 같습니다.

그러한 상황에서 사울이 얼마나 큰 위기를 당했을까 상상조차 되지 않습니다. 그러나 사랑하는 자를 피신시키지 못할 만큼 하나님은 무능하시지 않습니다. 때가 되면 순교하라고 부르실 수도 있지만, 원칙적으로는 하나님이 쓰시려고 작정하신 일꾼을 사람이 죽일 수는 없습니다. 사울을 이미 이방에 복음을 전하는 그릇으로 삼으시고, 다메섹 도상에서 직접 만나 이끄신 주님께서 그가 그렇게 쉽게 죽도록 놔두시겠습니까?

사울을 광주리에 담아 성 밖으로 도피시킨 이들이 있었습니다. 사울의 제자들입니다. 사울이 다메섹에 얼마 동안 있었는지는 모르지만 벌써 제자들이 생겼습니다. 사울을 통해 예수 그리스도를 만난 사람들입니다.

우리가 세상에서 주의 일을 할 때 마음을 함께할 수 있는 사람은 바로 내가 낳은 사람입니다. 믿음으로 낳은 사람, 복음으로 낳은 사람은 위기를 맞이해도 함께할 수 있습니다.

교회 안에서 외롭지 않게 살려면 전도를 많이 해야 합니다. 장로나 집사라 하더라도, 혹은 교회 안에서 지도자의 위치에 있다 하더라도 영적 자식을 낳지 않는다면 10년 뒤에 그는 외톨이로 남을 것입니다. 복음으로 낳고 기른 영적 자녀가 많을수록 좋습니다. 전도뿐만 아니라 다락방이나 소그룹을 인도할 때 나를 통해 변화되는 사람이 생긴다면 그만큼 영적으로 통하게 됩니다.

알찬 교회가 되려면 그 교회를 통해 예수 믿은 사람이 많아야 하고, 그 교회를 통해 영적으로 변화된 사람이 많아야 합니다. 그럴 때 교회는 어떤 상황에서도 흔들리지 않을 것입니다. 그러나 남의 집 울타리를 뜯어서 자기 울타리를 삼듯이 다른 교회 성도들을 끌어다가 교회를 채우면 별 의미가 없습니다. 그리고 이왕 교회를 옮긴 성도라면 지금 출석하는 교회를 통해 다시 한번 영적으로 새롭게 되기를 힘써야 합니다.

43

하나님과 깊이 만나는 시간

여러 날이 지나매 유대인들이 사울 죽이기를 공모하더니 … 그의 제자들이 밤에 사울을 광주리에 담아 성벽에서 달아 내리니라(행 9:23, 25)

예수 믿기 전 사울은 주님의 교회를 몹시 핍박했습니다. 동족 중 같은 연배들보다 지나칠 정도로 광적인 유대교 신봉자였습니다. 그러나 예수님을 만난 뒤 그의 삶은 송두리째 바뀌었습니다.

> 그러나 내 어머니의 태로부터 나를 택정하시고 그의 은혜로 나를 부르신 이가 그의 아들을 이방에 전하기 위하여 그를 내 속에 나타내시기를 기뻐하셨을 때에 내가 곧 혈육과 의논하지 아니하고 또 나보다 먼저 사도 된 자들을 만나려고 예루살렘으로 가지 아니하고 아라비아로 갔다가 다시 다메섹으로 돌아갔노라(갈 1:15-17).

이 과정에서 사울은 혈육과 의논하지 않았습니다. 자신보다 먼저 사도가 된 자들을 만나고자 이 사람 저 사람을 찾지 않았습니다. 왜 그랬을까요? 그를 부르신 이가 하나님이지 사람이 아니었기 때문입니다. 그는 사람을 찾는 대신 아라비아로 갔습니다. 사울의 여정에서 이 부분은 베일에 가려져 있습니다.

아라비아에서의 3년

사울은 다메섹에서 아라비아로 향했습니다. 당시 아라비아는 사람이 살지 않고 유목민만 간간이 지나다니는 고적한 곳이었습니다. 사울은 왜 그런 곳으로 갔을까요? 게다가 3년이나 그곳에 머문 이유는 무엇이었을까요?

사울은 옛날에 조상들이 광야에서 40년 동안 방황하던 여정을 따라 여행했을지도 모릅니다. 어쩌면 모세처럼 호렙산에서 40주야 동안 머물며 하나님께 몸부림치고 은혜를 구하며 능력 얻기를 갈망했는지도 모릅니다. 그가 무엇을 했는지는 정확히 알 수 없습니다. 아라비아에서 사울이 얼마나 많은 계시를 받고, 얼마나 많은 은혜 속에서 하나님의 영광을 영적으로 체험했는지에 대해서는 자세한 기록이 남아 있지 않습니다. 사울의 생애에서 불가사의한 일이 몇 가지 있는데 그중 하나는 아라비아에서 보낸 3년에 대해 성경이 완전히 침묵으로 일관한 것입니다.

아라비아에서의 3년은 쉽게 말해 '신학교 3년'이 아니었나 생각됩니다. 예수님을 믿어 영적으로 변화되고, 성령의 충만함을 입어서 아무에게나 다가가 생명을 내놓고 복음을 전할 수 있는 사람은 되었지만, 사울에게는 좀 더 다져지는 시간이 필요했을 것입니다. 영적인 준비를 위해 3년이라는 시간이 따로 필요하지 않았을까요? 그래서 그는 사람과 접촉하지도, 의논하지도 않고 아라비아로 들어갔을 것입니다. 거기서 밤낮으로 주님과 교제했으며, 오직 주님을 통해서만 깊은 진리를 깨닫고 영적으로 무장했을 것입니다. 그런 시간이 있었기에 기독교의 기본 교리를 집약한 로마서가 나올 수 있었고, 고린도서에서 빌레몬서에 이르기까지 신약성경의 방대한 부분이 그를 통해 완성될 수 있었습니다. 사울이 아라비아에서 받은 모든 계시, 아라비아에서 깨달은 모든 진리, 아라비아에서 만난 예수 그리스도, 아라비아에서 받은 충만한 은혜가 전부 그의 서신서에 표현되어 있습니다.

오직 예수, 오직 십자가

아라비아에서 3년을 보내고 돌아온 사울에게는 그야말로 예수 그리스도와 십자가뿐이었습니다. 그 외에는 아무것도 없었습니다. 성경 어느 곳을 뒤져보아도 그의 입에서 나온 말은 오직 예수와 십자가뿐입니다. 놀라운 일 아닙니까? 여러 가지 체험을 하고 돌아왔으면 별의별 이야기를 다 늘어놓을 것 같은데 말입니다. 사울의 이런 태도는 우리에게 예수 그리스도를 만나는 것이 진정한 체험임을 깨닫게 해줍니다.

예수로 충만하지 않은 사람은 쓸데없는 소리를 많이 합니다. 십자가의 놀라운 은혜에 깊이 감격하지 못한 사람들은 자꾸만 다른 체험을 자랑합니다. 예수님의 십자가에 깊이 사로잡히면 꿈과 환상 같은 것은 보지 않아도 그만입니다. 예수님을 만나고 예수님의 깊은 사랑을 깨달으면 다른 말이 나오지 않습니다. 예수 외에는 다 부수적으로 여겨지기 때문입니다.

사울은 오직 예수, 오직 십자가 외에는 생각할 틈이 없었습니다. 목사가 만약 이런 은혜에 사로잡혀 있다면, 성도들도 사울처럼 예수님과 십자가 사랑에 사로잡혀 있다면, 성도들이 모일 때마다 하나님의 나라가 확장될 것입니다. 그렇지 않으면 성도들의 모임은 그저 집안 이야기나 돌아가면서 하다가 끝나는 친목회 수준으로 전락할 것입니다.

　우리 모두 아라비아로 돌아갈 필요가 있습니다. 할 일이 산더미처럼 쌓여 있을 때 이리저리 뛰어다니는 것보다 더 중요한 것은 앉아서 생각하는 것입니다. 앉아서 생각하는 시간을 충분히 갖지 않은 사람은 뛰어다니느라 피곤하기만 합니다. 열매가 별로 없습니다. 주님 앞에 엎드려 기도하는 시간, 그 한 시간이 뛰어다니는 열 시간보다 더 중요합니다. 왜냐하면 그 시간에 가장 중요한 주님의 십자가 사랑을 깊이 체험할 수 있기 때문입니다.

　사울은 수십 년을 한결같이 앞에 있는 푯대를 향해 달음박질쳤습니다. 그렇게 할 수 있었던 힘의 원천은 아라비아에서 받은 은혜가 아닌가 싶습니다. 그는 받은 은혜가 너무 커서 남에게 말하지 않았는지도 모릅니다. 하늘에 이끌려 간 이야기를 14년이나 지나서 하는 것을 보면 너무나 큰 체험과 은혜를 경험했기에 가만히 마음속에 담아놓고 거기에서 나오는 힘으로 오직 예수, 오직 십자가만 전하는 사람이 되었는지도 모릅니다.

주님과 단둘이 만나는 시간

　　　　　　　　　이처럼 주님과 단둘이 만나 보내는 조용한 시간은 굉장히 중요합니다. 우리 모두 너무 바쁘지 않습니까? 그렇게 시간이 빠를 수 없습니다. 정신이 없습니다. 그래서 참 아쉬운 것은 나 자신에게로 돌아올 수 있는 시간이 너무 없다는 것입니다. 전화 받느라 정신이 없고, 신문 보느라 정신이 없고, 그 외에도 이것저것을 하며 분주하게 사느라 정신이 없습니다.

　그럼 언제 내가 나 자신에게로 돌아옵니까? 조용히 예수님과 만난 그 자리입니다. 그때 비로소 내가 나를 돌아보게 됩니다. 이것이 아라비아입니다. 아라비아의 참 은혜입니다. 보다 크게 일하고, 보다 멀리 뛰면서, 보다 능력 있는 모습으로 하나님께 영광 돌리기를 원한다면 당장 눈앞에 있는 일들로 흥분하지 말고 사울처럼 느긋하게 아라비아에 가서 3년 정도 머물 만한 배짱을 갖는 것이 좋습니다. 주님과 깊이 만나는 시간을 결코 소홀히 하지 마십시오.

44

핍박 후에 든든히 서다

그리하여 온 유대와 갈릴리와 사마리아 교회가 평안하여 든든히 서가고 주를 경외함과 성령의 위로로 진행하여 수가 더 많아지니라(행 9:31)

    사도행전 9장 31절은 결코 가볍게 넘길 수 없는 말씀입니다. 9장에 이르기까지 어떤 일들이 있었으며, 또 배경이나 흐름은 어떠했습니까? 한마디로 표현한다면 결코 평안한 시대가 아니었습니다. 그야말로 핍박의 연속이었습니다.

    특별히 1장부터 6장 6절까지를 보면 사도들이 두 번이나 감옥에 갇혔고, 예루살렘교회는 핍박과 위협 속에서 하나님께 이길 힘을 달라고 기도하는 상황이었습니다. 그런 가운데 나타난 결과가 6장 7절입니다. 즉, 온 예루살렘에 하나님의 말씀이 왕성해졌고, 극렬하게 기독교를 핍박하던 제사장 무리가 도리어 그리스도의 복음에 복종하는 역사가 일어났습니다.

    그리고 나서 6장 8절부터 9장 30절 사이에 어떤 일들이 일어났습니까? 스데반이 순교했습니다. 순식간에 살벌한 분위기가 되었습니다. 예루살렘교회는 핍박자의 손에 완전히 깨어지는 비극을 맛보았습니다. 성도들이 삶의 터전을 잃고 온 사방으로 흩어지는 무서운 시련을 당했습니다. 그런 과정에서 또 어떤 결과가 나왔습니까? 교회가 위축되어 이제는 영 맥을 못 추게 되었나요?

> 그리하여 온 유대와 갈릴리와 사마리아 교회가 평안하여 든든히 서가고 주를 경외함과 성령의 위로로 진행하여 수가 더 많아지니라(9:31).

아닙니다. 오히려 온 유대에 복음이 전해졌습니다. 예루살렘교회가 핍박을 받아 사방으로 흩어지자 유대 곳곳에 교회가 세워졌습니다. 갈릴리와 사마리아에까지 교회가 생긴 것입니다. 9장 31절까지의 기록은 1장 8절 "오직 성령이 너희에게 임하시면 너희가 권능을 받고 예루살렘과 온 유대와 사마리아와 땅 끝까지 이르러 내 증인이 되리라" 하신 예수님의 말씀 가운데 사마리아까지 복음이 전해지는 과정을 보여준 것입니다. 이 일은 핍박 가운데 이루어졌습니다. 어떻게 그럴 수 있었을까요?

민들레 씨앗처럼

핍박 가운데 교회가 확장되는 것은 하나님의 능력이 아니면 불가능한 이야기입니다. 우리는 아직 핍박을 당한 경험이 없습니다. 관공서에서 예수 믿는다고 홀대하는 비참한 일을 당해보지 않았고, 예수 믿는다는 이유 때문에 법적 권리를 빼앗긴 적도 없으며, 누가 위협해도 법적으로 호소하지 못하는 상황에 빠진 일도 없습니다. 그러므로 핍박 가운데 교회가 확장된다는 것이 무슨 뜻인지 정확히 알 수는 없지만 상상은 해볼 수 있습니다.

핍박을 받으면 교회가 위축되기 쉽습니다. 그런데 초대교회는 정반대였습니다. 예수 때문에 고향을 잃고 예수 때문에 뿔뿔이 흩어진 사람들이 가는 곳마다 예수를 전했습니다. 예수 때문에 손해를 보고 생명의 위협을 받으면서도 가는 곳마다 예수를 자랑하다니, 사람의 힘으로는 할 수 없는 일입니다. 예루살렘에 있는 수천 명의 성도들은 마치 바람이 불어 민들레 씨앗이 공중으로 흩어지듯 온 유대와 갈릴리와 사마리아로 흩어져 예수를 이야기했습니다. 예수 때문에 욕을 먹으면서도 예수 이야기를 했습니다.

사도행전의 이런 배경을 생각하면 우리의 믿음이 형편없다는 걸 느끼게 됩니다. 예수 믿고 남에게 칭찬 듣고, 예수 믿고 남에게 존경받는다 해도 조금만 힘든 일이 생기면 입을 꽉 다물고 예수 이야기를 도무지 안 하지 않습니까? 예수 때문에 그 어떤 위협도 당한 일이 없지만 이웃 사람들에게 조금 멸시를 받았다고 예수 이야기를 안 합니다. 그런데 어떻게 집 잃고, 고향 잃고, 가족과 뿔뿔이 흩어진 사람들이 가는 곳마다 예수 이야기를 할 수 있었을까요?

이것이 초대교회의 정신입니다. 2,000년 동안 피비린내 나는 핍박 속에서도 교회가 성장할 수 있었던 이유입니다. 손해를 보면 볼수록 더 예수를 이야기합니다. 고생을 하면 할수록 더 예수를 자랑하고 사랑합니다. 이것이 신앙의 본질입니다.

핍박 속에서 자라난 교회

초대교회는 이렇게 핍박 가운데 성장하고 확장되었습니다. 한국교회도 마찬가지입니다. 지난 100여 년을 돌이켜보면 1910년 국권피탈부터 시작해서 광복 후 북한 공산당에게 핍박당하기까지 40여 년 동안 거친 세월을 보냈습니다. 한국교회를 바라보면 마음이 뿌듯해서 하나님께 이런 고백을 하곤 합니다.

> 하나님, 대한민국 교회는 핍박 한 번 받지 않고 안일하게 자라온 교회가 아닙니다. 비록 역사는 짧지만 말할 수 없는 고통과 억압 속에서 성장했습니다. 그렇기 때문에 뿌리가 있고 사람이 무너뜨릴 수 없는 강한 힘이 그 속에 있습니다.

믿음이 핍박을 통해 꺾였습니까? 아닙니다. 핍박이 심하면 심할수록 교회가 위축되었습니까? 이 또한 아닙니다. 핍박을 받아 흩어진 사람들이 예수 이야기를 멈추었습니까? 아닙니다. 우리 선조들의 위대한 믿음은 이러했습니다.

그러나 요즘 우리는 편하면 편할수록 더 편해지고 싶어 하는 경향이 있습니다. 우리 생각에는 시간적 여유가 생기면 주님을 더 사랑하고, 잘 먹어서 건강해지면 보다 힘써 움직일 것 같은데, 잘 먹고 잘살수록 더 편한 것을 찾으니 믿음이 점점 병들어갑니다.

성경에는 핍박을 받아 신앙이 병들었다는 이야기가 없습니다. 대부분이 "평안하고 평안하다" 하는 중에 세상의 욕심과 염려가 마음에 가득해졌고, 결국 영적으로 무너지는 것을 볼 수 있습니다.

하나님께서는 그분의 자녀가 살찌고 배부르도록, 그래서 영적으로 병들도록 그냥 내버려두시지 않습니다. 평안하다고 주님을 찾지 않으면 그 평안을 가져가버리십니다. 초대교회 성도들이 핍박 때문에 그만큼 성장했다면 우리는 평안할 때 두 배, 세 배로 성장할 수 있어야 합니다.

자라나 든든히 서다

온 유대와 갈릴리와 사마리아의 교회는 이처럼 핍박을 받는 환경에서 확장되었습니다. 꺾일 것 같지 않던 핍박의 기세는 사울의 회심 후에 누그러졌습니다. 사울이 예수 믿고 변화되어 완전히 돌아서자 핍박의 시대가 끝난 것입니다. 드디어 교회에 평안이 찾아왔습니다. 평안해진 교회가 든든히 서갔습니다. 주님을 경외하고 성령의 위로를 받으며 나아가자 믿는 자의 수가 더 많아졌습니다. 핍박을 견디고 나면 교회는 금세 부흥하게 되어 있습니다. 한국교회가 8·15 광복 후, 6·25 전쟁 후 그처럼 놀랍게 성장한 이유도 환난을 잘 이겨냈기 때문입니다.

핍박 중에 세워진 교회는 개교회 차원에서 보면 아직 성장 이전 단계에 있었습니다. 복음이 뿌려진 곳마다 조그마한 교회가 하나씩 하나씩 생겼습니다. 그러다가 핍박이 그치고 교회에 평안이 깃들면서 이들이 성장하기 시작한 것입니다. 평화 뒤에 찾아온 교회의 성장은 어느 쪽으로도 치우치지 않았습니다. 든든히 서갔고(내적인 성장), 그 수가 더 많아졌습니다(외적인 성장). 질적인 것과 양적인 것이 골고루 배합된, 균형 잡힌 성장을 했습니다.

내적인 성장을 나타내는 '든든히 서가다'는 헬라어로 '오이코도메오'(oikodomeo)인데 이는 '집을 세운다'는 뜻입니다. 집을 세울 때 겉으로 보이는 윤곽을 잡는 것은 그다지 어렵지 않은 듯합니다. 오히려 사람들의 눈에 띄지 않는 속을 갖추는 것이 참 어려운 일 같습니다. 어떤 면에서 교회도 그렇습니다. 내실을 기하기가 참 어렵습니다. 아무리 목사가 힘을 다해 수고하고, 밤잠도 못 자면서 애쓴다 해도 그런 노력이 교회를 만드는 것은 아닙니다. 보이지 않는 하나님의 손이 일하셔야 합니다.

온 유대와 갈릴리와 사마리아에 뿌려진 교회의 씨가 양면의 성장을 이룰 수 있었던 이유는 무엇일까요? 주를 경외하고 성령의 위로를 받으면서 살았기 때문입니다. 이 두 가지를 한마디로 묶으면 '하나님 중심의 생활'이라고 할 수 있습니다. 하나님 중심의 생활은 인간이 본능적으로 알 수 있는 게 아닙니다. 배우지 않고는 알 수 없습니다. 그렇기에 예수님께서 "내가 너희에게 분부한 모든 것을 가르쳐 지키게 하라"(마 28:20)고 당부하신 것입니다. 초대교회가 내실을 잘 다질 수 있었던 것은 말씀을 '가르쳐 지키게 하는' 교육이 잘되었기 때문입니다.

그렇다면 구체적으로 어떻게 하는 것이 하나님을 경외하는 것일까요? 먼저 하나님이 어떠한 분인지를 알아야 합니다. 내가 경외해야 할 대상에 대해 잘 모르면서 어떻게 그분을 경외할 수 있겠습니까? 하나님이 어떤 것을 기뻐하시고 어떤 것을 미워하시는지, 하나님께서 우리에게 바라시는 것이 무엇인지는 성경에 낱낱이 기록되어 있습니다.

하나님이 어떤 분인지 알고 난 다음에는 어떻게 행해야 하는지를 배워야 합니다. 어떤 마음을 품어야 하는지, 일상생활 속에서 주님과 어떻게 교제할 수 있는지, 말씀은 어떻게 보고 기도는 어떻게 하는 것이 좋은지 배우고 실천해야 합니다. 배우면서 실천하고, 배우면서 사모하고, 배우면서 순종할 때 우리 삶에 성령의 열매가 풍성해집니다.

작은 예수가 되기까지

하나님 중심의 삶을 사는 개인 열 명이 모이고 스무 명이 모이니 교회 전체가 안팎으로 충실해질 수 있었습니다. 이렇게 계속 배우고 성장하는 것이 가장 이상적입니다. 그런데 이미 어느 정도 과정을 거친 성도들 중에는 다음 단계로 나아가지 못하고 멈추어 있는 경우가 있습니다. 무언가 콱 막힌 것 같습니다. 물론 여러 가지 직분을 맡아 일은 하지만 영적으로는 더 자라지 않는 어린아이처럼 문제가 심각합니다.

제일 무서운 것은 자라지 않고 멈춰 있는데도 계속 자라는 것처럼 행세하는 것입니다. 그러면 독선에 빠지기 쉽고, 말씀이 들어가지 못할 만큼 마음이 굳어져버립니다. 사실 영적으로 가장 굳기 쉬운 사람이 목회자입니다.

목회자들은 주일에 성도들을 돌보고 인사를 하느라 예배도 제대로 못 드릴 때가 많습니다. 이렇게 급한 일로 쫓기면 말씀 앞에서 자신을 비추어 보며 기도하고 몸부림칠 시간이 없습니다. 그렇게 30년간 생활한다고 생각해보십시오. 기가 막힌 사람이 됩니다. "주여" 할 때도 별로 없고, "아멘"도 잘 안 나오는 것 같고, 말씀 앞에 감격하는 모습도 없습니다. 이미 아는 것이 너무 많아서 들어봐야 다 아는 이야기라고 생각합니다. 이러니 얼마나 불쌍한 사람입니까?

목사만 그런 게 아닙니다. 장로, 권사, 집사도 마찬가지입니다. 잘못하면 이런 모습으로 전락합니다. 그러니 어떻게 하면 어린아이처럼 하나님을 경외하면서 살 수 있을까요? 어떻게 하면 성령의 인도함을 받고 성령 충만해서 성령과 동행하는 사람이 될까요? 우리 모두에게 던져진 문제요, 일생 동안 풀어가야 할 과제입니다.

어린아이가 젖을 사모하는 것처럼 말씀을 사모합시다. 듣지 않고, 배우지 않고, 기도하지 않고 무슨 일을 합니까? 내가 자라지 않는데 어떻게 교회가 자라며, 교회가 내적으로 성장하지 않는데 어떻게 이방 사람들을 받아들입니까? 내적으로 예수로 충만하고, 성령의 은혜를 받지 않으면 들어오고 싶어 하는 사람도 들어오지 못하게 막는 바리새인과 같이 되고 맙니다.

하나님을 경외하는 어린아이처럼 모여야 합니다. 엎드리면 말씀 앞에서 부들부들 떠는 역사가 나타나야 합니다. 어느 분량까지 성장해야 합니까? 예수 그리스도의 분량에까지 이르러야 합니다. 예루살렘교회부터 유대와 갈릴리, 사마리아의 교회가 성장하기 위해 몸부림쳤기 때문에 오늘 우리는 이와 같이 아름다운 유산을 받은 것입니다. 교회가 내적으로 성숙해지고 외적으로도 성장하기 위해서는 배움에 열심을 내고 순종하기를 사모해야 합니다. 그럴 때 하나님을 경외하며 성령 충만한 사람이라 말할 수 있습니다.

사도행전 10장

우리가 다른 사람보다 잘나서 예수 믿고, 구원받고, 복을 받는 것은 아니지 않습니까? 만약 그렇게 생각한다면, 그는 은혜를 아예 모르는 사람입니다. 받을 만한 자격이 전혀 없는 사람에게 하나님이 주신 것이 은혜이기 때문입니다.

45

땅 끝을 향한
문이 활짝 열리다

이르되 유대인으로서 이방인과 교제하며 가까이하는 것이 위법인 줄은 너희도 알거니와 하나님께서 내게 지시하사 아무도 속되다 하거나 깨끗하지 않다 하지 말라 하시기로(행 10:28)

우리는 온 유대와 갈릴리와 사마리아가 복음의 빛으로 교회를 이루어 튼튼히 자리 잡고 부흥하는 과정을 지켜보았습니다. 이제 남은 곳은 어디입니까? 하나님의 꿈이요 비전인 인류 구원 프로젝트의 마지막 단계는 바로 '땅 끝'입니다. 사도행전 10장은 천국의 열쇠를 가진 베드로가 땅 끝을 향한 복음의 문을 활짝 여는 장입니다.

'땅 끝'으로 표현되는 이방 지역은 크기로 보나 구원 받을 사람 수로 보나 예루살렘과 온 유대와 사마리아를 다 합친 것보다 훨씬 큽니다. 어찌 보면 9장 31절까지는 작은 언덕 하나를 넘은 것에 불과합니다. 이제 제일 큰 산이 눈앞에 있습니다.

이방인 중의 이방인 고넬료

2,000년 이상 계속될 '땅 끝' 사역이 사도행전 10장에서 고넬료의 등장과 함께 시작됩니다. 고넬료는 로마 군

대에 속한 백부장으로 이탈리아 출신입니다. 백부장은 우리나라로 치면 장교와 같은 신분입니다. 사병은 인종과 혈통에 관계없이 당시 로마제국이 지배하던 지역마다 충성심이 강한 사람들을 뽑아 세웠지만, 장교는 반드시 로마 혈통을 가진 본토인이어야 했습니다. 이들은 로마의 명예와 황제를 위해서라면 목숨이라도 바칠 용기와 충성심을 가진 사람들이었습니다. 또한 어떠한 역경에도 굴하지 않고 전진하는 무서운 사람들로 결속된 집단이었습니다. 그래서 거기 속한 사람이라면 누구나 긍지가 머리끝까지 찰 수밖에 없었습니다. 고넬료는 바로 그런 신분을 가진 자였습니다.

이렇게 이방인 중의 이방인이라 할 수 있는 고넬료가 바로 이방의 첫 번째 문이 되었습니다. '땅 끝' 사역의 첫 수혜자요 첫 열매인 것입니다. 이것이 이 이야기가 중요할 수밖에 없는 이유입니다.

천국의 열쇠를 가진 베드로

사도행전 10장의 기록 한편에는 사울의 이야기가 숨어 있습니다. 하나님의 특별한 섭리 가운데 '이방을 위한 사도'로 선택받은 사울은 안디옥과 다메섹, 예루살렘에서 예수 그리스도를 전했습니다. 그러나 전도 대상은 유대인에 한정되어 있었습니다. 아직 이방인들과는 접촉하지 않았던 것입니다. 하나님은 그때까지 사울을 가만히 뒷자리에 두신 채 이방을 위한 사도로 준비시키고 계셨습니다. 또한 사울이 향후 복음을 들고 이방을 향해 나아갈 때 그 길을 막아서는 방해물이 없도록 사전 작업을 하고 계셨습니다. 천국의 열쇠를 쥔 베드로를 통해서 말입니다.

내가 천국 열쇠를 네게 주리니 네가 땅에서 무엇이든지 매면 하늘에서도 매일 것이요 네가 땅에서 무엇이든지 풀면 하늘에서도 풀리리라 하시고(마 16:19).

베드로는 예수님께 천국의 열쇠를 받은 사람입니다. 열두 사도 중 수제자인 이유도 있겠지만, 하나님께서 베드로에게 맡기신 특별한 역할이 있었기 때문입니다. 베드로는 예루살렘에 교회가 세워질 때 복음의 열쇠로 문을 열었습니다. 베드로의 설교로 3,000명이 세례를 받고 예루살렘교회가 탄생한 것입니다. 사마리아에서도 마찬가지였습니다. 빌립이 전도를 하긴 했지만, 성령이 임하셔서 사마리아와 예루살렘의 교회가 하나인 것을 입증한 사건이 바로 베드로의 안수기도로 이뤄졌습니다.

하나님은 이렇듯 이방에 닫혀 있던 복음의 문을 여실 때 그 문을 열 수 있는 열쇠를 베드로에게 주셨습니다. 이방을 위한 사도는 사울이었지만, 이방의 문을 여는 역할은 베드로에게 맡기셨던 것입니다. 이렇게 보면 베드로는 참 출세한 인물이란 생각이 듭니다. 고기 잡는 어부가 하나님의 부름을 받아 이렇게 기막힌 역할을 했으니 말입니다. 지식이 많았겠습니까? 히브리어나 제대로 읽고 쓸 줄 알았을까요? 기껏해야 아람어 정도만 깨쳤을 것입니다. 신약성경의 베드로서를 보면 지적이기보다는 투박한 느낌이 들고, 글솜씨도 별로 없어 보입니다.

인간적으로 볼 때 베드로는 사도 바울과 비교가 안 되는 사람입니다. 그런데도 하나님이 베드로를 들어 영광의 자리에 올려놓으신 것을 보면 어떤 면에서는 불공평하다는 생각도 듭니다. 하지만 한편으로는 하나님의 은혜가 무엇인지 깊이 깨닫게 됩니다. 우리가 다른 사람보다 잘나서 예수 믿고, 구원받고, 복을 받는 것은 아니지 않습니까? 만약 그렇게 생각한다면, 그는 은혜를 아예 모르는 사람입니다. 받을 만한 자격이 전혀 없는 사람에게 하나님이 주신 것이 은혜이기 때문입니다.

천국에서 베드로는 아마도 문 앞에 앉아 있지 않을까 싶습니다. 천국에 들어가는 사람마다 베드로를 보고 "저 사람처럼 아무 자격 없는 내가 하나님의 은혜로 여기 오게 되었구나" 하는 고백을 할 것이니 말입니다.

유대인과 이방인 사이의 벽

예루살렘과 유대의 교회 사이에는 아무런 문제가 없었습니다. 같은 유대 민족이기 때문입니다. 예루살렘과 갈릴리의 교회 사이에도 문제가 없었습니다. 비록 갈릴리가 유대의 변두리 지역이라 사람들이 천대하긴 했지만 혈통으로는 한 민족이요, 한 백성이기 때문에 전도하는 데 큰 어려움이 없었습니다.

그러나 사마리아는 문제가 달랐습니다. 그들은 순수 혈통의 유대인이 아니었습니다. 그것이 유대와 사마리아를 가르는 높고 견고한 벽으로 작용했습니다.

> 그때에 너희는 그리스도 밖에 있었고 이스라엘 나라 밖의 사람이라 약속의 언약들에 대하여는 외인이요 세상에서 소망이 없고 하나님도 없는 자이더니(엡 2:12).

유대인들이 이방인을 얼마나 천대했을지 짐작이 가지 않습니까? 그들은 이방인을 메시아와 관계없는 사람, 언약의 울타리 밖에 있는 사람으로 여겼습니다. 유대인에게 이방인은 소망이 없는 존재요 형편없는 사람이었습니다. 이렇듯 전도자가 전도 대상자를 아예 개처럼 취급했으니 제대로 전도가 이뤄졌을 리 만무합니다. 그 벽을 허물기란 여간 어려운 것이 아니었습니다.

유대인들은 이방인에게 복음을 전하는 것이 하나님의 뜻이자 예수님의 명령임을 잘 알고 있었지만, 얼른 나서지 못했습니다. 유대와 이방 사이의 벽은 그만큼 높았습니다. 그러나 하나님은 인간의 생각이 어떠하든 하나님의 구원 계획대로 유대인과 이방인 사이의 벽을 헐기로 작정하셨습니다.

> 이제는 전에 멀리 있던 너희가 그리스도 예수 안에서 그리스도의 피로 가까워졌느니라 그는 우리의 화평이신지라 둘로 하나를 만드사 원수 된 것 곧 중간에 막힌 담을 자기 육체로 허시고 법조문으로 된 계명의 율법을 폐하셨으니 이는 이 둘로 자기 안에서 한 새사람을 지어 화평하게 하시고 또 십자가로 이 둘을 한 몸으로 하나님과 화목하게 하려 하심이라…(엡 2:13-16).

하나님의 꿈은 크게 두 가지로 볼 수 있습니다. 첫째는 유대인과 이방인을 하나로 만드는 것이고, 둘째는 사람과 하나님을 화목하게 하는 것입니다. 이 두 관계를 예수 그리스도 안에서 완전히 하나 되게 하는 것이 하나님의 목적입니다. 이 고귀한 꿈을 위해 자신의 아들까지 아낌없이 내어주셨을 뿐만 아니라 오늘도 우리의 죄를 따라 그대로 갚지 않으시고 오래 참으시며 부르실 자들을 부르고 계십니다. 베드로와 같은 무식한 사람도 불러 사용하셨고, 바울과 같은 '죄인 중의 죄인'도 불러 쓰셨습니다. 하나님은 오늘도 이 일을 이루기 위해 일하고 계십니다.

하나님은 뜻을 온전히 이루시기까지 일하실 것입니다. 예수님도 말씀하셨습니다. "내 아버지께서 이제까지 일하시니 나도 일한다"(요 5:17). 그러니 우리도 일해야 합니다.

인간과 인간 사이에, 하나님과 인간 사이에 화목함이 없으면 전쟁과 미움, 갈등과 고통은 계속될 것입니다. 그러나 우리에게는 희망이 있습니다. 주님이 계획하신 일들이 착착 이루어지고 있기 때문입니다. 바울이 에베소서를 기록할 때만 해도 활동 범위가 얼마나 제한적이었습니까? 지도를 펴놓고 보면, 바울이 활동한 곳은 터키와 그리스 그리고 로마였습니다. 결국 지중해 연안만 빙빙 돌았을 뿐입니다. 그러나 오늘날 예수 그리스도의 복음이 어떻게 퍼져나가고 있습니까?

아무리 세상의 죄악이 하나님을 대적해도 하나님의 역사는 계속해서 이루어지고 있습니다. 바울은 기뻐하면서 이제는 하나님께서 "하늘에 있는 것이나 땅에 있는 것이 다 그리스도 안에서 통일되게"(엡 1:10) 하신다고 고백했습니다. 이방인과 유대인을 하나 되게 하시는 놀라운 역사가 이루어지고 있습니다.

벽을 허물기로 작정하신 하나님

사도행전 9장에서 베드로는 욥바에 와 있었습니다. 욥바는 구약에 나오는 선지자 요나 이야기의 배경이기도 합니다.

구약시대에 하나님이 이방인인 니느웨 사람들을 구원하기 위해 유대인인 요나를 불러 복음을 전하라고 하신 일이 있습니다. 그때 요나의 생각은 하나님의 생각과 달랐습니다. 그래서 욥바로 내려가 배를 타고 도망갔습니다. 하나님은 유대인과 이방인이 하나 되는 꿈, 아브라함에게 약속하신 '모든 족속이 복을 얻는' 놀라운 꿈을 이루고자 하셨는데 선지자 요나는 싫다고 거부한 것입니다.

하나님께서는 베드로가 요나처럼 도망가지 않도록 특별한 은혜를 주셨습니다. 환상을 보여주신 것입니다. 베드로는 기도하는 중에 보자기가 하늘에서 내려오는 환상을 보았습니다. 보자기 안에는 율법에서 먹지 말라고 한 짐승들이 가득했습니다. 그리고 하늘에서는 그것들을 잡아먹으라는 음성이 들렸습니다.

베드로 역시 처음에는 순종하지 못했습니다. 아니, 순종할 수가 없었습니다. 예수님의 수제자로 은혜 받은 사람이요, 성령의 충만함을 입은 사람이지만 그도 별수 없는 유대인이었던 것입니다. 이런 베드로의 모습을 보며 한 가지 깨닫는 바가 있습니다. 성령 받고, 은혜 받고, 남보다 특별한 체험이 있으면 개인의 사고방식이나 습관 같은 것도 금방 바뀔 것 같지만, 실상은 그렇지 않다는 것입니다. 고질적인 면은 여전히 남아 있습니다.

베드로도 마찬가지였습니다. 십자가와 부활을 보고, 성령 충만을 받고, 하나님의 놀라운 계시를 깨닫고, 사마리아에서 자신을 통해 하나님이 어떤 놀라운 일을 행하셨는지 다 알고 있었지만, 그의 첫 반응은 "못 먹겠습니다"라는 불순종이었습니다.

그러나 하나님은 자비하셔서 세 번이나 보자기를 오르내리셨습니다. 그냥 "이놈!"이라고 한마디 하시면 끝날 텐데 말입니다. 하나님은 베드로가 알아들을 때까지 세 번이나 "베드로야, 먹어라. 내가 깨끗하다 하는 것을 네가 왜 속되다고 하느냐? 먹어라" 하고 말씀해 주셨습니다.

베드로는 고넬료의 집에 가서야 비로소 깨달았습니다. 자신이 속되다고 먹지 않은 짐승들은 이방인을 의미했습니다. 그리고 잡아먹으라는 하나님의 말씀에는 이제 이방인을 속되다 하지 말라는 뜻이 담겨 있었습니다.

구약의 요나는 불순종했지만 신약의 베드로는 순종했습니다. 우리도 순종해야 합니다. 하나님이 깨끗하다고 하셨는데 스스로 속되다 구별하고 은근히 마음을 닫아버리는 대상이 있지 않습니까? 가난한 자나 부자나 똑같이 관심을 표현하고 기도해주어야 합니다. 그런데도 지위가 있고 부자라고 하면 한 번이라도 더 관심을 보이고, 그렇지 않은 사람에게는 관심을 덜 갖는 경우가 있습니다. 자신도 모르게 그럴 수 있습니다. 그렇다면 결국은 하나님과 상관없는 일이 됩니다.

예수님 당시 율법사와 바리새인들이 그런 짓을 하다가 결국 주님께 뭐라고 야단을 맞았습니까? "너희들이 천국 문에 버티고 서서 들어올 사람도 못 들어오게 한다"라고 하셨습니다. 하나님은 다 들어오라고 하시는데 율법사와 바리새인들이 문 앞을 막아서는 형국이었습니다. 그들은 이방인과 유대인을 가려냈습니다. 율법을 지키는 사람과 못 지키는 사람을 가려냈습니다. 얼마나 무서운 일입니까?

베드로는 "내가 깨끗하게 한 것을 네가 속되다고 하지 말라"는 말씀에 순종했습니다. 그 일로 베드로는 예루살렘교회에 돌아와 유대인 동료들에게 공격을 받았습니다. 유대인이면서 이방인의 집에 가서 함께 먹고, 그들 집에 머물며 하나님의 말씀을 전했다고 비난받았습니다. 그러나 베드로는 일일이 해명하지 않았습니다. 수석 사도로서의 명예나 자신의 입장을 내세우기보다 하나님 명령에 순종했습니다. 그리하여 마침내 이방인에게 복음의 문이 열렸습니다. 막힌 담이 허물어졌습니다.

우리도 이방인이었습니다. 무할례당이었습니다. 그리스도 밖에 있었습니다. 아무 기업이 없는 사람이었습니다. 하나님께서는 우리에게 이 아름다운 복음을 은혜로 주셨습니다. 온 우주를 하나 되게 하시려는 하나님 뜻이 이루어질 때 영원한 평화가 이루어집니다. 영원한 행복이 찾아옵니다. 하나님은 그런 행복과 평화를 우리에게 주시려고 오늘도 교회를 통하여, 우리를 통하여 일하기 원하십니다.

46

경건한 자 고넬료,
구원받다

베드로가 입을 열어 말하되 내가 참으로 하나님은 사람의 외모를 보지 아니하시고 각 나라 중 하나님을 경외하며 의를 행하는 사람은 다 받으시는 줄 깨달았도다(행 10:34-35)

 신약의 고넬료를 소개하는 부분은 구약의 인물 욥을 소개하는 부분과 비교됩니다. 욥의 경우는 그의 경건한 생활, 즉 신앙 인격과 삶을 먼저 말씀하신 뒤 재산과 자녀, 직업과 가정을 소개한 반면, 고넬료는 직업을 먼저 소개합니다. 성경을 읽다 보면 이런 점에서도 깨달음을 얻는 경우가 있습니다.
 욥은 자유직을 가진 사람이었습니다. 또 족장의 위치에 있었으므로 누구의 간섭도 받지 않았습니다. 그리고 부유했습니다. 이런 여건에서는 마음만 먹으면 하나님을 섬길 수 있고, 자기가 원하는 대로 신앙생활을 하며 가정을 이끌 수 있습니다. 욥의 의로움과 경건함이 상대적으로 그렇게 대단해 보이지 않습니다.
 그에 비해 고넬료는 남의 수하에 있는, 그저 군대 내에서 중대장 정도의 사람이었습니다. 서열이 분명하고 상하 구별이 엄격한 체제에서 지위가 그리 높지 않았기에 하나님을 바로 섬기며 경건하게 살기에는 어려운 환경이었습니다. 그러나 고넬료는 하나님을 경외하고 백성을 구제하고, 항상 기도하며 살았습니다.

우리는 이런 고넬료를 보면서 신앙과 직업의 관계를 생각해보지 않을 수 없습니다. 신앙생활이 직업에 영향을 줍니까, 아니면 직업이 신앙생활에 영향을 줍니까? 어느 쪽이 정상일까요?

신앙이라는 '발', 직업이라는 '구두'

신앙생활을 남달리 열심히 하는 사람을 볼 때, 그 사람이 직업에 매이지 않고 마음대로 할 수 있는 여유를 가진 자라면 '그럼 그렇지. 그러니까 열심을 낼 수 있지. 시간도 되고 물질도 있고 말이야'라는 생각을 합니다. 그런데 그 사람의 직업이 군인이라는 말을 들으면 어떤 생각이 듭니까? 시간적으로 쫓기고 조직에 매인 생활을 하는 사람이 교회에 충실하려고 애쓰는 것을 보면 '아, 정말 믿음이 좋구나' 하고 감명을 받을 것입니다.

오늘날 성도들의 직업은 이루 말할 수 없이 다양합니다. 그중에서도 일반적인 상식으로는 도무지 신앙생활을 제대로 할 수 없는 직업을 가진 분들이 어떻게든 바로 살아보려고 몸부림치는 모습을 볼 때가 있습니다. 그럴 때마다 자연스레 고개를 숙이게 됩니다.

우리 마음속에는 직업이 신앙을 좌우한다는 생각이 잠재되어 있습니다. "직업 때문에 내 신앙이 자라지 않는다, 직업 때문에 신앙생활을 제대로 할 수 없다. 직업이 이러니 내가 어떻게 하나님을 바로 섬길 수 있겠는가? 하나님도 이런 내 사정 잘 아시겠지" 하며 조금만 열심을 내면 할 수 있는 일도 아예 덮어놓고 안 하는 경우가 많습니다. 직업이라는 발에 신앙생활이라는 구두를 신기려고 애쓰지 마십시오. 신앙생활이라고 하는 발에 직업이라는 구두를 맞추어야 합니다. 어떤 직업을 가졌든지 내 신앙에 걸맞게 판단하고 분별하고 최선을 다하는 모습이 있어야 합니다.

'믿는 것 따로, 행하는 것 따로'인 삶을 살고 있지 않습니까? 하나님을 옆으로 밀쳐놓고 자기 마음대로 살면서 직업이나 직장 핑계를 대는 것은 아닙니까? 만약 아무리 노력해도 말씀대로 사는 것이 도무지 불가능한 직업이라면 어떻게 해야 합니까? 직업을 바꾸어야 하지 않겠습니까? 그럴 때 하나님이 굶어 죽게 놔두시겠습니까? 그가 직업을 바꾼 결과로 패배자가 되도록 내버려두실까요?

> 하나님, 예수 안 믿을 때는 이런 직장에 만족했습니다. 하지만, 예수를 믿은 다음부터 아침부터 저녁까지 제가 해야 하는 일 하나하나가 양심에 가책이 느껴지고, 제 손이 더러운 죄악으로 시커멓게 물들어가는 것이 보입니다. 그러니 어떻게 이 일을 계속할 수 있겠습니까? 하나님 앞에 기도하고 싶어도 하루 종일 제 입으로 내뱉은 죄악 때문에 어떻게 입을 열어 회개해야 할지 모르겠습니다. 이곳을 떠나지 않으면 이런 생활에서 벗어날 수 없으니 하나님, 어떻게 해야 합니까?

하나님 앞에 이렇게 기도합시다. 흙탕물에 들어가면서 자꾸 발이 더러워진다고 불평만 하는 것은 지혜롭지 못합니다. 하나님은 흙탕물에서 나와 몸을 씻은 다음 맑은 물로 들어가라고 하십니다.

아주 큰 술집을 경영하면서 예수를 믿게 된 분이 있습니다. 다행히 교회에 잘 적응하고 예배도 열심히 드렸습니다. 그러나 신앙이 조금씩 자랄수록 자꾸 마음에 걸리는 것이 생겼습니다. 처음에는 아마도 "많이 벌어서 십일조만 잘하면 되겠지"라고 생각했는지 모릅니다. 그러나 그것은 자기 합리화일 뿐이라고 성령께서 강하게 도전하셨습니다. 그분은 결국 신앙이라는 발에 직업을 맞춰 신는 결단을 내리게 되었습니다.

로마제국의 군인이라는 직업 자체가 죄입니까? 아닙니다. 로마 감옥을 지키는 간수의 일이 죄입니까? 아닙니다. 간수가 회개했을 때 바울은 그에게 직업을 바꾸라고 하지 않았습니다. 예수님도 삭개오의 집에 하나님의 구원이 임하였다고 크게 복 주신 다음 그에게 직업을 바꾸라고 하지 않으셨습니다.

삭개오는 여리고성의 세무서장이었습니다. 당시 세관은 백성에게 세금을 거두어 로마 정부에 바치는 일을 했는데, 대개 세리들은 '면허증을 가진 강도'라 불렸습니다. 그러나 세리라 하더라도 부정직한 모습을 버리고 양심적으로 일한다면 그 직업을 통해 오히려 하나님께 영광을 돌릴 수 있습니다. 자신의 직업 때문에 신앙생활이 제대로 안 된다고 생각하기 쉬운데 실은 직업 탓이 아닙니다. 고넬료가 이 교훈을 우리에게 똑똑히 보여줍니다.

하나님을 경외하며
이웃을 구제하고

백부장이라고 하면 100명의 군인을 거느린 지휘관으로, 포악하고 인정사정없는 로마 군대의 장교입니다. 기독교 신앙과는 전혀 어울리지 않는 직업이었습니다. 그런데 고넬료를 한번 보십시오. 얼마나 기가 막힙니까. 고넬료는 '경건한 사람'으로 일컬어집니다.

우리는 '경건'이라는 말을 막연하게 사용합니다. 하나님 앞에 기도하고 성경을 묵상하는 시간인 'Quiet Time'을 흔히 '경건의 시간'이라고 부릅니다. 이 때문에 경건의 의미가 좁아진 것 같습니다. 'Quiet Time'은 경건의 일부일 뿐입니다. 그렇다면 경건이란 무엇일까요? 여러 참고 서적을 조사하고 성경을 연구하면서 다음과 같은 결론을 내렸습니다.

> 경건이란 하나님의 법을 어기지 않기 위해 깨어서 주의하는 마음가짐 또는 그러한 생활이다.

바꾸어 말하면, 하나님의 뜻에 어긋나지 않으려는 마음 자세가 바로 경건이라고 하겠습니다. 고넬료가 언제 어디서 하나님을 알고, 믿게 되었는지는 잘 모르겠습니다. 그러나 하나님을 알고 나서부터 그의 마음은 변화되었습니다. 하나님의 법도에 어긋나지 않으려는 마음이 간절했습니다. 비록 군인이고, 남의 수하에 있었지만 하나님의 법도대로 살아보겠다는 결단이 마음의 중심에 확고히 자리 잡았습니다. 그래서 하나님은 그를 경건하다고 하신 것입니다(10:2).

고넬료의 경건은 마음에만 머물지 않았습니다. 하나님을 향해서는 경외함으로, 이웃을 향해서는 구제함으로 표현되었습니다.

> 그가 경건하여 온 집안과 더불어 하나님을 경외하며 백성을 많이 구제하고 하나님께 항상 기도하더니(10:2).

프랑스의 종교개혁자 칼빈은 이런 고넬료를 보고 "최선을 다해 십계명을 지킨 사람"이라고 칭송했습니다. 하나님을 경외한 그의 모습은 하나님을 향한 제1계명부터 제4계명을 지키려 한 삶이고, 백성을 구제한 모습은 이웃을 향한 제5계명부터 제10계명을 지키려 한 삶이었기 때문입니다.

경외란 헬라어로 '율라베이아스'로 '두려움'과 '사랑'이라는 두 단어가 복합된 말입니다. 두려워하면서 사랑하는 경우가 있을까요? 바로 어린 자녀가 부모를 대할 때의 마음입니다. 혼자 힘으로 살 수 없는 어린아이가 자기를 보살피고 보호해주는 부모에게 느끼는 감정이 바로 두려움과 사랑 아닙니까?

행함과 진실함으로 사랑하라

예수님은 제1계명부터 제4계명까지를 다음과 같이 한마디로 요약하셨습니다.

> 네 마음을 다하고 목숨을 다하고 뜻을 다하고 힘을 다하여 주 너의 하나님을 사랑하라(막 12:30).

하나님께 대한 사랑은 경외입니다. 그러나 요사이 우리가 말하는 '하나님을 사랑한다'는 표현에는 낭만적인 요소가 지나치게 많이 섞여 있습니다. 사람들이 너무 똑똑해져서 그런가 봅니다. 옛날 사람들은 좀 무식했습니다. 어떤 면에서는 단순한 어린아이와 같았기 때문에 그들이 가진 '하나님을 향한 사랑'은 정말 두려운 마음으로 애정을 쏟는 사랑이었습니다. 하나님을 하나님의 위치에 그대로 모시면서 인간으로서 할 수 있는 최선을 다하는 사랑이었습니다.

그러나 오늘날 우리는 하나님을 끌어내려서 인간인 우리와 비슷한 수준에 놓고 사랑한다고 말합니다. 거기에는 두려워하는 마음이 없습니다. 하나님이 두려운 줄 모르니 사랑의 하나님만 믿고 제 마음대로 죄를 짓습니다.

초신자들은 하나님을 사랑한다는 것이 낭만적인 사랑을 말하는 것인지, 두려움과 사랑이 함께 있는 경외함을 뜻하는 것인지 구별을 못합니다. 그래서 하나님은 그들의 마음을 다 받아주십니다. 그러나 성경을 알 만큼 알고 하나님이 어떤 분인지 깨달은 사람이 계속 낭만적으로 하나님을 사랑한다고 말하는 것은 문제입니다. 그런 사람의 삶에는 '순종'이 결핍되어 있을 것입니다.

할아버지 수염을 잡고 흔드는 아이가 할아버지 말을 잘 듣습니까? 할아버지를 사랑한다고 소리쳐도 할아버지 말에는 순종하지 않습니다. 자기 마음에 들면 순종하고, 자기 마음에 들지 않으면 제멋대로 행동합니다.

하나님을 사랑한다고 아무리 큰소리쳐도 경외함에서 나오는 사랑이 아니면 말씀에 순종하는 삶은 불가능합니다. 하나님이 그 사랑을 정말 받으실까요? 이웃에 대한 사랑도 마찬가지입니다. 구체적인 실천 없이 막연한 동정으로 끝나버릴 때가 얼마나 많습니까? 고넬료처럼 자기 주머니를 털어 이웃을 구제하는 사랑의 표현이 우리에게 얼마나 있나요?

> 그가 우리를 위하여 목숨을 버리셨으니 우리가 이로써 사랑을 알고 우리도 형제들을 위하여 목숨을 버리는 것이 마땅하니라 누가 이 세상의 재물을 가지고 형제의 궁핍함을 보고도 도와줄 마음을 닫으면 하나님의 사랑이 어찌 그 속에 거하겠느냐(요일 3:16-17).

우리는 예수 그리스도의 십자가 앞에서 하나님의 사랑을 깨달았습니다. 이것으로 우리가 사랑을 알게 되었고 우리도 형제를 위해 목숨을 버리는 것이 마땅한데, 형제의 궁핍함을 보고도 마음을 닫아 버린다면 하나님의 사랑이 어찌 그 속에 거한다고 장담하겠습니까?

> 자녀들아 우리가 말과 혀로만 사랑하지 말고 행함과 진실함으로 하자 이로써 우리가 진리에 속한 줄을 알고 또 우리 마음을 주 앞에서 굳세게 하리니(요일 3:18-19).

말과 혀로만 하는 사랑은 성경이 말하는 사랑이 아닙니다. 행함과 진실함이 있어야 진정한 사랑입니다. 진실한 마음으로 사랑을 행할 때 우리가 진리에 속한 사람, 하나님께 속한 사람인 것을 확신할 수 있습니다.

핍박을 이기는 경건의 능력

고넬료는 하나님을 두려워하면서 사랑했습니다. 그래서 그는 구체적으로 사랑을 실천했습니다. 가만히 생각해 보면 고넬료는 핍박도 꽤 받았을 것 같습니다. 디모데후서 3장 12절도 "무릇 그리스도 예수 안에서 경건하게 살고자 하는 자는 박해를 받으리라" 하지 않습니까? 군대 안에서 혼자 시간 맞춰 하나님께 기도하고, 모든 것을 하나님 중심으로 살려고 애쓰는 일이 그리 쉽지만은 않았을 것입니다.

같은 장교들끼리 이해가 되었을까요? 동료들에게 따돌림을 당할 수도 있고 '너는 왜 로마인이면서 유대인의 종교를 믿느냐? 왜 로마의 신들을 버리고 하나님이라는 신만 따른다고 하느냐?' 하는 비난과 함께 진급하는 데에도 상당한 제약을 받았을 가능성이 있습니다.

어쩌면 고넬료의 군 생활은 그리 길지 않았는지도 모릅니다. 이

건 추측입니다만, 어쩌면 그는 가족과 함께 성령 충만을 받고 예수 그리스도가 구원자인 것을 확신하고 나서 얼마 지나지 않아 자신의 출신지인 로마로 돌아가 로마교회의 중요한 일꾼이 되었을 수도 있습니다.

세상 사람들은 우리가 하나님 중심으로 살려고 애쓰는 것을 별로 좋아하지 않습니다. 직장에서 그렇게 한번 해보십시오. 분명히 핍박이 옵니다. 따돌림과 비웃음을 당할 것입니다. 그러나 우리가 예수 믿고 달라진 것이 무엇입니까? 과거에는 사람 중심으로 살았지만 이제는 하나님 중심으로 살려는 것이요, 이제는 하나님 뜻에 순종하여 사랑을 행하면서 살려는 것 아닙니까? 그러므로 핍박을 받아도 우리는 하나님을 경외하며 살아야 합니다.

경건 생활이 그저 예배를 드리는 것으로 끝나지 않길 바랍니다. 말세의 교회는 경건의 위기를 당한다고 성경은 분명히 예언했습니다. 예수를 믿는다고 교회에 나와 예배를 드리지만 경건의 모양만 있지 경건의 능력은 없는 이들이 실제로 많습니다. 이것이 말세에 교회의 모습입니다. 고넬료 같은 사람을 찾기가 점점 어려워집니다.

고넬료처럼 날마다 기도에 힘쓰고 사랑을 실천한다면 주변 사람들이 영향을 받을 것입니다. 생각지도 않던 사람들이 예수 믿고 돌아오게 될 것이고, 생각지도 않던 가정이 치유를 받게 될 것이며, 세상 사람들이 교회에 관심을 갖게 될 것입니다.

그러나 경건의 모양만 갖춘 교회에는 이런 능력이 나타나지 않습니다. 중생의 역사가 일어나지 않습니다. 회개하는 역사가 일어나지 않습니다. 가정이 변화되지 않습니다. 예수 믿은 지 10년이 되어도 속사람이 변화되지 않습니다. 경건의 능력이 없어서 그렇습니다.

하나님은 "경건하게 살아라. 내가 너를 통해 일하고 싶으니 경건의 능력을 받아라" 말씀하시는데, 우리는 하나님의 뜻과 상관없이 살아갑니다. 주일 예배 빠지지 않는 것만으로 만족하고 그 이상은 생각하지 않습니다. 말씀대로 한번 살아보겠다는 의지도 별로 없습니다. 자신의 생활을 한번 돌아보십시오. 경건의 능력이 나타나지 않는 무력한 일상만 반복하고 있진 않습니까?

Index of Scripture Passages / 성경구절 색인

○ 창세기
- 23:4 — 231
- 45:5 — 239

○ 출애굽기
- 34:22 — 70
- 34:29-30 — 191
- 40:34 — 17

○ 레위기
- 10:3 — 153

○ 민수기
- 12:3 — 242
- 28:26 — 70

○ 신명기
- 15:7-9 — 248
- 15:9 — 249

○ 여호수아
- 24:2 — 225

○ 사무엘하
- 13:15 — 48

○ 열왕기상
- 19:11-12 — 75

○ 시편
- 2 — 135
- 16:5 — 232
- 55:17 — 111
- 69:25 — 44
- 94:22 — 232
- 95:8 — 242
- 109:8 — 44

○ 잠언
- 1:23 — 80
- 16:33 — 55

○ 전도서
- 12:13-14 — 24

○ 이사야
- 32:15 — 80

○ 에스겔
- 7:8 — 80

○ 다니엘
- 2:45 — 25

○ 호세아
- 5:10 — 80

○ 요엘
- 2:28-29 — 293
- 2:28 — 80
- 2:29 — 61

○ 마태복음
- 3:9 — 222
- 3:11 — 61
- 5:37 — 220
- 6:10 — 24
- 6:31-34 — 39
- 10:2 — 35
- 14:23 — 112
- 16:19 — 354-355
- 25:21 — 33
- 26:25 — 49
- 27:5 — 46
- 28:20 — 347

○ 마가복음
- 1:15 — 19-20
- 1:35 — 112
- 3:16 — 35
- 3:17 — 116
- 9:7 — 17
- 12:30 — 367
- 13:11 — 88
- 14:62 — 17

○ 누가복음
- 6:12 — 112
- 6:14 — 35
- 9:54 — 116
- 14:26 — 227
- 23:55 — 31
- 24:45-48 — 26
- 24:45 — 53
- 24:49 — 61

○ 요한복음
- 2:23-25 — 297-298
- 4:14 — 212
- 5:17 — 358
- 7:37-38 — 81
- 8:39-40 — 222
- 8:44 — 223
- 12:24 — 275
- 16:7 — 62
- 16:13 — 62
- 16:22 — 62

○사도행전

1	342
1:1-11	13, 25
1:3	13, 20, 38
1:4	38
1:6	20
1:7-8	22
1:8	25, 27, 269, 343
1:9	19
1:13-14	29
1:13	35
1:14	30, 110
1:15-26	55
1:15	70
1:16, 20	43
1:16	43, 44
1:18	46
1:20	44
1:21-22	51
1:24-25	51
1:24	110
1:25	45
2:1-4	59
2:1, 4	66
2:1	70
2:2-3	59
2:2	71
2:4	85, 142
2:6-7, 11	84
2:11	85
2:14	92
2:15	70
2:17-19	74
2:17-18	61, 79
2:19-20	76
2:23	98
2:32	86
2:36	86
2:37-38	91
2:37	97, 99
2:38-40	100
2:38	100, 284
2:40	97, 273
2:41	97
2:42	103, 110
2:43	108
2:44-47	96
2:46	103, 147
3:1	110
3:6-8	107, 114
3:6	110
3:7	119
4:2	127
4:3	115
4:4	92, 273
4:5-6	131
4:6	132
4:8-9	136
4:10	136
4:12	136
4:17-19	128
4:17-18	125
4:25-26	135
4:29-30	131
4:32	147
5:3	141, 146
5:5-6, 11	150
5:5	150
5:9	146
5:11	150
5:12-16	159
5:12-14	159
5:12	147
5:13	163
5:14	164, 172
5:17-21	165
5:28	164
5:29-32	167
5:42	172
6:2-4	179
6:2	186
6:3	280
6:5	191
6:6	342
6:7	342
6:8-10	189
6:8	191, 342
6:9	189
6:10-11	200
6:10	210
6:13-14	206
6:13	206
7	269
7:1-2	217
7:1	217
7:2-4	224
7:2	210, 224
7:4-5	230
7:5	231
7:6	236
7:9-11	236
7:9	236
7:17-38	242
7:23	243
7:24	244
7:35-36	241
7:38	241
7:39-43	242
7:39-40	248
7:39	249
7:51-52	223
7:51	250
7:52, 54	253
7:54	257
7:55-56, 58	260
7:55-56	258
7:55	191
8	269
8:1-11:18	27
8:1	269, 277, 278
8:3-4	271
8:3	270
8:4-6	277
8:5	279
8:9-10	296
8:12	296
8:13	296

8:14-16	289	○ 고린도후서		○ 히브리서	
8:15-17	283	11:32-33	335	6:4-6	302, 309
8:16-17	282			10:12-18	84-85
8:16	289	○ 갈라디아서		11:9	231
8:18-20	295	1:15-17	337	11:13	235
8:39	290	1:15-16	317	12:18-19	74-75
9:3-5	307	3:1	321		
9:3-4	316	5:25	176	○ 야고보서	
9:10	325			4:4	228
9:13	325	○ 에베소서		5:14-16	41
9:15	323, 326	1:10	358		
9:16	313	2:12	356	○ 베드로전서	
9:17	326	2:13-16	357	5:8	117
9:19	329	3:8	317		
9:22	331	3:17-19	198	○ 요한일서	
9:23, 25	337	3:20	197	3:9	310
9:24-25	335	4:2-3	148	3:16-17	368
9:29	332	4:17-24	304	3:16	37
9:30	342	5:18	145	3:18-19	369
9:31	342, 343	6:18	112	4:7	116, 117
10:2	366				
10:9	111	○ 빌립보서		○ 요한계시록	
10:28	353	2:12	310	6:9-10	255
10:34-35	362			6:11	256
11:9	272	○ 골로새서			
11:19	27	2:10	197		
12:12	32				
14:8-10	137	○ 데살로니가전서			
19:6	286	1:5	97		
21:8	279	5:17	112		
22	324				
28:31	4, 20	○ 디모데전서			
		1:19-20	308-309		
○ 로마서					
1:17	319	○ 디모데후서			
13:11-14	319	2:20-21	238		
		3:12	369		
○ 고린도전서					
2:4	97	○ 디도서			
9:20	111	3:5	285		
12:13	68				
15:10	317				

┃ 국제제자훈련원은 건강한 교회를 꿈꾸는 목회의 동반자로서 제자 삼는 사역을 중심으로
┃ 성경적 목회 모델을 제시함으로 세계 교회를 섬기는 전문 사역 기관입니다.

옥한흠 전집 강해 07
사도행전 1 교회는 이긴다

초판 1쇄 발행 2012년 11월 20일
개정1판 1쇄(4쇄) 발행 2020년 6월 12일

지은이 옥한흠

펴낸이 오정현
펴낸곳 국제제자훈련원
등록번호 제2013-000170호(2013년 9월 25일)
주소 서울시 서초구 효령로68길 98(서초동)
전화 02)3489-4300 **팩스** 02)3489-4329
이메일 dmipress@sarang.org

저작권자 (C) 옥한흠, 2012, Printed in Korea.
이 책은 저작권법에 의해 보호를 받는 저작물이므로 저자와 출판사의 허락 없이
내용의 일부를 인용하거나 발췌하는 것을 금합니다.

ISBN 978-89-5731-810-2 04230
ISBN 978-89-5731-785-3 04230(세트)

※ 책값은 뒤표지에 있습니다. 잘못된 책은 구입하신 곳에서 교환해드립니다.